Konfirmationsarbeit im Kanton Zürich

T0153630

TVZ

Thomas Schlag, Rahel Voirol-Sturzenegger (Hg.)

Konfirmationsarbeit im Kanton Zürich

Erkenntnisse – Herausforderungen – Perspektiven

TVZ

Theologischer Verlag Zürich

Bibliografische Informationen der Deutschen Nationalbibliothek

Die Deutsche Nationalbibliothek verzeichnet diese Publikation in der Deutschen Natio-
nalbibliografie; detaillierte bibliografische Daten sind im Internet über http://dnb.d-nb.de
abrufbar.

Umschlaggestaltung

Simone Ackermann, Zürich

Druck

ROSCH BUCH GmbH, Scheßlitz

ISBN 978-3-290-17552-8

© 2010 Theologischer Verlag Zürich
www.tvz-verlag.ch

Inhaltsverzeichnis

Einleitung

Die Arbeit mit Konfirmandinnen und Konfirmanden «geschieht im Schnittfeld unterschiedlichster Traditionen, Erfahrungen, Interessen und Wünsche». So lauteten die einleitenden Bemerkungen in dem im Jahr 2009 erschienenen Band «Konfirmandenarbeit in der pluralistischen Gesellschaft»[1], durch den für den schweizerischen Kontext und darüber hinaus aktuelle Grundfragen dieses kirchlichen Praxisfeldes erörtert wurden. Aber auch wenn in jenem Band die Rahmenbedingungen der Konfirmandenarbeit intensiv sondiert und unterschiedliche Vorschläge für die zukünftige Ausgestaltung präsentiert wurden, so musste man doch im Blick auf die tatsächlichen «Traditionen, Erfahrungen, Interessen und Wünsche» sowohl der Konfirmandinnen und Konfirmanden wie auch der Verantwortlichen, Mitarbeitenden und Eltern bislang im vergleichsweise spekulativen Raum verbleiben.

Dies zeigt ein grundsätzliches Problem der bisherigen Wahrnehmung und Erforschung der Arbeit mit Konfirmandinnen und Konfirmanden an: Der Versuch, Konfirmationsarbeit in der Schweiz umfassend zu beschreiben, stellt angesichts der faktischen Vielfalt reformierter Traditionen, kantonaler Gegebenheiten und konkreter Praxisgestaltungen vor Ort eine erhebliche, bisher nicht geleistete Aufgabe und Herausforderung dar. Im Blick auf eine systematische Beschreibung der Gesamtlage liegen bisher weder ausreichende statistische Erhebungen noch ein entsprechendes Überblickswerk vor.

Die Einschätzung dieser kirchlichen Bildungsarbeit beruht bei Verantwortlichen und Interpretierenden bis heute häufig mehr auf intuitiven Vermutungen als auf tatsächlicher Faktenkenntnis. Zwar haben viele Beobachter in irgendeinem Sinn Erfahrungen mit dieser Arbeit, aber ob diese tatsächlich auch auf das Ganze zutreffen, konnte bisher kaum eindeutig beurteilt werden. Insofern ist es an der Zeit, diese Arbeit noch einmal ganz neu, auf empirische wie systematische Weise in den Blick zu nehmen. Mit der vorliegenden Studie soll ein Anfang gemacht werden, Gegebenheiten und Phänomene der Konfirmationsarbeit zu identifizieren und von dort aus zukünftige Herausforderungen dieses kirchlichen Praxisfeldes zu skizzieren.

Die vorliegende Darstellung hat ihren Fokus dabei auf den spezifischen historischen und theologischen Hintergründen sowie der aktuellen Situation der Konfirmationsarbeit im Kanton Zürich. Ihr Ausgangspunkt ist eine weitreichende Forschungsinitiative des Lehrstuhls für Praktische Theologie/Religionspädagogik der Evangelisch-theologischen Fakultät Tübingen: Die Zürcher Studie wurde erst möglich durch die Integration in zwei grossflächige Projekte zur -

---

1 T. Schlag/R. Neuberth/R. Kunz (Hg.), Konfirmandenarbeit in der pluralistischen Gesellschaft. Zürich 2009, 9.

Erforschung der Konfirmandenarbeit, die in Tübingen im Jahr 2007 unter Federführung von Prof. Dr. Friedrich Schweitzer und seinen Mitarbeitern, insbesondere Wolfgang Ilg, Colin Cramer und Dr. Henrik Simojoki, auf den Weg gebracht wurden. Diese Projekte umfassten einerseits die Konfirmandenarbeit in praktisch allen bundesdeutschen Landeskirchen, andererseits die entsprechende kirchliche Praxis in insgesamt sieben europäischen Ländern. An verschiedenen Schritten und Etappen dieser Forschungsprojekte, etwa im Blick auf das Untersuchungsdesign, den Befragungsmodus oder die Auswertung und Interpretation erster Ergebnisse waren immer wieder auch Mitarbeitende der Theologischen Fakultät der Universität Zürich beteiligt.

Im Rahmen beider Projekte wurden auch im Kontext der Evangelisch-reformierten Landeskirche des Kantons Zürich Konfirmandinnen und Konfirmanden, Mitarbeitende und weitere Verantwortliche sowie Eltern befragt. Insofern lassen sich die nun für den Kanton Zürich vorliegenden Ergebnisse und Erkenntnisse sowohl mit den Resultaten der bundesdeutschen Landeskirchen wie auch der Länder Österreich, Dänemark, Finnland, Schweden und Norwegen vergleichen. Aus den genannten Projekten sind inzwischen mehrere Studien zur Konfirmandenarbeit und zu den Ergebnissen im Bereich der evangelischen Landeskirchen der EKD und im internationalen Kontext hervorgegangen. Diese firmieren innerhalb des vorliegenden Bandes unter den Kurztiteln «Bundesweite Studie» und «Internationale Studie»[2]. In diesen Bänden wurden auch bereits erste Ergebnisse und Erkenntnisse im Blick auf den Zürcher Kontext präsentiert[3].

Der vorliegende Band präsentiert nun in ausführlicher Weise die Ergebnisse und Erkenntnisse hinsichtlich der «Erfahrungen, Interessen und Wünsche» von knapp 600 Konfirmandinnen und Konfirmanden, etwa sechzig Mitarbeitenden sowie knapp 250 Eltern im Bereich der Evangelisch-reformierten Landeskirche im Kanton Zürich im Konfirmandenjahr 2007/2008. Damit liegt erstmals für eine schweizerische Landeskirche und diesen Arbeitsbereich eine repräsentative

---

2 Vgl. F. Schweitzer/V. Elsenbast (Hg.), Konfirmandenarbeit erforschen. Ziele – Erfahrungen – Perspektiven. Gütersloh 2009; C. Cramer/W. Ilg/F. Schweitzer, Reform von Konfirmandenarbeit – wissenschaftlich begleitet. Eine Studie in der Evangelischen Landeskirche in Württemberg. Gütersloh 2009; W. Ilg/F. Schweitzer/V. Elsenbast in Verbindung mit M. Otte, Konfirmandenarbeit in Deutschland. Empirische Einblicke – Herausforderungen – Perspektiven. Mit Beiträgen aus den Landeskirchen. Gütersloh 2009 (Bundesweite Studie); F. Schweitzer/W. Ilg/H. Simojoki (Eds.), Confirmation Work in Europe. Empirical Results, Experiences and Challenges. A Comparative Study in Seven Countries. Gütersloh 2010 (Internationale Studie).

3 Vgl. T. Schlag/R. Voirol-Sturzenegger, Reform der Konfirmandenarbeit in der Schweiz – Perspektiven der wissenschaftlichen Unterstützung und Evaluation, in: F. Schweitzer/V. Elsenbast (Hg.), Konfirmandenarbeit erforschen, 158–171; T. Schlag, Confirmation Work in Switzerland, in: F. Schweitzer/W. Ilg/H. Simojoki (Eds.), Confirmation Work in Europe, a.a.O., 95–115.

Studie vor. Dafür wurde das gesammelte Datenmaterial nun nochmals in empirischer Hinsicht intensiver ausgewertet. Für das statistische Know-how zeichnen hier insbesondere Oliver Wäckerlig und Rahel Voirol-Sturzenegger verantwortlich. Beide haben das Datenrohmaterial in kompetenter und engagierter Art und Weise nochmals neu sondiert und auf bestimmte weiterführende Fragestellungen hin zusammengestellt. Von den empirisch gewonnenen Erkenntnissen aus werden schliesslich in einigen grundlegenden Beiträgen weiterführende Überlegungen für die zukünftige Arbeit mit Konfirmandinnen und Konfirmanden präsentiert. Damit wird zugleich erneut der praxisorientierte Faden des Bandes «Konfirmandenarbeit in der pluralistischen Gesellschaft» aufgenommen.

Dies geschieht sowohl im Titel des vorliegenden Bandes wie durch den Text hindurch allerdings unter der Signatur *Konfirmationsarbeit*. Nun ist es natürlich richtig, dass durch den Begriff der *Konfirmandenarbeit* eine doppelte Grundfrage bereits sehr schlüssig aufgenommen ist: Nämlich zum einen, was und wer eigentlich im Zentrum dieses Jahres stehen soll und zum anderen, worin der grundsätzliche Charakter dieses Jahres besteht.

Konfirmandenarbeit als Signatur signalisiert zum einen: Die Konfirmandinnen und Konfirmanden nehmen als Bildungssubjekte dieser kirchlichen Praxis – Gott sei Dank – längst eine unbestritten zentrale Stellung in der Planung, Mitgestaltung und Durchführung des Jahres ein. Zum anderen kommt im Begriff der Arbeit bewusst der Unterschied zu schulischen, formalen Bildungsprozessen mit unterrichtlichem Charakter ebenso zum Ausdruck wie der sachliche Anschluss an Formen und Gestaltungsmöglichkeit nonformaler kirchlicher Jugendarbeit.

Dennoch plädieren wir für eine erweiterte Nomenklatur *Konfirmationsarbeit*, wofür drei Aspekte geltend zu machen sind: Einerseits wird damit gegenüber dem gängigen Begriff Konfirmandenarbeit tatsächlich eine geschlechtergerechte Form gewählt, andererseits stellt der Begriff der Konfirmationsarbeit die angemessene Übersetzung zum inzwischen international gängigen Begriff und Pendant «confirmation work» dar. Der wichtigste Grund für die Verwendung des neuen Begriffs liegt allerdings auf einer sachlichen Ebene, die mit der Tradition und dem Sinngehalt dieser kirchlichen Praxis selbst zu tun hat.

Mindestens für den reformierten Kontext lässt sich sagen, dass dieses Bildungsangebot mit dem Aspekt von Konfirmation selbst unmittelbar verbunden ist. Dies könnte zur Vermutung Anlass geben, dass die wesentliche Zielrichtung des Jahres auf der eigentlichen Konfirmation selbst als der gottesdienstlichen Feier liege. Und in der Tat stellt für viele Jugendliche und deren Familien insbesondere dieses Abschlussereignis mitsamt der familiären Feier und ihren monetären Gratifikationen einen bedeutsamen Aspekt und Orientierungspunkt für die Teilnahme überhaupt dar.

Nun stellt sich allerdings nach reformiertem Verständnis der Akt und Sinn der abschliessenden Gottesdienstfeier durchaus etwas anders dar. So ist davon die Rede, dass die Konfirmation das Ja Gottes, «wie es in der Taufe zum Ausdruck kommt»[4], aufnimmt, die Gemeinde für die Konfirmandinnen und Konfirmanden um den Segen Gottes bittet und diese zu verantwortlichem Christsein und zur Teilnahme am Leben der Kirche eingeladen werden[5].

Damit wird deutlich, dass nicht das Bekenntnis der Jugendlichen selbst den entscheidenden Konfirmationsakt ausmacht und schon gar nicht die materielle Seite des Ganzen das Wesentliche ist, sondern schon von seinem reformierten Ausgangspunkt her der Unterricht und die persönliche vernunftmässige Auseinandersetzung mit Fragen des Glaubens das Zentrum dieser kirchlichen Praxis bildete. Erst viel später erhielt diese Bildungspraxis durch den Akt eines speziellen Konfirmationsgottesdienstes, die gemeindliche Segensbitte und durch das persönliche Bekennen der Jugendlichen seinen feierlichen Abschluss.

Sprechen wir hier also im Titel dieses Bandes und im Folgenden von Konfirmationsarbeit, so soll damit keineswegs gemeint sein, dass die Inhalte des Jahres auf einen irgendwie gearteten abschliessenden Bekenntnisakt der Jugendlichen zulaufen bzw. die Angebote und Formen des Jahres dazu dienen, lediglich ein solches bekenntnishaftes, feierliches Abschlussritual vorzubereiten. Insofern sind die Konfirmandinnen und Konfirmanden grundsätzlich nicht als Präparanden für ihre eigene Konfirmation und das Jahr selbst als etwas grundlegend anderes als ein präparierender Konfirmandenunterricht zu verstehen, an dessen Ende womöglich gar ihre Würdigkeit bestätigt werden soll.

Wenn hier von «Konfirmationsarbeit» die Rede ist, so soll dies vielmehr den Prozesscharakter dieser kirchlichen Praxis im Blick auf die gefragte und wachsende Mündigkeit der Jugendlichen in ihrer Auseinandersetzung mit relevanten Glaubens- und Lebensthemen zum Ausdruck bringen. Dementsprechend ist die selbstverpflichtende Zusage der Gemeinde als Stärkung der Jugendlichen zu verstehen, damit diese ihren weiteren Lebensweg eigenverantwortlich und im Kontakt mit der eigenen Kirchgemeinde weitergehen können.

Insofern kann bereits die Bereitschaft der Konfirmanden zur Anmeldung und Teilnahme sowie deren Auseinandersetzung mit glaubensbezogenen Lebensfragen und lebensbezogenen Glaubensfragen als Konfirmationsprozess angesehen und bezeichnet werden. Zwar werden die Jugendlichen, formal gesprochen, schon durch die Teilnahme an diesem Jahr zu Konfirmandinnen und Konfirmanden, andererseits lebt der Charakter der Konfirmationsarbeit stark von ihrer Bereitschaft, sich mit eben jenen Angeboten – sei es kritisch oder zustimmend – aktiv und mündig, gleichsam schrittweise konfirmatorisch auseinanderzusetzen. Dies verweist darauf, dass Konfirmationsarbeit immer auch zivilgesellschaftlich

---

4 Kirchenordnung der Evangelisch-reformierten Landeskirche des Kantons Zürich, vom 17. März 2009, Art. 56, 1.

5 Vgl. ebd.

und politisch konnotiert ist, denn diese Mündigkeitserfahrungen tragen auch erhebliche Implikationen für das individuelle und soziale Handeln in sich.[6] In diesem Sinn verbinden sich im Kontext der Konfirmationsarbeit im gelingenden Fall theologische, pädagogische und lebensbezogene Aspekte in geradezu kongenialer Weise miteinander. Unter der Überschrift «Konfirmationsarbeit» wird also manches klarer, aber auch für alle Beteiligten theologisch herausfordernder und pädagogisch komplexer.

Kurz gesagt ist bereits das Jahr selbst mit seinen Angeboten ein schrittweiser Konfirmationsprozess, der in Wechselseitigkeit zwischen den Jugendlichen, Mitarbeitenden und der ganzen Gemeinde erfolgt. Dass dies mit erheblicher Arbeit verbunden ist, entspricht damit sehr wohl diesem Prozesscharakter. So klingt im Begriff der Konfirmationsarbeit zugleich der Zusammenhang zur bauenden Gemeinde selbst an, insofern diese in ihrem Werden auf die Beteiligung und kreative Mitgestaltung der Konfirmandinnen und Konfirmanden als mündiger Subjekte der Gemeinde angewiesen ist.

Deshalb ist im folgenden Text durchgängig dort von Konfirmationsarbeit die Rede, wo dieser Prozesscharakter angesprochen ist, von einer «Arbeit mit Konfirmandinnen und Konfirmanden» dort, wo es tatsächlich um einzelne spezifische Arbeitsformen und Praxisgestaltungen geht. Der Begriff «Konfirmandenarbeit» wurde allerdings dort bewusst beibehalten, wo in den ursprünglichen Fragebögen und der vergleichenden Internationalen Studie von «Konfirmandenarbeit» die Rede ist.

Durch den vorliegenden Band soll nicht nur die Diskussion der Konfirmationsarbeit in ihrer kirchlichen und gesellschaftlichen Bedeutung fortgesetzt werden, sondern zugleich sollen die präsentierten Zürcher Ergebnisse und Erkenntnisse mittelfristig auch als Ausgangspunkt für eine breiter angelegte vergleichende Untersuchung dieses Praxisfeldes in allen schweizerischen Kantonen dienen. Denn die gewonnenen Erkenntnisse sind nicht nur für den begrenzten Kontext der Konfirmationsarbeit im Kanton Zürich als relevant anzusehen: Zum einen ist die generelle soziodemografische und kirchliche Lage mindestens in den verschiedenen deutschschweizerischen Kantonen und den jeweiligen kantonalen Landeskirchen prima facie durchaus ähnlich. Zum zweiten sind in einer Reihe kantonaler Kirchen Bestrebungen zur Reform der Konfirmationsarbeit zu konstatieren, für die ein näherer Blick auf die Zürcher Entwicklungen von inspirierender Bedeutung sein kann. Die hier vorgelegten Erkenntnisse können deshalb Ausgangspunkt für die konzeptionelle Weiterentwicklung der Konfirmationsarbeit in der Schweiz sein, indem Chancen, Probleme und Entwicklungspotenziale dieses kirchlichen Praxisfeldes aufgezeigt werden. Ein entsprechender An-

---

6 Vgl. zum grösseren Zusammenhang T. Schlag, Horizonte demokratischer Bildung. Evangelische Religionspädagogik in politischer Perspektive. Freiburg/Basel/Wien 2010.

trag zur Bestandserhebung dieser Arbeit in allen schweizerischen Kantonen ist gegenwärtig in Bearbeitung.

Für die Mitfinanzierung der vorliegenden Publikation sowie die personelle und logistische Unterstützung des gesamten Forschungsprojekts ist der Evangelisch-reformierten Landeskirche des Kantons Zürich zu danken. Namentlich sei hier zum einen Kirchenratspräsident Dr. h. c. Ruedi Reich genannt, der insbesondere die diversen Zürcher Tagungen zum Forschungsprojekt wohlwollend gefördert und auch selbst inspiriert hat. Zum anderen haben Frieder Furler und Rudi Neuberth von der Abteilung für Pädagogik und Animation der Zürcher Landeskirche an verschiedenen Stellen für finanzielle und materielle Grundlagen gesorgt, um die Studie vor Ort gut ausgestattet durchführen und nun veröffentlichen zu können. Ebenfalls ist der Universität Zürich für einen Druckkostenzuschuss herzlich zu danken.

Für das Korrekturlesen des Manuskripts sei Jasmine Suhner, für die geduldige Begleitung und das sorgfältige Lektorat Marianne Stauffacher und Lisa Briner vom Theologischen Verlag Zürich ausdrücklich und herzlich gedankt.

Thomas Schlag/Rahel Voirol-Sturzenegger
Zürich, Pfingsten 2010

1. Hintergründe

1.1 Hintergründe der Konfirmationsarbeit im Kanton Zürich
(Thomas Schlag/Rahel Voirol-Sturzenegger)

1.1.1 Theologische Hintergründe

Im Kanton Zürich wie in der reformierten Schweiz überhaupt gibt es nicht *die eine* einheitliche Tradition, *eine* generelle Leitidee oder *ein gemeinsames* übergreifendes Organisationsprinzip der Konfirmationsarbeit. Dies hat einerseits mit theologischen und ekklesiologischen Grundentscheidungen, andererseits mit den konkreten soziopolitischen Rahmenbedingungen zu tun, in welche die Konfirmationsarbeit eingebettet ist: Die Evangelisch-reformierte Landeskirche des Kanntons Zürich sieht sich in der reformatorischen Tradition von Zwingli und Bullinger in einem spezifischen Sinn dem Grundgedanken evangelischer Glaubensfreiheit verpflichtet.

Für das reformierte Verständnis sind der Vollzug individueller Glaubenspraxis und die Leitvorstellung des Priestertums aller Gläubigen konstitutive Merkmale von Kirche. Im gesellschaftlichen und politischen Leben stellen Subsidiarität, hohe Handlungsautonomie und Partizipation kulturelle Güter ersten Ranges dar – sowohl im Blick auf individuelle Teilhabe wie auf institutionelle Entscheidungsvollzüge.

Im Vergleich zur lutherischen Tradition hat die theologische Perspektive individueller Glaubensautonomie noch weiterreichende Implikationen für das kirchliche und gemeindliche Selbstverständnis bzw. auch die Strukturen, Regelungen und Verantwortlichkeiten der Konfirmationsarbeit. Um es in moderne Semantik zu kleiden: Reformierte Glaubenspraxis kann ihr organisatorisches Pendant grundsätzlich nicht in «top-down»-, sondern nur in «bottom-up»-Strukturen haben. Diese hohe Wertschätzung individueller und gemeinschaftlicher Frömmigkeitspraxis im Licht eines theologisch grundierten Partizipationsverständnisses beruht auf einer Reihe theologischer Grundentscheidungen und gestaltet auch den rechtlichen Rahmen der Konfirmationsarbeit, was es im Folgenden näher darzustellen gilt.

1.1.2 Historische Entwicklungen und rechtliche Rahmenbedingungen

Für den Kanton Zürich – wie auch für einige andere schweizerische Landeskirchen – stellt die Taufe, formal gesprochen, keine unbedingte Voraussetzung für die Konfirmation dar. Der einschlägige Artikel macht dies anhand der Formulierung «in der Regel»[7] deutlich und markiert damit eine durchaus charakteristische liberale Mischung aus vorgegebener Ordnung und Offenheit für individuelle Interpretation.

Historisch gesehen, entwickelte Zwingli aufgrund der wachsenden Praxis der Kindertaufe ein spezifisch reformiertes Verständnis der Firmung als öffentliche Bejahung des eigenen Glaubens, wofür eine kirchliche Unterweisung die notwendige Grundvoraussetzung darstellte. Zwingli schreibt dazu im Jahr 1523 «Da man die Kinder so früh tauft, müßte man es sich zur Gewohnheit machen, sie zu unterweisen, sobald sie so viel Verstand haben, daß sie das Wort Gottes verstehen können.»[8] Sollten also die Aufwachsenden in der Lage dazu sein, den Glauben zu bekennen, den ihre Eltern anlässlich ihrer Taufe bekannt haben, und dementsprechend auch am Abendmahl teilnehmen können, mussten sie entsprechend unterrichtet werden.

So stellt eine institutionalisierte Kinderlehre eine wesentliche Wurzel des späteren Konfirmationsunterrichts dar: «Darum haben auch wir in Zürich vor Jahresfrist angefangen, zweimal im Jahr die ganze Jugend zu versammeln, um sie dann als Ganzes in der Erkenntnis Gottes zu unterweisen und ihnen Gottes Wort und Willen darzulegen. Sie lernen dabei, wie sie sich Gott und dem Nächsten gegenüber verhalten sollen, und ebenfalls, daß sie sich Gott gegenüber wie zu einem freundlichen, lieben Vater verhalten und in allen körperlichen wie seelischen Notlagen zu ihm laufen sollen.»[9]

Wie Luther wies Zwingli somit die Bedeutung der Firmung als eine sakramentale Praxis heiliger Zeichen zurück – und dies nicht zuletzt aufgrund der damit verbundenen subkutanen Entmündigungsabsichten der katholischen Kirche: So «predigen viele Weihbischöfe im allgemeinen nur, daß die Firmung ein heiliges Zeichen sei und man eben erst getaufte und noch unverständige Kinder zur Firmung bringen solle, damit das Kirchenalmosen dadurch zunehme!».[10]

Vielmehr wurde der Hauptzweck dieses kirchlichen Kasus pädagogisch dadurch bestimmt, den Jugendlichen die Fähigkeit anzuerziehen, die Botschaft des Evangeliums zu verstehen, sich ihrer Taufe zu erinnern und diese zu bestätigen sowie mündig am Leben der Kirche teilzuhaben. Diese pädagogische Leitlinie stellte für eine lange Folgezeit den roten Faden dieser kirchlichen Praxis dar. Dies bedeutet nicht weniger, als dass für Zwingli der wesentliche Sinn dieser kirchlichen Praxis nicht in der Konfirmation lag, sondern auf dem Unterrichtsgeschehen selbst, und damit der Konfirmationsakt im wesentlichen als Akt der

---

7   Vgl. Kirchenordnung der Evangelisch-reformierten Landeskirche des Kantons Zürich, Art. 78, 2.

8   H. Zwingli, Auslegung und Begründung der Thesen oder Artikel 1523, in: Schriften II, Zürich 1995, 147.

9   Ebd.

10 A.a.O., 146.

Aufnahme in die Gemeinde der Erwachsenen – mit allen kirchlichen und später auch bürgerlichen Rechten und Pflichten – verstanden wurde.

Zur Institutionalisierung gehörte bereits in jener Zeit ein zeitlich klar bestimmter, wenn auch eher punktueller Unterricht: «Diese Unterweisung erfolgt das eine Mal während der Ostertage, das andere Mal im Spätherbst oder zu Weihnachten am Tag der Unschuldigen Kindlein»[11], d. h. am 28. Dezember eines jeden Jahres.

Zu einem eigens etablierten Konfirmationsunterricht kam es allerdings erst wesentlich später: Die 1628 und 1758 veröffentlichten Prädikantenordnungen enthielten die Anweisung für die Pfarrer, diejenigen jungen Leute, die durch ihre Eltern nur unzureichend über das Abendmahl unterrichtet worden waren, im Sinn eines Admissionsunterrichts tiefergehend zu unterweisen. Nur aufgrund einer solchen formalen Unterweisung und eines Schlussexamens im Modus eines «Kinderberichts» konnte die Zulassung zum Abendmahl erteilt werden. Infolge der Einflüsse des Pietismus erhielt die kirchliche Unterweisung durch den feierlichen Akt der Konfirmation nun auch mehr und mehr den Charakter einer «erfolgreichen» individuellen Glaubens- und Gewissensentscheidung. Schon 1752 hatte der Zürcher Antistes Johann Konrad Wirz in Aufnahme von Philipp Jakob Speners pietistischem Glaubens-, Kirchen- und Konfirmationsverständnis gefordert, dass «das Gelernte aus dem Kopf in das Herz»[12] kommen müsse.

Öffentlich sichtbar ist dieser Übergangsmoment bis heute nicht nur durch die in der Konfirmationsfeier zugesprochene Segensformel unter Nennung des jeweiligen Namens, sondern auch durch den Handschlag von Pfarrer bzw. Pfarrerin und Konfirmandin bzw. Konfirmanden als Zeichen der feierlichen Aufnahme in die Gemeinde der Erwachsenen.

Dieser *rite de passage* verband sich schon seit dem 17. Jahrhundert immer stärker mit Brauchtumsritualen, durch die der mit der Konfirmation eingeläutete Übergang vom Kindes- zum Erwachsenenalter angezeigt werden sollte.

1760 wurden im Kanton Zürich die ersten öffentlichen Konfirmationsgottesdienste abgehalten. 1797 beantragte die Pfarrerschaft Zürichs beim Kirchenrat, die Konfirmation im ganzen Kanton als ein öffentliches Ereignis zu etablieren, was in der Prädikantenordnung von 1803 seinen ersten Niederschlag fand, allerdings erst 1855 durch eine neue Liturgie zu einer allgemeinen Gestaltung der Konfirmationsfeier im Kanton Zürich führte.[13] 1834 bestimmte ein staatliches

---

11 Ebd.

12 Zit. in: G. Schmid, Die Evangelisch-reformierte Landeskirche des Kantons Zürich. Eine Kirchenkunde für unsere Gemeindeglieder. Zürich 1954, 134.

13 Vgl. zu diesen Entwicklungen im Kanton Zürich und darüber hinaus J. Schweizer, Zur Neuordnung der Konfirmation in der reformierten Schweiz, Bern 1938 sowie G. Schmid, Die Evangelisch-reformierte Landeskirche des Kantons Zürich, 132f.

Gesetz zur religiösen Erziehung die Konfirmation als gleichzeitiges Ende der Schulpflicht, die damit am Ende des Schuljahres stattfinden sollte. Die Jugendlichen sollten dabei mindestens sechzehn Jahre alt sein. Seit den 1920er Jahren fanden intensive Debatten über das angemessene Alter der Konfirmandinnen und Konfirmanden wie über das Konfirmationsversprechen statt. Letzteres wurde ebenso wie das Schlussexamen mit der Kirchenordnung von 1968 abgeschafft. Seit der Liturgieordnung, die die Kirchensynode in den späten 1960er Jahren beschloss, besteht keine feste Konfirmationsform mehr. In diese Zeit fällt auch W. Neidharts Studie über die Konfirmandenarbeit in der Volkskirche, in der er die Bedeutung der «nichttheologischen Motive»[14] hervorhebt und für ein neues Verständnis und die Entwicklung kreativer Formen der Konfirmandenarbeit in den Gemeinden plädiert.

In den 70er und 80er Jahren des 20. Jahrhunderts wurde aufgrund der erkennbaren Erosion der bisherigen volkskirchlichen Selbstverständlichkeiten sowie neuer Interpretationen des Konfirmationsgottesdienstes[15] intensiv darüber gestritten, ob ungetaufte Jugendliche überhaupt konfirmiert werden könnten. Dies wurde erst 1989 verbindlich geregelt, indem die Kirchensynode diese Frage im Prinzip bejahte und die Taufe, wie bereits angeführt, eben «in der Regel» als Voraussetzung bestimmte.

Mit der 1989 erfolgten Festsetzung des Schuljahresendes auf den jeweiligen Juli finden die Konfirmationsgottesdienstes normalerweise zwischen Pfingsten und Ende Juni statt. Mit der zunehmenden Praxis des Abendmahls für Kinder verlor die eigentliche Konfirmation endgültig ihren Charakter als Voraussetzung zur Teilnahme am Abendmahl. Vielmehr verschob sich ihr Sinn immer mehr hin zu einer Feier der mündigen Mitgliedschaft in der Kirche mit dem Recht, die Patenschaft zu übernehmen und an Kirchenwahlen teilzunehmen. In diesem Sinn wird die Konfirmation gegenwärtig als feierlicher Ausdruck für die volle Zugehörigkeit zur reformierten Gemeinde angesehen.

Im Licht dieses weiten Verständnisses der Konfirmation erscheint es überraschend, dass durchaus bestimmte obligatorische Bedingungen bestehen und erfüllt werden müssen, um konfirmiert werden zu können: So heisst es in der Kirchenordnung im Abschnitt «Kind, Jugend und Familie» im Zusammenhang der religionspädagogischen Angebote: «Voraussetzung für die Konfirmation bildet der Besuch der verbindlichen religionspädagogischen Module für Kinder und Jugendliche sowie des schulischen Religionsunterrichts.»[16]

Die Konfirmationsarbeit ist auch im Blick auf ihre zeitliche Strukturierung vielfältig. Vorgegeben ist ein Gesamtumfang von 72 Stunden oder 96 soge-

---

14 W. Neidhart, Konfirmandenunterricht in der Volkskirche. Zürich 1964, z. B. 190ff.

15 Vgl. etwa T. Müller, Konfirmation – Hochzeit – Taufe – Bestattung. Sinn und Aufgabe der Kasualgottesdienste. Stuttgart u. a. 1988, 69–92.

16 Kirchenordnung der Evangelisch-reformierten Landeskirche des Kantons Zürich, Art. 78, 1.

nannten Lektionen zu je 45 Minuten.[17] Oftmals findet die Arbeit klassisch einmal pro Woche statt, oft aber auch in Form von Wochenendkursen oder Projekten. Einer der wichtigsten Bestandteile und Erfahrungen des Konfirmationsjahres ist in vielen Gemeinden das sogenannte Konf-Lager, das im Kanton Zürich einen Umfang von drei bis zu sieben Tagen haben kann und sehr häufig als Start in das gemeinsame Jahr stattfindet.

Im Blick auf die inhaltliche Gestaltung sind die Pfarrerinnen und Pfarrer nicht dazu verpflichtet, die Jugendlichen einen bestimmten Grundbestand katechetischer oder dogmatischer Inhalte zu lehren. Weil sich die reformierte Kirche im Kanton Zürich an kein eigenes Bekenntnis im engeren Sinn gebunden sieht und überhaupt von einer prinzipiellen reformierten Zurückhaltung gegenüber Vorgaben «von oben» auszugehen ist, gibt es in dieser Hinsicht auch keinen bestimmten, inhaltlich eindeutigen Lehrplan oder gar ein verbindliches Lehrmittel.

In Art. 56,1 heisst es zur Konfirmationsfeier als Gemeindegottesdienst: «Die Konfirmation nimmt das Ja Gottes auf, wie es in der Taufe zum Ausdruck kommt. In der Konfirmation bittet die Gemeinde für die Konfirmandinnen und Konfirmanden um den Segen Gottes. Die Konfirmation lädt zu verantwortlichem Christsein und zur Teilnahme am Leben der Kirche ein.» In diesem Zusammenhang stellt die aktive und geradezu hauptverantwortliche Mitarbeit der Jugendlichen am Konfirmationsgottesdienst und deren inhaltsbezogene Selbstpräsentation eines der zentralen Merkmale der Konfirmationsarbeit im Kanton Zürich dar.

1.1.3 Aktuelle Herausforderungen

Betrachtet man die gegenwärtige Lage der Volkskirchen in der Schweiz überhaupt, so ist auch die Eidgenossenschaft von wachsenden Säkularisierungs-, wenn nicht sogar Laisierungstendenzen geprägt. Ein erheblicher Anteil bisheriger Kirchenmitglieder lockert ihr bisheriges Bindungsverhältnis oder steht davor, die Kirche überhaupt zu verlassen. Worst-case-Szenarien gehen davon aus, dass die reformierten Kirchen in der Schweiz in den nächsten Jahrzehnten kleiner, ärmer und älter werden.[18]

Im Zusammenhang mit diesem – über die vergangenen etwa vierzig Jahre hinweg – schleichenden Verlust vormaliger traditionsgeprägter Bindungs- und Identifikationsbereitschaft mit Kirche ist ein starker Rückgang der Kirchenmit-

---

17 Evangelisch-reformierte Landeskirche des Kantons Zürich, Verordnung über die religionspädagogischen Angebote (rpg-Verordnung) vom 30. Januar 2008, § 16.

18 Vgl. J. Stolz/E. Ballif. Die Zukunft der Reformierten. Gesellschaftliche Megatrends – kirchliche Reaktionen. Zürich 2010.

gliedschaft zu notieren.[19] Dies bedeutet gleichwohl weniger, dass Religion komplett aus dem öffentlichen Leben verschwunden wäre, sondern dass sich religiöse Praxis und deren Ausdrucksgestalten offenbar in einem erheblichen Veränderungsprozess befinden.[20] Sowohl die reformierten wie die katholischen Kirchen im deutschschweizerischen Kontext finden sich auf einem religiösen Markt bzw. in einer hochdynamischen Situation intensiven Wettbewerbs mit alternativen Religionsanbietern wieder, welchen es offenbar durchaus erfolgreich gelingt, öffentliche Aufmerksamkeit zu finden und zu generieren.

Zwischen 1970 and 2000 nahm der Anteil der Reformierten an der schweizerischen Gesamtbevölkerung von 46% auf 33% ab,[21] in Zürich von 53% im Jahr 1970 auf 30% im Jahr 2000. In Zusammenhang mit dieser für sich schon eindrücklichen und durchaus dramatischen Entwicklung ist zu erwähnen, dass 55% der reformierten Kirchenmitglieder sagen, dass sie sich nicht als Teil ihrer lokalen Gemeinde fühlen.[22] Im genannten Zeitraum von 1970 bis 2000 nahm der Anteil der Personen, die keiner Kirche oder religiösen Gemeinschaft angehören von 1% auf 11% zu.[23] Jüngste Umfragen machen deutlich, dass die Zahl der Kirchenmitglieder weiter fällt, z. B. in der Evangelisch-reformierten Landeskirche in Zürich zwischen dem Jahr 2000 und dem Jahr 2005 um weitere 4%. Zum 31.12.2009 waren im Kanton Zürich 35% Mitglieder der reformierten Kirche, 28% der römisch-katholischen Kirche und 36% Mitglieder anderer religiöser Gemeinschaften oder ohne Religionszugehörigkeit.[24] Selbst wenn die Zahl der Wiedereintritte in die reformierte Kirche in den letzten Jahren leicht angestiegen ist, notiert die aktuelle religionssoziologische Forschung, dass traditionelle christliche Religion und Kirchenbindung Boden verlieren, während Formen individualistischer und spiritueller Religiosität offenbar an Bedeutung

---

19 Vgl. A. Dubach/R.J. Campiche, Jede(r) ein Sonderfall? Religion in der Schweiz. Zürich/Basel 1993; R. J. Campiche, Die zwei Gesichter der Religion. Faszination und Entzauberung. Zürich 2004; A. Dubach/B. Fuchs, Ein neues Modell von Religion. Zweite Schweizer Sonderfallstudie – Herausforderung für die Kirchen. Zürich 2005; M. Baumann/J. Stolz, Religiöse Vielfalt in der Schweiz: Zahlen, Fakten, Trends, in: dies. (Hg.), Eine Schweiz – viele Religionen. Risiken und Chancen des Zusammenlebens. Bielefeld, 39–66.

20 Vgl. Stapferhaus Lenzburg (Hg.), Glaubenssache. Ein Buch für Gläubige und Ungläubige. Baden 2006; Stapferhaus Lenzburg und Fachhochschule Nordwestschweiz Pädagogik (Hg.), Glaubenssache. Religiöse Vielfalt im Klassenzimmer. Zürich 2006; R. Anselm/D. Pezzoli-Olgiati/A. Schellenberg/T. Schlag (Hg.), Auf meine Art. Jugend und Religion. Zürich 2008.

21 Vgl. C. Bovay, Religionslandschaft in der Schweiz. Eidgenössische Volkszählung 2000, in Zusammenarbeit mit R. Broquet, im Auftrag des Bundesamtes für Statistik. Neuchâtel 2000, 11.

22 Vgl. a.a.O., 14.

23 Vgl. a.a.O., 11.

24 Direktion der Justiz und des Innern, Publikation der Zahlen über den Einwohnerbestand und die Konfessionszugehörigkeit in den Gemeinden, März 2010.

gewinnen.[25] In diesem Zusammenhang ist auch zu erwähnen, dass die wachsende Pluralisierung jugendkultureller Lebensstile und Lebensmilieus und die damit einhergehende Dynamik individueller Identitätssuche[26] durch ein einheitsorientiertes kirchliches Kommunikations- und Sinnstiftungsangebot zukünftig wohl nicht mehr adäquat aufgenommen werden kann.

Nichtsdestotrotz ist die Anzahl Jugendlicher, die konfirmiert werden wollen bzw. werden, immer noch recht hoch, ein dramatischer Einbruch lässt sich nicht feststellen: Im Jahr 2007 wurden 4169 Konfirmandinnen und Konfirmanden in 179 Gemeinden des Kantons Zürich konfirmiert, im Vergleich zu 4075 im Jahr 2006 und im Vergleich zu 3155 Taufen im Jahr 2007.[27] Der Anteil der Konfirmandinnen und Konfirmanden an der *overall age-group* ist dabei vermutlich in den ländlichen Gebieten noch wesentlich höher.

Diese Kontinuität scheint umso erstaunlicher, als die Konfirmationsarbeit im letzten obligatorischen Schuljahr stattfindet und die Jugendlichen damit am Ende des Jahres in der Regel sechzehn Jahre alt sind. Trotz dieses kritischen Lebensalters und seiner spezifischen Reflexionspotenziale scheint dies keinen negativen Effekt auf die Entscheidung zu haben, sich konfirmieren zu lassen. Vielmehr werden die Konfirmationszeit und die Konfirmation selbst nach wie vor als einer der Höhepunkte der individuellen und familiären Biographie angesehen. Es besteht ein breites Interesse der Jugendlichen, diese Zeit selbst als sinnvoll zu erleben, die Atmosphäre in der Gruppe als stimmig und die Inhalte des Jahres als bedeutsam für die eigene Person. Dies ist für die verantwortlichen Bildungsakteure eine zentrale und keineswegs risikolose Herausforderung. Zugleich eröffnet diese Vielzahl kritischer und schon jetzt mündiger jugendlicher Geister erhebliche Gestaltungschancen für eine zukünftige profilierte Konfirmationsarbeit.

25 Vgl. M. Baumann/J. Stolz, Religiöse Vielfalt in der Schweiz, 63ff. und auch C.-A. Humpert (Hg.), Religionsführer Zürich. 370 Kirchen, religiös-spirituelle Gruppierungen, Zentren und weltanschauliche Bewegungen der Stadt Zürich. Zürich 2004.

26 Vgl. etwa H. Keupp, Von der (Un-)Möglichkeit, erwachsen zu werden. Identitätsarbeit in der pluralistischen Gesellschaft; A. Dubach, Identität, Milieu und christliche Religiosität, beide in: T. Schlag/R. Neuberth/R. Kunz (Hg.), Konfirmandenarbeit in der pluralistischen Gesellschaft, 27–56 bzw. 57–79.

27 Vgl. Evangelisch-reformierte Landeskirche des Kantons Zürich (Hg.), Jahresbericht 2007. Zürich 2008, 48.

1.2 Hintergründe und Methodik der Studie
(Oliver Wäckerlig/Wolfgang Ilg)

1.2.1 Kontext

Die Gesamtuntersuchung, in deren Zusammenhang auch die Zürcher Konfirmationsarbeit Untersuchungsgegenstand war, wurde vom Lehrstuhl für Religionspädagogik an der Universität Tübingen unter Leitung von Prof. Dr. Friedrich Schweitzer initiiert und verantwortet und dabei in ihrer Entstehung, Durchführung und Auswertung durch diverse Experten- und Konsultationsgremien begleitet. Die konkrete planerische und statistische Arbeit hinsichtlich der empirischen Studie selbst lag im Wesentlichen in der Zuständigkeit von Wolfgang Ilg, Wissenschaftlicher Mitarbeiter der Universität Tübingen.

Die Internationale Studie sollte empirisches Grundlagenwissen darüber bereitstellen, wie die Konfirmandenarbeit aus Sicht der jugendlichen und erwachsenen Akteure gestaltet und wahrgenommen wird.

Durch die einheitliche Form der Erhebung in den verschiedenen regionalen und internationalen Kontexten sollte gewährleistet werden, dass sich die Ergebnisse miteinander vergleichen lassen. So wurde, einige regionale Eigenheiten und Begrifflichkeiten ausgenommen, für den Kanton Zürich derselbe Fragebogen benutzt wie für die Bundesweite Studie. Im Vorfeld der Durchführung der Studie wurden verschiedene andere Landeskirchen in der Deutschschweiz angefragt, ob sie sich an der Umfrage beteiligen möchten. Dies stiess wohl vor allem aufgrund des sehr engen Zeithorizonts auf nur geringe Resonanz bei den Verantwortlichen. So liegen nun im Blick auf die Konfirmationsarbeit in der Schweiz bisher nur Ergebnisse aus dem Kanton Zürich vor.

Im Kontext der Bundesweiten Studie wurde die Konfirmationsarbeit im Kanton Zürich auf der Ebene einer Landeskirche angesiedelt, im Kontext der Internationalen Studie wurden die Ergebnisse im Kanton Zürich mit denen aus anderen Ländern verglichen. Geplant ist allerdings, in absehbarer Zeit – vermutlich im Konfirmandenjahr 2011/2012 – eine vergleichende Studie in allen schweizerischen reformierten Kirchen durchzuführen.

1.2.2 Forschungsdesign

Zur Vorbereitung der schriftlichen Befragung wurden Interviews mit Jugendlichen, Eltern, Pfarrerinnen und Pfarrern sowie Ehrenamtlichen geführt, um die relevanten Themen zu identifizieren. Ebenso gingen die Erfahrungen aus früheren Befragungen, aus Publikationen und aus Expertenkonsultationen in die Studie ein.

Die Fragebögen sind vorwiegend quantitativer Natur, d. h. es wurden Kästchen zum Ankreuzen vorgegeben. Durch die quantitative Methodik sollte ein

22

breites Bild über die Sichtweise einer großen Zahl von Konfirmandinnen und Konfirmanden entstehen.

Die Erhebung erfolgte nach einem Erstkontakt zu den Gemeinden (genannt t_0, im Juni 2007) zu zwei Zeitpunkten:

t_1: Im Herbst 2007 erhielten Mitarbeitende und Jugendliche den ersten Fragebogen. Bei den Mitarbeitenden lag der Schwerpunkt auf der Gewichtung potenzieller Ziele in der Konfirmationsarbeit. Bei den Konfirmandinnen und Konfirmanden wurde v. a. nach der Motivation zur Beteiligung an der Konfirmandenzeit sowie nach ihren Erwartungen gefragt.

t_2: Der zweite Befragungszeitpunkt lag wenige Wochen vor der Konfirmation 2008, also je nach Gemeinde im Frühjahr bzw. Frühsommer 2008. Mitarbeitende, Konfirmandinnen und Konfirmanden und deren Eltern wurden zu ihren Erfahrungen während des Konfirmandenjahres befragt. Die Befragung der Eltern war den Gemeinden freigestellt, sie wurde in rund der Hälfte der Gemeinden durchgeführt, zumeist im Rahmen eines Elternabends.

Abbildung 1   Das Forschungsdesign im Überblick

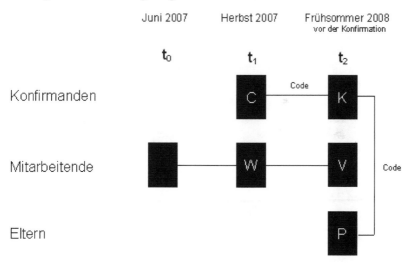

Die Fragebögen für Konfirmandinnen und Konfirmanden wurden zu Beginn eines Treffens im Rahmen der Konfirmationsarbeit ausgeteilt, innerhalb von 20 bis 30 Minuten ausgefüllt, anonym zurückgegeben und unbesehen an die Projektleitung eingeschickt. Die individuelle Zuordnung der Bögen von t_1 zu t_2 sowie zwischen Jugendlichen und deren Eltern wurde durch einen anonymen Code realisiert («dritter Buchstabe Deines Vornamens» usw.). Alle erhobenen

Daten lassen sich den jeweiligen Gemeinden zuordnen. Die Anonymität sowohl der einzelnen Befragten als auch der Gemeinden blieb gewährleistet.

1.2.3 Zur Auswahl der Befragten

In den einbezogenen Kirchgemeinden (= «Gemeinden») erfasste die Befragung jeweils eine komplette Gruppe, also die Konfirmandinnen und Konfirmanden, die 2008 konfirmiert wurden, nach Möglichkeit deren Eltern sowie die für diese Gruppe zuständigen Mitarbeitenden.

Für den Kanton Zürich wurden die Gemeinden von der Theologischen Fakultät der Universität Zürich in Zusammenarbeit mit der «Abteilung für Pädagogik und Animation» ausgewählt. Die Repräsentativität der Stichprobe wurde durch das Institut für Pastoralsoziologie der Universität St. Gallen sichergestellt.

Mit einem Brief des verantwortlichen Tübinger Forschungsteams wurden 42 Kirchgemeinden dazu eingeladen, sich an der Studie zu beteiligen. 41 von diesen liessen sich die Fragebögen t_1 zusenden. Am Ende wurden in 39 Gemeinden sowohl von den Mitarbeitenden als auch von den Jugendlichen Fragebögen ausgefüllt (t_1: 39; t_2: 37).

Wichtig ist es zu erwähnen, dass die meisten Kirchgemeinden im Kanton Zürich in einem eher urbanen Umfeld oder mindestens in grosser Nähe zu einem solchen angesiedelt sind. Die Entfernung zu einer der grossen Städte Zürich oder Winterthur beträgt maximal vierzig Kilometer. Zugleich bestehen durch das gut ausgebaute öffentliche Transportsystem schnelle Verbindungen in diese Städte.

Für die folgende Interpretation der Ergebnisse sei darauf hingewiesen, dass es für 61% der Jugendlichen «okay» war, den Fragebogen auszufüllen, und sogar 11% sagten, dass es Spass gemacht habe, den Bogen auszufüllen. 28% hat es «genervt». Dies lässt mindestens darauf schliessen, dass die Mehrheit der befragten Konfirmandinnen und Konfirmanden der Befragung prinzipiell offen gegenüberstand und dementsprechend bei den allermeisten von einem ernsthaften Ausfüllen der Bögen ausgegangen werden kann. Die vereinzelten offenkundig nur scherzhaft oder unseriös ausgefüllten Bögen wurden aus dem Gesamtdatenbestand und der Interpretation ausgeschlossen.

1.2.4 Erläuterungen zu den statistischen Methoden

Die Auswertung der Daten wurde mit der Statistik-Software SPSS vorgenommen. Der deskriptive Teil beruht auf Häufigkeitsverteilungen, die meist mit Prozentzahlen angegeben werden. Wo es sich für das Verständnis des Sachverhalts anbietet, werden auch Mittelwerte angegeben.

Aussagen über Zusammenhänge oder Unterschiede zwischen Sachverhalten unterliegen der sogenannten «schliessenden» Statistik. Da wir nur über Informationen aus ausgewählten Gemeinden verfügten, wissen wir nicht, ob Unterschiede oder Zusammenhänge innerhalb der Stichprobe nur zufällig zustande gekommen sind oder ob sie für die gesamte Konfirmationsarbeit im Kanton Zürich zutreffen. Um das zu überprüfen, wurden übliche statistische Testverfahren[28] angewandt. Hierbei wird mit Wahrscheinlichkeiten gerechnet, was uns zwingt, ein Niveau festzulegen, ab welchem die Resultate als glaubwürdig erachtet werden.

Als Konvention gilt, dass Zusammenhänge oder Unterschiede zwischen Sachverhalten mit einer Wahrscheinlichkeit von mindestens 95% vorliegen müssen. Ein solches Ergebnis wird als signifikant bezeichnet. Werden beispielsweise zwischen Mädchen und Jungen festgestellte Unterschiede in Bezug auf eine Fragestellung als signifikant bezeichnet, so bedeutet dies, dass dieses Ergebnis nicht zufällig zustande kam, sondern mit mindestens 95% Wahrscheinlichkeit auf alle Konfirmandinnen und Konfirmanden des Kantons zutrifft.

Signifikanz sagt aber noch nichts über die Stärke eines Unterschieds aus: Unterscheiden sich bei den Antworten zu einer Frage die Mittelwerte von Mädchen und Jungen signifikant, so bleibt die Interpretation, ob der Unterschied auch quantitativ bedeutsam ist, dem Betrachter überlassen. Die Mittelwerte der Antworten zu einer Frage könnten beispielsweise 3.46 und 3.49 lauten, was heisst, dass sich Mädchen und Jungen durchschnittlich um 0.03 auf einer 7er-Antwortskala unterscheiden.

Wenn Auswirkungen bestimmter Voraussetzungen auf die Erfahrungen der Jugendlichen während der Konfirmandenzeit untersucht werden, begegnet häufig das Phänomen, dass am Anfang des Jahres bestehende Unterschiede kleiner werden.[29] Eine solche tendenzielle Angleichung hat einerseits damit zu tun, dass Konfirmandinnen und Konfirmanden, die bereits am Anfang hohe Werte auf der Skala angeben, weniger Spielraum haben, die Bewertung zu erhöhen, als solche mit tieferen Ausgangswerten. Zudem könnten bei Konfirmandinnen und Konfirmanden, die geringere Erwartungen haben (bspw. gegenüber der Kirche), schon wenige positive Erfahrungen eine Steigerung in der Bewertung bewirken.

Es wurden auch Zusammenhänge zwischen (meistens zwei) Sachverhalten untersucht: Werden beispielsweise die Häufigkeit der eingesetzten Methoden in der Konfirmandenarbeit von den Jugendlichen in der Tendenz gleich beurteilt wie von den Mitarbeitenden? Wenn ein Zusammenhang festgestellt wird, so korrelieren die Aussagen. Der Wertebereich geht von 0 = keine Korrelation bis 1 = perfekte Korrelation (bzw. für gegenläufige Zusammenhänge von 0 bis -1). Es gilt die Konvention, dass Korrelationen bis 0.2 als sehr schwach, von 0.2 bis

---

28 Hypothesentests: T-Test, Wilcoxon-Test, Varianzanalyse mit Post-hoc Tests; Mann-Whitney-U-Test und Rangvarianzanalyse nach Kruskal-Wallis. Korrelationen nach Spearmans Rho.

29 Siehe z. B. die Auswirkungen der kirchlichen Bindung auf die Veränderungen der Einstellungen in Kap. 2.8.

0.4 als schwach, von 0.4 bis 0.6 als mittelstark, von 0.6 bis 0.8 als stark und von 0.8 bis 1 als sehr stark gelten. Ein solcher Zusammenhang kann, da ebenfalls aus der Stichprobe geschätzt, signifikant sein oder nicht.

1.2.5 Statistisches Glossar

Die Ergebnisse der Untersuchung werden in diesem Buch mit den folgenden Kennwerten dargestellt. Eine Übersicht zu den Werten aller Fragen bzw. Aussagen findet sich im Anhang.[30]

Item: Der Begriff Item bezeichnet eine vorgegebene Frage oder Aussage, die von den befragten Personen bewertet wird.

Stichprobenumfang (N): N bezeichnet die Anzahl der gültigen Antworten der Befragten bzw. Untersuchungseinheiten (Fälle). Je nach Frage kann N variieren, entsprechend der Anzahl der Personen, die die jeweilige Frage beantwortet haben. N kann für Konfirmandinnen und Konfirmanden, Mitarbeitende, Eltern oder Gemeinden stehen.

Arithmetisches Mittel (M): Das arithmetische Mittel wird als Durchschnittswert aller Antworten (Skalenwerte) berechnet. Dabei werden alle Skalenwerte addiert und durch die Gesamtzahl der Fälle (befragte Personen) geteilt.

Standardabweichung (SD): Die Standardabweichung ist ein Maß für die Streuung der einzelnen Antworten (Skalenwerte) in der Stichprobe. Je größer die Standardabweichung, desto unterschiedlicher sind die Antworten, die auf eine Frage gegeben wurden.

Skalenwert: Bei vielen Fragen wurden die Befragten gebeten, eine Einschätzung auf einer Likert- bzw. Rating-Skala vorzunehmen, indem sie sich für eine von mehreren Stufen entscheiden (z. B. Stufe 1 = trifft gar nicht zu; Stufe 7 = trifft voll zu; die Zwischenstufen dienen einer tendenziellen Positionierung). Der Übersichtlichkeit halber werden die Antworten im Folgenden in drei Kategorien zusammengefasst: «Nein» (1,2,3), «Mitte» (4), «Ja» (5,6,7).

Tendenzielle Zustimmung (TZ): Die Häufigkeit dieser letzten Kategorie «Ja» spielt in der Präsentation der Ergebnisse noch eine besondere Rolle. So wird unter tendenzieller Zustimmung die Prozentzahl derjenigen Befragten angegeben, welche die Skalenwerte 5, 6 oder 7 auf der 7er-Antwortskala angekreuzt haben.

Skalenniveau: Die Likert-Skalen erzeugen Daten auf Intervallskalenniveau. Das bedeutet, dass Rangunterschiede und Grösse des Abstands zwischen den

---

30 Siehe Kap. 4.

Skalenstufen festgestellt werden können, was weiterführende Berechnungen erlaubt.

Prozentangaben (%): Die Prozentangaben beziehen sich stets auf die Zahl gültiger Antworten und werden auf ganze Zahlen gerundet dargestellt. Aufgrund der Rundungsdifferenzen kann die Summe der Prozentwerte von 100% abweichen.

Index: Ein Index wird aus verschiedenen einzelnen Aussagen, die inhaltlich zusammenpassen und tendenziell ähnlich beurteilt werden, gebildet. Dabei werden die Werte der im Index enthaltenen Aussagen aufsummiert und gemittelt. Der Index wird dadurch zu einer konstruierten neuen Aussage, die zuverlässiger einen Sachverhalt (z. B. eine Überzeugung, Einstellung, Kenntnis) wiedergibt, da sie breiter abgestützt ist und Abweichungen bei der Antwort zu einer Frage weniger ins Gewicht fallen. Ein Index wird mit einem statistischen Testverfahren[31] auf seine interne Konsistenz geprüft.

Eine Liste der verwendeten Indices mit den darin zusammengefassten Einzelitems findet sich im Anhang.

Trendvariable: Liegen Aussagen aus Befragungen zu verschiedenen Zeitpunkten vor, kann ein Trend bestimmt werden: Wurden die Erwartungen durch die schliesslich gemachten Erfahrungen erfüllt, nicht erfüllt oder übertroffen? Haben sich Kenntnisse oder Einstellungen zu einem Thema über die Zeit verändert?

Hat sich eine Antwort um mehr als einen Punkt (plus oder minus) auf der Antwortskala verändert, so liegt nach Konvention ein positiver oder negativer Trend vor. Wenn beispielsweise 20% der Jugendlichen zum zweiten Befragungszeitpunkt bei einer Frage mehr als einen Punkt höher ankreuzen als bei derselben Frage zum ersten Befragungszeitpunkt, dann wird ein positiver Trend bei 20% der Befragten festgestellt. Nicht substanzielle Veränderungen werden als keine Veränderung betrachtet.

Für das Gebiet der Evangelisch-reformierten Landeskirche des Kantons Zürich wurde die folgende Anzahl ausgefüllter Fragebögen aus insgesamt 39 Gemeinden ausgewertet:

Konfirmanden	t_1: 598	Fragebögen
	t_2: 578	Fragebögen
Mitarbeitende	t_1: 64	Fragebögen
	t_2: 59	Fragebögen
Eltern:	t_2 246	Fragebögen

---

31 Reliabilitätstest: Cronbachs alpha > 0,7.

2. Ergebnisse und Erkenntnisse

(Thomas Schlag/Rahel Voirol-Sturzenegger/Oliver Wäckerlig)

2.1 Dauer der Konfirmandenzeit und Organisationsformen

Die Rahmenbedingungen der Konfirmationsarbeit sind, wie bereits erwähnt, in der Ordnung der Reformierten Kirche des Kantons Zürich festgelegt, wobei allerdings die lokalen Ausgestaltungen sehr unterschiedlich sind. Das Konfirmandenjahr startet im Sommer des Vorjahres der Konfirmation. Es kann mit Beginn des Schuljahres, in manchen Gemeinden auch bereits vor den Sommerferien starten.

Interessant ist, wie in den Gemeinden für die Teilnahme geworben wird: Praktisch alle Gemeinden versenden einen Brief an die Jugendlichen und ihre Eltern, in immerhin 61% der Gemeinden wird zusätzlich im Gemeindebrief bzw. Mitteilungsblatt geworben, eher selten über die Schule oder in der Zeitung.

Bezüglich der verbindlichen Teilnahme teilen immerhin 37% der Gemeinden mit, dass die Konfirmandinnen und Konfirmanden eine Art Vertrag unterzeichnen müssen, in weiteren 37% der Gemeinden gibt es lediglich Merkblätter ohne Vertragscharakter oder Unterschrift und in einem Viertel der Gemeinden existieren keine schriftlichen Vereinbarungen.

Nach Angaben der Mitarbeitenden trifft man sich zu den regulären Unterrichtsstunden meist im Gemeindehaus, eher selten in der Kirche oder gar im Pfarrhaus. Nach wie vor finden diese Treffen in der Regel an einem Wochentag (meistens Dienstag oder Donnerstag) statt, allerdings erfährt hier auch der Samstag zunehmend Berücksichtigung.

Die Ergebnisse der Studie zeigen, dass oftmals bereits in den Sommerferien ein Konf-Lager bzw. eine Konf-Freizeit stattfindet. Im Durchschnitt umfasst das Jahr 30 Stunden zu je 60 Minuten, drei Konf-Tage und ein Lager bzw. eine Freizeit mit 3 Übernachtungen. Insbesondere die ein- bis mehrtägigen Angebote unterscheiden sich allerdings von Gemeinde zu Gemeinde stark voneinander. So bietet beispielsweise ein Drittel der Gemeinden überhaupt keinen Konf-Tag an, in einem Drittel der Gemeinden finden keine Ausflüge mit den Konfirmandinnen und Konfirmanden statt und 20% verzichten auf ein Lager. Auf der anderen Seite finden in fast 50% der Gemeinden Freizeiten mit vier bis sechs Übernachtungen statt.

Dass mit der vorliegenden Studie gewissermassen Neuland betreten wird und die Ergebnisse in der Tat aufschlussreich für die zukünftige Arbeit sein können, wird auch daran deutlich, dass nur knapp 25% der befragten Gemeinden dieses Angebot bisher überhaupt mittels schriftlicher Befragung der Eltern oder Konfirmanden und Konfirmandinnen auswerten bzw. ausgewertet haben. In der Regel gibt es bestimmte Formen mündlicher, nicht sehr formaler Art der Rückmeldung und Auswertung, was zeigt, dass in diesem Arbeitsfeld eine systematische Feedback-Kultur bislang eher eine Ausnahme darstellt.

29

2.2 Die Konfirmandinnen und Konfirmanden

2.2.1 Wer sind die Konfirmandinnen und Konfirmanden?

Die Geschlechtsverteilung unter den befragten Jugendlichen hält sich mit jeweils 50% Jungen und 50% Mädchen ziemlich genau die Waage. Zum Zeitpunkt der ersten Befragung im Herbst 2007 waren die meisten 15 (54%) oder 14 Jahre (39%) alt. Im Vergleich etwa zu Deutschland oder Österreich sind damit die Zürcher Konfirmandinnen und Konfirmanden zwei Jahre älter. Nur 9% sind Einzelkinder, 80% haben ein oder zwei Geschwister. Aus den Fragebögen der Eltern geht hervor, dass 80% der befragten Konfirmanden-Eltern verheiratet, 17% geschieden sind. Auf die Frage, welche Bedeutung die Religion im Elternhaus hat, sagen 85% der Konfirmandinnen und Konfirmanden, dass sie aus einem weniger oder überhaupt nicht religiösen Elternhaus kommen (CJ01).

Zum Zeitpunkt t_1 wurden die Konfirmandinnen und Konfirmanden nach der Art der von ihnen besuchten Schule gefragt. *Abbildung 2 (S. 31)* zeigt die Verteilung der Konfirmandinnen und Konfirmanden in den verschiedenen Schultypen. Für die Schule bzw. die Verteilung aller 9.-Klässlerinnen und -Klässler im Kanton Zürich lauten die Zahlen: Sek A: 38%, Sek B: 34%, Sek C: 6%, Mittelschule: 22%. Die Verteilung der Konfirmandinnen und Konfirmanden in den verschiedenen Schularten entspricht somit nur teilweise der generellen Verteilung des Altersjahrgangs im Kanton Zürich. Insbesondere die Zugehörigkeit zum niedrigsten Schultyp «Sek C» ist bei den Konfirmandinnen und Konfirmanden deutlich geringer als im gesamten Jahrgang.

94% der Konfirmandinnen und Konfirmanden sind Schweizer, der Anteil mit Migrationshintergrund beträgt 19% – wobei hier weniger traditionelle Einwanderungsländer wie die Mittelmeer- und Balkanländer ins Gewicht fallen als vielmehr Länder wie Deutschland, Österreich oder die skandinavischen Nationen. 95% aller Konfirmandinnen und Konfirmanden geben als ihr Geburtsland die Schweiz an. Offenbar kennen sich bereits zu Beginn des Jahres viele der Konfirmandinnen und Konfirmanden untereinander. Knapp 80% kennen mehr als die Hälfte, fast alle oder sogar alle mindestens mit Namen (CD01).

Wichtig ist auch, dass immerhin fast 80% während des Konfirmandenjahres keinen schulischen Religionsunterricht besuchen, entweder weil er gar nicht erteilt wird oder weil er ein freiwilliges Angebot darstellt, zu dessen Besuch sich die Jugendlichen nicht entschlossen haben. Im Blick auf religiöse Fragen im engeren Sinn sagen zu Beginn des Jahres zwei Drittel, dass sie selten oder nie über Gott nachdenken (CH01), drei Viertel, dass sie selten oder nie allein beten (CH02), und über 90%, dass sie selten oder nie gemeinsam mit anderen beten

Abbildung 2   Verteilung der KonfirmandInnen in den verschiedenen Schultypen

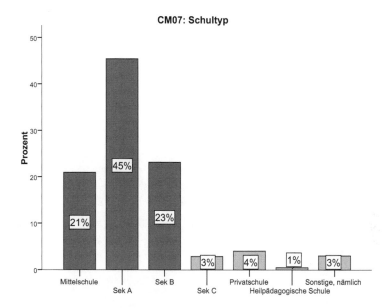

(CH03). Ihre eigene Einstellung zu Glaube und Kirche bezeichnet knapp die Hälfte zu Beginn des Jahres als «weder negativ noch positiv», immerhin 43% als eher oder sehr positiv (CF01).

Zudem zeigen die Antworten auf die offene Schlussfrage in der ersten Befragung auch, dass sich einige Konfirmandinnen und Konfirmanden differenzierte Gedanken über ihren eigenen Glauben machen und darin mehr Klarheit suchen. In der Schlussrubrik des Fragebogens unter der Überschrift «Was ich sonst noch sagen wollte», wurde u. a. folgendes vermerkt:

- *«Ich glaube nicht unbedingt an Gott, bin aber keine Atheistin. Keine Ahnung ...» (Mädchen, 15)*
- *«Ich glaube an Jesus aber weniger an Gott.» (Mädchen, 15)*
- *«Bei einigen Fragen als ich keine Antwort wusste, war es aus Unsicherheit. Ich glaube auf eine Art an Gott jedoch ist die Vorstellung zugleich absurd für mich. Manchmal bete ich zu Gott (früher viel mehr als jetzt) obwohl ich unsicher bin. Ich muss mich mit dem Glauben erst noch mehr auseinandersetzen, ich muss mehr verstehen. Ich möchte an Gott glauben!» (Mädchen, 14)*
- *«Ich will vor allem konfirmiert werden, damit ich keine Zweifel zu Gottes ‹Dasein› habe. Und mein Glaube gestärkt ist.» (Junge, 14)*

- *«Ich freue mich noch mehr als ich bis jetzt schon weiss über Gott zu lernen. Ich interessiere mich sehr für die Religion und sie ist mir sehr wichtig.» (Mädchen oder Junge, 14)*

- *«Gibt es einen eindeutigen Beweis, dass Gott existiert?» (Mädchen, 15)*

- *«Ich finde diesen Fragebogen eine gute Sache, nur ist bei den Fragen um Glaube und Gott ist etwas gewagt. Ich meine, ich habe keine Ahnung, ob ich an Gott glaube oder nicht, ich mein, ich bin erst 15 Jahre alt, woher soll ich das denn wissen.» (Mädchen, 15)*

Auch kritische Einstellungen werden durchaus differenziert geäussert:

- *«Ich bin nie mit dem Glauben an Jesus und Gott usw. aufgewachsen. Darum interessiert mich der Glauben nicht und ich glaube nicht das es Gott gibt, weil: wieso passieren solche schlimmen Dinge auf der Welt??!! Wenn es Ihn geben würde, wäre ich enttäuscht von Ihm!!!» (Mädchen, 15)*

- *«Im Konfirmationsunterricht bin ich vor allem, weil ich mir nicht immer sicher bin, was ich glauben soll. Mit einigen Dingen bei den Christen bin ich gar nicht einverstanden.» (Mädchen, 15)*

- *Es ist nicht so, dass ich gar nicht an Gott glaube, aber bei einigen Dingen, die man über ihn erzählt, kann ich mir nicht vorstellen, dass das so war.» (Mädchen, 14)*

- *«Ich glaube nicht, dass Gott existiert, aber dass der Glaube an ihn manchen Leuten helfen kann. (Junge, 14)*

2.2.2 Motivation und Ziele

Die Zürcher Konfirmandinnen und Konfirmanden geben an, dass ihre Entscheidung, sich für das Konfirmandenjahr angemeldet zu haben, am stärksten auf sie selbst (49%) oder den Einfluss ihrer Familie (45%) zurückzuführen ist. Letzteres wird zum Teil dezidiert betont, sodass am Schluss unter dem Titel «Was ich sonst noch sagen wollte» etwa die folgenden Bemerkungen zu finden sind:

- *«Ich bin in diesem Unterricht, weil meine Mutter dies wollte, nicht weil ich es wollte!» (Mädchen, 15)*

- *«Ich glaube nicht an Gott, weil es zu viele Grausamkeiten gibt. Ich bete nicht zu ihm, weil er mir nicht helfen kann, er gibt mir weder Kraft noch Mut. Ich bin wegen Familie und Freunden im Konf-Unterricht.» (Mädchen, 15)*

Schaut man genauer auf die Hintergründe der Motive, so ist festzustellen, dass für die Jugendlichen nicht nur ihre individuellen Interessen oder der Wunsch ihrer Familie massgeblich sind, sondern auch eine gewisse Bezugnahme auf die

Tradition. Ohnehin spielt der formale Aspekt einer persönlichen Einladung, etwa durch einen entsprechenden Brief, eine wichtige Rolle.

41% benennen als Grund für die Teilnahme, «weil es eine gute, alte Tradition ist» (CA03), 49% «weil ich als Kind getauft worden bin» (CA04) – wobei letzteres im internationalen Vergleich am seltensten genannt wird. Es hat den Anschein, dass alle äusseren Motive und formalen Verpflichtungen nicht so entscheidend für den Teilhabewunsch der Jugendlichen sind wie das Wissen und die Intuition, dass Konfirmation eine gute alte Tradition darstellt, irgendwie mit der Taufe verbunden ist und unter Umständen wichtig für die eigene Lebensorientierung sein könnte.

Dabei spielt bei einigen Mädchen auch der Gedanke an die spätere kirchliche Hochzeit eine Rolle. Obwohl die Konfirmation nicht Voraussetzung für eine kirchliche Trauung ist, werden die Kasualien doch in einem Gesamtzusammenhang betrachtet. Einige Mädchen ergänzen deshalb die möglichen Motive durch Aussagen wie die folgende:

- *«Ich mache das Konfjahr auch noch, weil ich später einmal in der Kirche heiraten will» (Mädchen, 14).*

Zu Beginn des Jahres zeigt sich hinsichtlich der Motive und Erwartungen der Konfirmandinnen und Konfirmanden eine Art Polarität bezüglich der lebens- und glaubensbezogenen Aspekte: Auf der einen Seite ist es nicht bzw. kaum bedeutsam, «mehr über Gott und Glauben zu erfahren» (CB01) – im Übrigen der niedrigste Wert in allen Ländern der Umfrage –, «im Glauben an Gott gestärkt zu werden» (CB08) und «darüber nachzudenken, was gut oder schlecht ist für mein Leben» (CB07). Für nur 5% ist es überhaupt wichtig, «Texte des christlichen Glaubens auswendig zu lernen» (CK02) – wiederum im internationalen Vergleich der geringste Wert –, für nur 15%, «die Sonntagsgottesdienste regelmässig zu besuchen» (CK09) und für 29%, «gemeinsam zu singen oder Musik zu machen» (CK07). Dass «meine Glaubensfragen vorkommen» (CK11), hoffen nur 26% im Vergleich zu 49%, die dies verneinen und im Vergleich zu 25%, denen dies mehr oder weniger gleichgültig ist. Für 32% ist es wichtig, «bei der Konfirmation den Segen zu empfangen» (CB11), für praktisch die Hälfte der Jugendlichen ist dieses Motiv hingegen praktisch unbedeutend.

Auf der anderen Seite der Polarität – also im Blick auf die lebensbezogenen Fragen – sagen 47% der Konfirmandinnen und Konfirmanden, dass sie «Gemeinschaft in der Konfi-Gruppe» erleben (CB02), und 44%, dass sie Freunde treffen oder kennen lernen wollen (CB06). Für 61% ist es wichtig, «viel Action zu machen» (CK05), und für 65%, Ausflüge zu machen bzw. auf Freizeiten und in Lager zu gehen (CK06) – all dies «ohne allzu grossen Stress» (CK10), was 79% unterstreichen. Sehr klar stellen sich die Motive dar, «bei der Konfirmation ein grosses Familienfest feiern zu können» (CB09) (60%), und «um am Ende Geld oder Geschenke zu bekommen» (CB10) (66%).

Gleichwohl lassen sich auch einige Phänomene aufzeigen, die diese Polarität gleichsam überwölben, indem sie sich sowohl auf Aspekte des eigenen Erwachsenwerdens wie auf Glaubensfragen beziehen. Hier wird deutlich, dass viele Jugendliche sich inmitten erheblicher Such- und Entwicklungsprozesse befinden und dementsprechend auch im Blick auf Glaubensfragen noch orientierungsoffen sind: Beinahe die Hälfte sagt, dass sie sich zur Konfi-Zeit angemeldet haben, «um selbst über meinen Glauben entscheiden zu können» (CB03) und «um einen wichtigen Schritt zum Erwachsenwerden zu tun» (CB04). Immerhin ein starkes Drittel sagt, dass es für sie wichtig sei, «einen eigenen Standpunkt zu wichtigen Lebensfragen zu finden» (CK01). Neben den oben angeführten Aussagen zum eigenen Glauben wird dies auch in der folgenden Aussage eines 14-jährigen Mädchens deutlich:

- *«Ich finde das Konfjahr ein sehr nützliches Jahr in dem man sich eine eigene Meinung bilden kann.» (Mädchen, 14)*

Einige Jugendliche wollen ihre Glaubenseinstellung auch bewusst offen halten:

- *«Ich würde versuchen, den Konfirmanden möglichst viele Kulturen näherzubringen, nicht nur als Informationen, sondern dass sie die Möglichkeiten haben, diese ein Stück weit zu erleben.» (Mädchen)*

- *«Ich finde es nicht gut, dass den Kindern praktisch von Geburt an eingetrichtert wird, dass sie an Gott glauben sollen usw. Sie sollten selbst entscheiden können was sie glauben sollen!» (Mädchen, 14)*

- *«Ich finde, jeder soll an das glauben, wo er will!» (Mädchen, 14)*

- *«Ich bin der Meinung, dass man sich mit 14 oder 15 Jahren noch nicht für eine Religion/Glauben entscheiden kann. Somit erachte ich es als kritisch, dass durch den Besuch des Konf-Unterrichts eine Vorbeeinflussung stattfindet. (Monopol der Landeskirchen/Kirchensteuern)» (Junge, 14)*

In keinem Vergleichsland ist die Erwartung, «die Themen selbst mitzubestimmen» (CK04), so hoch wie im Kanton Zürich. Betrachtet man die Faktoren, die die Themen und Aktivitäten während der Konfirmationszeit wesentlich beeinflussen, so geben 100% (!) der Mitarbeitenden an, dass ihr eigener Einfluss auf die Auswahlentscheidung stark oder sehr stark war.

2.2.3 Erwartungen und Erfahrungen

Vergleicht man nun die Antworten der Konfirmandinnen und Konfirmanden am Anfang und Ende des Jahres, so sind folgende Beobachtungen zu notieren:

Fast überall fallen die Bewertungen der Erfahrungen am Ende des Jahres gegenüber den Erwartungen am Anfang deutlich höher aus. So hat sich die Hoffnung, «gute Gemeinschaft» zu erleben, für zwei Drittel der Jugendlichen erfüllt

(KB02). 41% bestätigen positiv, dass sie «ins Nachdenken darüber gekommen sind, was gut oder schlecht ist für mein Leben» (KB07). Am Ende des Jahres wurde die Erwartung, die Themen mitzubestimmen, in keinem anderen Vergleichsland in so hohem Mass als erfüllt angesehen wie im Kanton Zürich (KK 04).

Die frühen Erwartungen, «bei der Konfirmation ein grosses Familienfest feiern zu können» und «um am Ende Geld oder Geschenke zu bekommen», haben sich am Ende des Jahres deutlich erhöht – im Blick auf das «Familienfest» von 60% auf 75%, bei «Geld und Geschenke» von 66% auf 71%. Dass diese Zahlen kurz vor der Konfirmation steigen, ist angesichts des unmittelbar bevorstehenden Ereignisses natürlich nicht überraschend.[32]

Erstaunlich – allerdings in einem eher problematischen Sinn – ist es, dass in beinahe 75% aller Fälle die Konfirmandinnen und Konfirmanden offenbar keine Möglichkeit zu einer praktischen Erfahrung in ihrer Gemeinde hatten und nur 25% gemeinsame Aktivitäten mit der kirchlichen Jugendarbeit unternahmen. Konsequenterweise hält sich das von den Konfirmandinnen und Konfirmanden am Ende des Jahres bekundete Interesse an ehrenamtlichem Engagement (KK27) ebenfalls deutlich in Grenzen (*Abbildung 3, S. 36*).

Insofern lässt sich feststellen, dass Konfirmationsarbeit nicht so stark und gut mit anderen gemeindlichen Aktivitäten oder Gruppen verknüpft und vernetzt ist, wie dies etwa im Blick auf eine sich daran anschliessende Gemeindebindung und Gemeindebildung wünschenswert wäre.

2.2.4 «Wirkungen»

Fragt man in inhaltsbezogener Weise nach den «Wirkungen»[33] des Jahres, so zeigen die Ergebnisse, dass die Konfirmandinnen und Konfirmanden offensichtlich einiges über den christlichen Glauben erfahren haben: Während zu Beginn

---

32 Zu diesem Befund und den daraus für die Konfirmationsarbeit erwachsenden Herausforderungen vgl. T. Schlag, Motivation Geld? Konfirmandenunterricht in lebensweltlicher Perspektive, in: Ders./R. Neuberth/R. Kunz (Hg.), Konfirmandenunterricht in lebensweltlicher Perspektive. Zürich 2008, 95–109.

33 Dass «Wirkungen» hier in Anführungszeichen gesetzt wird, soll signalisieren, dass die Verwendung eines solchen Terminus sowohl aus pädagogischen wie aus theologischen Gründen nur ausgesprochen zurückhaltend erfolgen darf. Denn einerseits würde der Sinn des Konfirmandenjahres unterlaufen werden, wenn man alles an seinem «Outcome» messen würde, andererseits stellen sich manche «Wirkungen» fraglos erst sehr viel später als am Ende des Jahres ein, was all diejenigen bestätigen können, die – manchmal erst nach vielen Jahren – irgendwann wieder auf einzelne «ihrer» Konfirmandinnen und Konfirmanden treffen. Diese bisher noch überhaupt nicht analysierten Nachhaltigkeitseffekte der Konfirmationsarbeit verweisen auf die Notwendigkeit von Langzeitstudien in diesem Forschungsfeld.

Abbildung 3

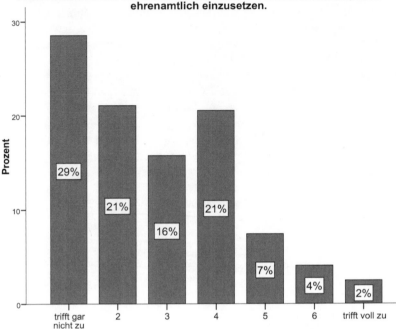

KK27: Während der Konfirmandenzeit habe ich Lust bekommen, mich ehrenamtlich einzusetzen.

des Jahres 46% von ihnen sagen, dass sie wissen, «was zum christlichen Glauben gehört» (CE10), erhöht sich dies am Ende des Jahres auf 55%.

Man würde vielleicht vermuten, dass das Konfirmationsjahr nicht nur dazu beigetragen hat, die Kenntnis und das Wissen über christliche Traditionen und den christlichen Glauben zu erhöhen, sondern eben auch den persönlichen Glauben gestärkt und eine positive Einstellung zur Kirche befördert hat – immerhin ist dies ein immer wieder an die Konfirmandenarbeit herangetragener Anspruch.

Hier ist nun allerdings so beachtenswert wie bedenkenswert, dass die Hälfte der Konfirmandinnen und Konfirmanden verneint, dass «auch meine Glaubensfragen zur Sprache» gekommen sind (KK11). Insbesondere bestimmte Glaubenssaussagen werden am Ende des Jahres nicht für überzeugender, wahrer oder persönlich bedeutsamer gehalten als zu Beginn: Dass «die Welt von Gott erschaffen ist» (CE01 – KE01), findet zu Beginn und am Ende bei rund einem Drittel der Jugendlichen Zustimmung, dass es «ein Leben nach dem Tod» gibt, bei 53% resp. 50% (CE02 – KE02). Der Anteil der Jugendlichen, die sich unsicher sind, «was ich glauben soll», fällt von 40% auf 39% (CE05 – KE05). 49% der Jugendlichen verneinen, dass «ich im Glauben an Gott gestärkt» (KB08) wurde.

36

Abbildung 4   Erwartungen und Erfahrungen bezüglich des Nachdenkens darüber, was für das eigene Leben gut oder schlecht ist

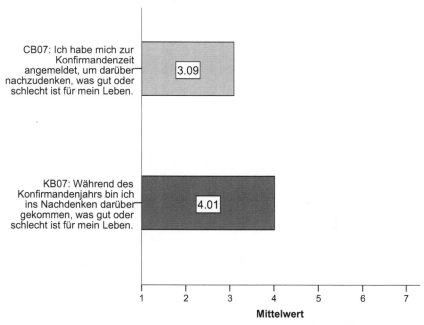

CB07: Ich habe mich zur Konfirmandenzeit angemeldet, um darüber nachzudenken, was gut oder schlecht ist für mein Leben. 3.09

KB07: Während des Konfirmandenjahrs bin ich ins Nachdenken darüber gekommen, was gut oder schlecht ist für mein Leben. 4.01

Mittelwert

Skala von 1 = trifft gar nicht zu bis 7 = trifft voll zu

Dass in schwierigen Situationen «mein Glaube an Gott» hilft, wird zu Beginn von 23%, am Ende von 25% positiv bejaht (CE08 – KE08). Darüber hinaus steigt der schon zu Beginn geringe Prozentsatz derer, die versuchen, «nach den Zehn Geboten zu leben» von 14% auf 17% (CE11 – KE11). Wenn es hingegen um den Anmeldungsgrund «… um darüber nachzudenken, was gut oder schlecht ist für mein Leben» (CB07) geht, liegen die Erwartungen der Konfirmandinnen und Konfirmanden signifikant unter den tatsächlich gemachten Erfahrungen *(Abbildung 4)*.

Geringe Veränderungen sind hinsichtlich der Einstellung zur Kirche – sowohl als Institution wie im Blick auf die erlebte Praxis – zu notieren. Dass die Kirche «auf die Fragen, die mich wirklich bewegen», keine Antwort hat, sagen zu Beginn 40% und am Ende 43% (CG02 – KG02) – die höchste Prozentzahl im internationalen Vergleich! So fallen die generellen Einstellungen zum christlichen Glauben und zur Kirche praktisch unverändert aus. Speziell der Anteil von Konfirmandinnen und Konfirmanden, die ihre Einstellungen zu Glaube und Kirche als «weder negativ noch positiv» beschreiben, bleibt mit 45% über das Jahr hinweg stabil – und eine «sehr positive Einstellung» geht sogar von 9% auf 6% zurück! (KF01 – KF02). Gleichwohl steigt der Anteil der Jugendlichen, für die es

Abbildung 5   Einzelfragen des Index «religiöses Verhalten» zu beiden Zeitpunkten

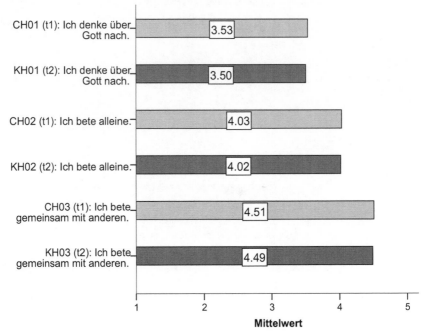

CH01 (t1): Ich denke über Gott nach. — 3.53
KH01 (t2): Ich denke über Gott nach. — 3.50
CH02 (t1): Ich bete alleine. — 4.03
KH02 (t2): Ich bete alleine. — 4.02
CH03 (t1): Ich bete gemeinsam mit anderen. — 4.51
KH03 (t2): Ich bete gemeinsam mit anderen. — 4.49

Mittelwert

1 = täglich; 2 = mehrmals pro Woche; 3 = einmal pro Woche;
4 = seltener; 5 = nie

wichtig ist, «zur Kirche zu gehören», von 21% auf 30% am Ende des Jahres (CG01 – KG01) und immerhin 84% sagen, dass sie ihre eigenen Kinder später einmal taufen lassen möchten.

Grundsätzlich ist zu bemerken, dass in keinem anderen Vergleichsland die Durchschnittswerte bei den glaubensbezogenen Fragen am Ende des Jahres so niedrig ausfallen wie im Kanton Zürich. Die Anzahl derer, die über Gott nachdenken (CH01), für sich (CH02) oder gemeinsam mit anderen beten (CH03), ändert sich über das Jahr hinweg praktisch nicht. Dass die Konfirmationsarbeit hinsichtlich des grundsätzlichen religiösen Verhaltens bei den Jugendlichen keine Veränderung zu bewirken scheint, wird auch dann deutlich, wenn die Häufigkeit des Nachdenkens über Gott, des individuellen und des gemeinsamen Gebets zu einem Index «religiöses Verhalten» zusammengefasst werden. Über die Konfirmandenzeit hinweg lassen sich hier zwischen den beiden Zeitpunkten t_1 und t_2 an keiner Stelle signifikante Veränderungen feststellen *(Abbildung 5)*.

Auch im Blick auf ethisches Lernen sind die Veränderungen am Ende des Jahres vergleichsweise gering *(Abbildung 6, S. 39)*.

38

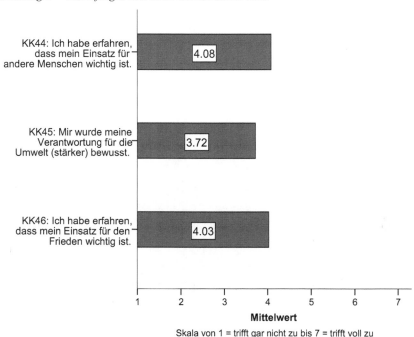

Abbildung 6   Einzelfragen des Index «Ethisches Lernen»

KK44: Ich habe erfahren, dass mein Einsatz für andere Menschen wichtig ist. — 4.08

KK45: Mir wurde meine Verantwortung für die Umwelt (stärker) bewusst. — 3.72

KK46: Ich habe erfahren, dass mein Einsatz für den Frieden wichtig ist. — 4.03

Mittelwert

Skala von 1 = trifft gar nicht zu bis 7 = trifft voll zu

Auch diese Items wurden zu einem Index zusammengefasst, wobei sich hier zeigt, dass die Wirkungen des ethischen Lernens ebenfalls eher gering ausgefallen sind und sich insgesamt eher im Mittelfeld der Zustimmung befinden *(Abbildung 7, S. 40)*.

Schliesslich stieg aber doch die eher geringe Anfangserwartung, «persönlichen Kontakt zu den Leitern und Mitarbeitern zu bekommen», von 22% auf tatsächlich 56% an (CK03 – KK03). Dieser Anstieg kann natürlich auch darauf zurückgeführt werden, dass zu Beginn nicht unbedingt eine negative, sondern schlicht keine genauere Vorstellung über mögliche persönliche Kontakte mit den Leitenden und Mitarbeitenden bestanden hat. Dieser Unterschied zwischen geringer Erwartung und geringer Vorstellung ist grundsätzlich bei der Interpretation dieser Ergebnisse mit zu bedenken.

2.2.5   Zufriedenheitsaspekte

Insgesamt erhält das Konfirmationsjahr eine positive Bewertung, wenn es als Ganzes und in der Perspektive gemeinsamer Erfahrungen mit der Gruppe, den Pfarrerinnen und Pfarrern sowie den weiteren Mitarbeitenden betrachtet wird. In

Abbildung 7   Häufigkeitsverteilung des Index «Ethisches Lernen»

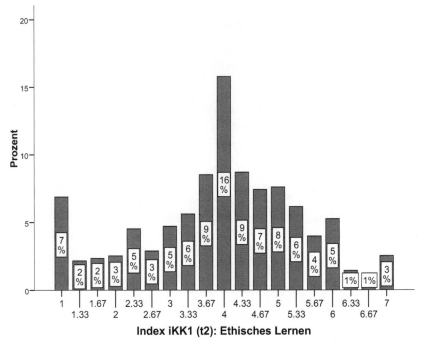

Index iKK1 (t2): Ethisches Lernen

Skala von 1 = trifft gar nicht zu bis 7 = trifft voll zu

diesem Sinn sind 66% der Jugendlichen mit der «Konfi-Zeit insgesamt» (KN01) zufrieden, 60% fanden den Umfang gerade richtig (KW01) und 70% verweisen positiv auf den Spassfaktor während des Jahres. Schon geringer fällt mit 52% die Zufriedenheit mit den Themen aus, noch geringer mit den Gottesdiensten und Andachten, mit denen nur 43% bzw. 40% zufrieden sind wie überhaupt mit dem, was mit Musik, Liedern und Singen zu tun hat. Nicht unwichtig scheint auch, dass nur stark die Hälfte der Jugendlichen mit den konkreten Räumen des Unterrichts zufrieden war. Schliesslich aber ist zu bemerken, dass der Zufriedenheitswert mit den Pfarrern und Pfarrerinnen bzw. den Verantwortlichen mit 74% beinahe ebenso hoch ist wie die Zufriedenheit mit den Freizeiten und Lagern mit 76%.

Dass das Erleben des Konfirmandenjahrs auch in den Augen der Jugendlichen von den leitenden Personen abhängt, zeigt zum Beispiel die Aussage eines Konfirmanden zum zweiten Befragungszeitpunkt:

- *«Der Pfarrer war leider nicht anwesend: Burn out. Ich denke, sonst hätte ich die Konfi-Zeit viel mehr genossen als mit der Aushilfspfarrerin, denn ich kam mit ihr nicht so recht zugang.» (Junge)*

Zweischneidig erscheint die Ausweitung der regulären Angebotsstruktur auf Samstage und ganze Wochenenden. Zwar ist die Ausweitung auf mehrtägige Angebote «ausser Haus» sehr beliebt und gerade für eine vertiefte theologische Wahrnehmung der jugendlichen Lebensbereiche vielversprechend. Aber zugleich ist zu bedenken, dass ein Teil der Jugendlichen aufgrund ihrer familiären Situation oder diverser intensiver musikalischer oder sportlicher Aktivitäten gerade für diese Zeiten nicht leicht disponieren können. Die familiäre Situation kann somit auf den Besuch der Konfirmationsarbeit einen starken Einfluss haben. So fällt es einigen Jugendlichen schwer, an den Wochenendangeboten teilzunehmen, Familien fühlen sich in ihrer Freiheit beeinträchtigt oder zumindest organisatorisch herausgefordert, wie folgende qualitative Stellungnahmen zeigen:

- *«Ich finde es wichtig, dass wir 1mal pro Woche in den Konfirmations-Kurs müssen aber etwas blöd, dass wir 12mal am Sonntag in die Kirche müssen da meine Eltern geschieden sind und ich jedes 2te Wochenende bei ihm bin, der in ... wohnt, und dann die Möglichkeit nicht habe, in die Kirche zu gehen!» (Mädchen, 14)*

- *«Mich störte die Intoleranz gegenüber sportlichen Verpflichtungen meines Sohnes und auch gegenüber familiären Angelegenheiten. Der Konfunterricht, die Lager und Blocktage haben unsere familiären Aktivitäten sehr behindert.» (Mutter, 47)*

- *«Den Eltern wurde nicht gesagt, wie gross der Aufwand ist um Punkte zu sammeln. Während der Woche usw. Es war schwierig, Stellensuche, Aufgaben, Kirche und anderes zu koordinieren.» (Mutter, 45)*

Es ist überhaupt zu fragen, wie stark die positive Gesamteinschätzung primär von den guten Erfahrungen mit der Gemeinschaft (positiv von 73% genannt) bestimmt ist und welche Rolle demgegenüber die Themen des Jahres spielen. Immerhin ist zu bedenken, dass die Zürcher Konfirmandinnen und Konfirmanden im internationalen Vergleich mit 36% die höchste Zustimmung zum Item zeigen: «Wenn es möglich wäre, würde ich mich am liebsten konfirmieren lassen ohne vorher die Konfi-Zeit mitzumachen» (KK41). Zugleich ist die Zufriedenheit mit dem ganzen Jahr im internationalen Vergleich am niedrigsten.

Blickt man insbesondere auf den «Outcome» des Jahres, so zeigt sich gerade zu wesentlichen Zielaspekten der Konfirmationsarbeit eine eher kritische Grundeinstellung bei den Konfirmandinnen und Konfirmanden: Hier verlangen insbesondere zwei Ergebnisse nach einer selbstkritischen Überprüfung der bisherigen Arbeit: So bejahen 53% den Aspekt: «Was ich in der Konfi-Zeit gelernt habe, hat mit meinem Alltag wenig zu tun» (KK35), und 46% verneinen, dass das, was man in der Konfi-Zeit macht, interessanter ist als «das, was in der Schule so abläuft» (KK50) – wiederum im internationalen Vergleich der geringste Wert.

2.3 Die Eltern und familiäre Zusammenhänge

Bei der zweiten Befragung (Zeitpunkt t_2) der Konfirmandinnen und Konfirmanden wurde versucht, die Eltern mit einzubeziehen. Die Befragung der Eltern war den Gemeinden freigestellt, sie wurde aber in 62% der Gemeinden durchgeführt, zumeist im Rahmen eines Elternabends, ebenfalls per Fragebogen. Da sich nicht alle Eltern der befragten Konfirmandinnen und Konfirmanden an der Umfrage beteiligten, könnten die Ergebnisse dahingehend verzerrt sein, dass gewisse Elternkategorien übervertreten (z. B. besonders engagierte/religiöse Eltern) oder untervertreten (z. B. Alleinerziehende) sind. Im Fragebogen war hier die Möglichkeit vorgegeben, bei einzelnen Items «gab es bei uns nicht» anzukreuzen, daraus resultieren geringere Fallzahlen für manche Fragen.

2.3.1 Hintergrunddaten zu den befragten Familienmitgliedern

79% der Fragebögen wurden von den Müttern ausgefüllt, 21% von den Vätern – einige wenige von beiden Eltern gemeinsam. 91% der Eltern geben an, selbst konfirmiert worden zu sein (PB08). Dabei haben zwei Drittel der antwortenden Eltern ihre eigene Konfirmandenzeit als angenehm bis sehr angenehm in Erinnerung (PA08). Verglichen mit den eigenen Erfahrungen wird aber auch geschätzt, dass sich die Konfirmationsarbeit heute moderner gestaltet:

- *«Wird viel moderner und lockerer gestaltet als zu meiner Zeit. Kirchenlieder werden in zeitgemässer, für Jugendliche verständlicher Sprache geschrieben (cooles Gesangsbuch). Im Time Out Gottesdienst für Jugendliche am Sonntagabend spielt eine Jugendband und bringt Power in den Gottesdienst. Gefällt auch mir besser...» (Mutter, 43)*

Im Vergleich zu den Antworten der Konfirmandinnen und Konfirmanden auf die Frage nach der Religiosität des Elternhauses (CJ01) fällt nun die Antwort der Eltern auf die Frage: «Wie wichtig ist Ihnen persönlich der Glaube an Gott» (PA07) durchaus anders aus: Immerhin 72% beantworten diese Frage positiv *(Abbildung 8, S. 43)*.

Die Religiosität des Elternhauses wird folglich von den Konfirmandinnen und Konfirmanden tendenziell niedriger eingeschätzt als von den Eltern selbst, was zum Teil aber auch durch die unterschiedliche Formulierung der Frage beeinflusst sein könnte. Während die Eltern nach dem «Glauben» gefragt werden, ist bei der Frage an die Konfirmandinnen und Konfirmanden von «Religiosität» die Rede.

Abbildung 8   Wichtigkeit des Glaubens für die Eltern

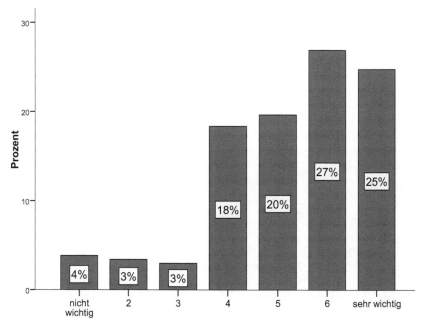

PA07: Wie wichtig ist Ihnen persönlich der Glaube an Gott?

2.3.2   Erfahrungen der Eltern

Die Eltern nahmen zu den Fragen Stellung, ob sich ihr eigenes Interesse an religiösen Themen oder das ihres Kindes während der Konfirmandenzeit ihres Kindes verändert habe, wie oft sie den Gemeindegottesdienst besucht hätten und wie intensiv sie an der Konfirmandenarbeit beteiligt gewesen seien. Für über 90% der Eltern hat sich das Interesses an religiösen Themen durch die Konfirmandenzeit des Kindes nicht geändert, was durchaus in einer zweifachen Weise gedeutet werden kann: Einerseits in dem Sinn, dass das Jahr offenbar ein bereits bestehendes religiöses Interesse nicht negativ beeinflusst hat, aber andererseits auch in dem Sinn, dass dieses Jahr ein geringes religiöses Interesse nicht verändert hat.

Interessanterweise vermuten die Eltern demgegenüber bei ihrem Kind eine Veränderung des Interesses an religiösen Themen im Lauf des Jahres, und immerhin 71% der Eltern bestätigen, dass ihr Kind mit der Konfirmandenarbeit insgesamt zufrieden sei (PA02) – wobei allerdings gilt, dass nur in einem Drittel der Fälle die Kinder zu Hause viel bis sehr viel über das berichteten, was sie erlebt hatten (PA05). Immerhin bestätigen knapp drei Viertel der antwortenden

Eltern, dass es ihnen persönlich wichtig ist, dass sich ihr Kind konfirmieren lässt (PA06).

Offenbar hat sich nur ein geringer Teil der Eltern dazu motivieren lassen, während des Konfirmandenjahres mehr Gottesdienste als sonst üblich zu besuchen bzw. ihr Kind zu begleiten: Für drei Viertel hat sich keine andere Häufigkeit des Gottesdienstbesuchs ergeben.

Dass für eine stärkere Integration der Eltern in das Konfirmandenjahr durchaus erhebliches Potenzial besteht, macht die Frage nach der konkreten Mitarbeit der Eltern deutlich: Hier teilen 82% mit, dass sie nicht einmal danach gefragt wurden, ob sie bei einzelnen Aktionen ihrer Kinder während des Jahres mitwirken wollten. Wo dies der Fall war, wurden sie offenbar vor allem als Begleitperson etwa für Lager, Ausflüge und Exkursionen gefragt oder besorgten irgendeine logistische Arbeit im Zusammenhang mit einzelnen Aktivitäten wie Fahrdienst, Kuchenbacken, das Ausrichten einer Kaffeestube im Rahmen eines Anlasses der Kirchgemeinde oder des Jahrmarktes. Nur in wenigen Fällen wurden darüber hinaus gehende Aktivitäten genannt, etwa die Beteiligung an der Jugendarbeit, an einem Kinderkirchtag oder am Weihnachtssingen. Dass sich «nur» 70% der Eltern über das, was in der Konfirmandenzeit geschah, ausreichend informiert fühlten, und sich nur bei einem knappen Drittel der Eltern die eigene Haltung zur Kirchgemeinde während des Jahres positiv verändert hat, erschliesst ebenfalls weiteres Veränderungspotenzial für die zukünftige Arbeit.

Dazu zwei Aussagen aus den Fragebogen der Eltern, woraus auch ein allfälliger Wunsch nach Vernetzung unter den Eltern anzuklingen scheint:

- *«Mehr Zusammenarbeit mit Eltern wünschenswert.» (Mutter, 50)*
- *«Da meine Tochter fast nichts erzählt (was ich ok finde), hätte ich ganz gern ab und zu etwas «Offizielles» vernommen od. mich beteiligt an einem gemeinsamen Projekt (gemeinsam mit andern Konfeltern.)» (Mutter, 49)*

In der Zusammenfassung stellen sich die Erfahrungen der Eltern wie in *Abbildung 9 (S. 45)* dar.

Diese Ergebnisse zeigen auch bei den Eltern eine hohe Zufriedenheit mit der Konfirmationsarbeit insgesamt.

Dies zeigen auch die Antworten auf die offene Schlussfrage «Was ich sonst noch zur Konfirmandenarbeit sagen möchte»:

- *«Ich finde es toll, dass die Jugendlichen mit viel Sozialem in Kontakt kommen und als selbstverantwortliche Personen angesehen werden.» (Mutter, 47)*
- *«Finde es super als Vorbereitung fürs Leben von der Auswahl der verschiedenen Themen.» (Mutter, 50)*

Abbildung 9   Übersicht über die Erfahrungen der Eltern

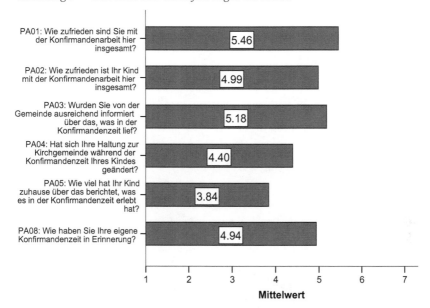

Skala von 1 = ganz unzufrieden / nicht ausreichend /
negative Veränderung / sehr wenig / sehr unangenehm
bis 7 = total zufrieden / ausreichend / postive Veränderung /
sehr viel / sehr angenehm

- *«Ich bin sehr zufrieden und glaube, dass diese wichtige Zeit auch für ihn ernsthafte Auseinandersetzung mit Lebensfragen ermöglichte, wenngleich er nach aussen ‹cool› tat.» (Mutter, 52)*

- *«Auch wenn in diesem Alter das Interesse an der Institution Kirche nicht sehr gross ist, erachte ich es als wichtig, dass die Jugendlichen durch Unti und Kirchbesuche lernen, wo sie hinkommen können, wenn sich Bedürfnisse melden.» (Mutter, 51)*

Zu bedenken ist aber, dass die Aussagen der Eltern nicht repräsentativ für alle Konfirmanden-Eltern sind, sondern eben nur für diejenigen, die an den Elternabenden präsent waren und bei denen folglich mindestens schon ein gewisses positives Interesse am Verlauf des Jahres und an der Konfirmation ihrer Kinder anzunehmen ist.

Trotzdem sind auch kritische Stimmen zu verzeichnen:

- *«Die Bastelarbeiten hätten vielleicht etwas interessanter sein können.» (Mutter, 42)*

- *«Konfirmation = Beschaffung neuer Kirchenmitglieder (Steuerzahler).»*

- *«Jugendliche sollten sich nicht so früh endgültig für eine ‹Glaubensgemeinschaft› entscheiden müssen!» (Elternteil)*

Ein eindrückliches Ergebnis aus dem Elternfragebogen zeigt sich im Blick auf die Einschätzung der Konfirmation: Auf die Frage, wie das Konfirmationsfest in der Familie gefeiert wird, antworteten 18% «eher im kleinen Kreis»; 27% «als ein Fest wie andere Feste im Jahr auch (z. B. Geburtstage)» und 55% «als eines der wichtigsten Feste im Leben meines Kindes». Dies markiert die nach wie vor hohe Bedeutung der Konfirmation als Datum innerhalb der Familie. Allerdings sehen etwa im Vergleich zu den deutschen Ergebnissen nicht zwei Drittel, sondern eben «nur» etwas mehr als die Hälfte der Eltern das Konfirmationsfest als eines der wichtigsten Feste an.

2.4 Die Mitarbeitenden

2.4.1 Wer sind die Mitarbeitenden?[34]

64% der Mitarbeitenden, die den Fragebogen ausgefüllt haben, sind männlich, 34% weiblich. Es ist dabei eine breite Altersspanne von 16 bis 63 Jahren zu konstatieren, wobei das Lebensalter zwischen 42 und 46 überdurchschnittlich stark vertreten ist. Mehr als drei Viertel sind Pfarrerinnen und Pfarrer bzw. Vikarinnen und Vikare, nur ein kleiner Anteil umfasst andere voll- oder teilzeitlich angestellte Mitarbeitende, 10% sind Freiwillige bzw. ehrenamtlich Mitarbeitende (WF06). 95% der befragten Mitarbeitenden sind reformiert, und im Blick auf ihre religiöse Selbsteinschätzung sagen 92%, dass ihnen persönlich der Glaube an Gott wichtig sei (WE08). 82% sind Schweizer Bürger.

Anzumerken ist hier, dass der Anteil «anderer Mitarbeiterinnen und Mitarbeiter» (KN08) in den befragten Gemeinden sehr klein ist; Eltern sind selten vertreten, ebenso Ehrenamtliche unter 18 Jahren. Die Daten zu Mitarbeitenden, abgesehen von Pfarrpersonen, sind also kaum belastbar. Dies gibt für die Situation im Kanton Zürich aber einen Hinweis darauf, dass die Konfirmandenarbeit weitgehend von Pfarrpersonen alleine verantwortet und durchgeführt wird und die Idee, weitere Mitarbeitende hinzuzuziehen, noch wenig Anklang findet.

Nahezu die Hälfte der Mitarbeitenden verfügt über mehr als zehn Jahre Erfahrung in der Konfirmationsarbeit. Dies kann eine ambivalente Tatsache darstellen: Denn auf der einen Seite liegen hier langjährige Erfahrungen und professionelle Kompetenzen vor, auf der andere Seite könnte dies aber auch eine gewisse Resistenz gegenüber möglichen Neuerungen in der bisher mehr oder weniger bewährten Arbeit mit sich bringen.

2.4.2 Stellenwert der Konfirmationsarbeit

Die Konfirmationsarbeit wird von 59% der Mitarbeitenden als eines der wichtigsten Felder ihrer Arbeit angesehen, aber interessanterweise von 29% genauso wichtig wie andere Arbeitsfelder und lediglich von 3% als «(fast) das allerwichtigste Arbeitsfeld» überhaupt *(Abbildung 10, S. 48)*.

Dies wirft die Frage auf, ob hier möglicherweise eine starke und folgenreiche Dissonanz zwischen der Wahrnehmung der Konfirmationsarbeit durch die «normalen» Kirchenmitglieder und der Wahrnehmung durch die Mitarbeitenden besteht.

---

34 Die Daten aller Mitarbeitenden werden in diesem Bericht prinzipiell zusammengefasst. In den Item-Listen im Anhang sind zur Differenzierung einige Ergebnisse nur für die Gruppe der Ehrenamtlichen zusammengestellt, und bei einigen Daten ist zudem der Mittelwert für die Pfarrer gesondert als MPfr abgedruckt.

Abbildung 10

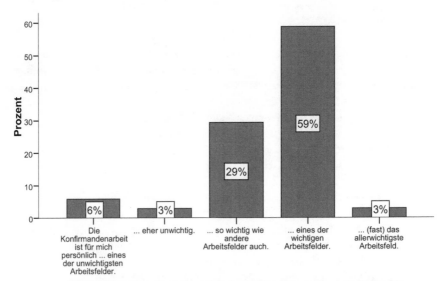

VR09: Welchen Stellenwert hat die Konfirmandenarbeit für Sie persönlich im Vergleich zu anderen Arbeitsfeldern der Gemeindearbeit?

Ein zweites interessantes Resultat ist, dass sich eine Mehrheit von 77% nach den landeskirchlichen Richtlinien richtet[35], obwohl es weder ein offizielles Lehrmittel gibt noch eine Verpflichtung dazu besteht, bestimmte katechetische Inhalte zu lehren (WE01; WE02).

Allerdings gibt es, gerade wo formelle Verpflichtungen bestehen, auch kritische Stimmen, wie zum Beispiel die folgende Aussage zeigt:

- «*Ich finde die <u>Voraussetzungen</u>, welche KONF-Jugendliche <u>vor</u> der Konfirmandenzeit erfüllen müssen (jetzt: 3./4. Klass-Unti, KoKoRU, 24 GD/ JuGD-Besuche in der 6.–8. Klasse) <u>zu hoch</u>! Immer wieder muss ich Konfis im Unterrichtsjahr den Besuch von 18 bis 22 GDs (statt der vorgesehenen 12 fürs Konfjahr) ‹aufbrummen›; das macht die Stimmung z. T. in der Gruppe nicht positiver.*» (Pfarrer, 53)

Fast 80% der Mitarbeitenden stimmen ausdrücklich dem Leitbild zu, für Jüngere ein Vorbild sein zu wollen (WE07), wobei sich aus der Antwortmöglichkeit des Fragebogens nicht erschliessen lässt, wie sie diese Vorbildfunktion näher definieren.

---

35 Wobei nicht näher geklärt werden kann, ob hierbei vor allem an die Kirchenordnung, die entsprechende Verordnung über die religionspädagogischen Angebote oder einfach an eine Art gewohnter Traditionen gedacht ist.

Abbildung 11   Einschätzung von Ziel und Verwirklichung hinsichtlich Auswendiglernen
zentraler christlicher Texte

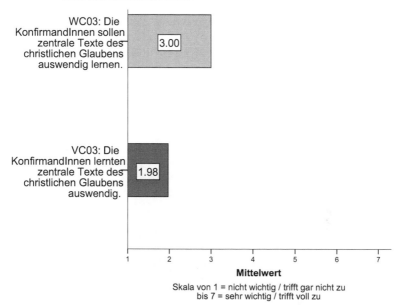

Skala von 1 = nicht wichtig / trifft gar nicht zu
bis 7 = sehr wichtig / trifft voll zu

2.4.3   Ziele der Mitarbeitenden und deren Erreichen

Es steht ausser Frage, dass die beteiligten Mitarbeitenden eine hohe Motivation mitbringen und erhebliche Erwartungen an das Konfirmandenjahr, ihr eigenes Engagement und die Beteiligung der Jugendlichen richten.

Deshalb sind einige Ergebnisse im Vergleich von Beginn und Ende des Jahres interessant: Die Mitarbeitenden wurden zum Zeitpunkt t_1 gefragt, was sie mit ihrer Arbeit intendierten bzw. sich von den Konfirmandinnen und Konfirmanden erhofften (Items «W»). Am Ende des Jahres wurde gefragt, was die Konfirmandinnen und Konfirmanden aus Sicht der Mitarbeitenden tatsächlich erlebt, gelernt und getan hatten (Items «V») und damit zum Zeitpunkt t_2 die Einschätzung der Erfahrungen der Jugendlichen erhoben. Folgende signifikante Veränderungen sind mit Hilfe von statistischen Tests festzustellen:

Insgesamt waren die Erwartungen der Mitarbeitenden höher als sie selbst dies dann am Ende des Jahres für realisiert halten: 100% (!) der Mitarbeitenden hatten zu Beginn grundsätzlich die Intention, den Konfirmandinnen und Konfirmanden dabei zu helfen, «einen eigenen Standpunkt zu wichtigen Lebensfragen» zu entwickeln (WC01), und 92%, dass sie in ihrem Glauben gestärkt werden (WC02). Die Werte zur Wichtigkeit des Auswendiglernens zentraler Texte des christlichen Glaubens (WC03) sind signifikant höher, als diejenigen für die Einschätzung des tatsächlich Erreichten (VC03) *(Abbildung 11)*.

49

Abbildung 12   Differenz zwischen Ziel und Verwirklichung hinsichtlich Auswendiglernens

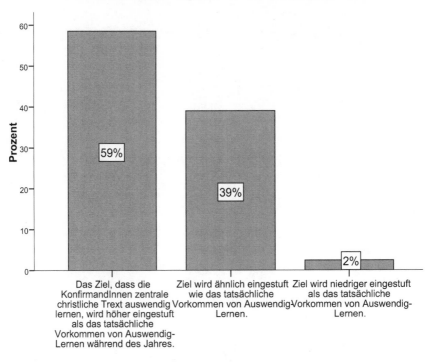

Trendvariable: Auswendiglernen zentraler christlicher Texte

Das Ziel, dass die KonfirmandInnen zentrale christliche Trext auswendig lernen, wird höher eingestuft als das tatsächliche Vorkommen von Auswendig-Lernen während des Jahres.

Ziel wird ähnlich eingestuft wie das tatsächliche Vorkommen von Auswendig-Lernen.

Ziel wird niedriger eingestuft als das tatsächliche Vorkommen von Auswendig-Lernen.

Die Differenz zwischen Einschätzung und Verwirklichung des Ziels zeigt *Abbildung 12*. In 59% der Fälle wurde das Ziel höher eingeschätzt als die Verwirklichung. 39% geben zu den Zeitpunkten t_1 und t_2 dieselben Werte an. 2% der Fälle stufen das tatsächliche Auswendiglernen höher ein als dessen Wichtigkeit.

Zwischen der Einschätzung der Wichtigkeit, Konfirmandinnen und Konfirmanden in ihrer persönlichen und sozialen Entwicklung zu unterstützen (WC04), und der Einschätzung, ob diese Unterstützung tatsächlich stattgefunden hat (VC04), besteht ebenfalls ein signifikanter Unterschied *(Abbildung 13, S. 51)*.

In 59% der Fälle wurde das Ziel höher eingeschätzt als die Verwirklichung. 37% geben zu den Zeitpunkten t_1 und t_2 dieselben Werte an. 5% der Fälle stufen die tatsächliche Unterstützung in der sozialen Entwicklung höher ein als deren Wichtigkeit bei der Zielsetzung für das Konfirmandenjahr *(Abbildung 14, S. 51)*.

Zudem ist darauf hinzuweisen, dass die Mitarbeitenden den Beitrag des Konfirmandenjahres zur persönlichen und sozialen Entwicklung der Jugendlichen signifikant höher einschätzten als die Jugendlichen selbst.

Abbildung 13   Einschätzung von Ziel und Verwirklichung hinsichtlich Unterstützung der KonfirmandInnen in ihrer sozialen Entwicklung

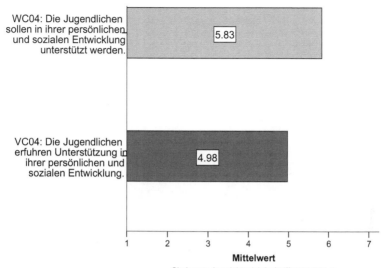

Abbildung 14   Differenz zwischen Ziel und Verwirklichung hinsichtlich Unterstützung in sozialer Entwicklung

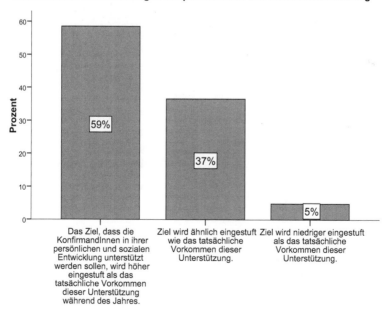

51

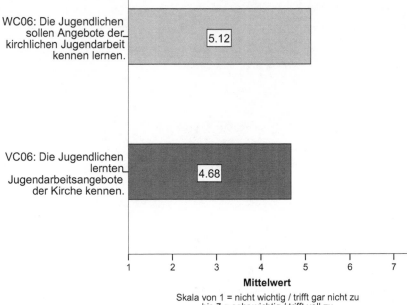

Die Differenz zwischen Erwartungen und Eintreffen zeigt sich auch im Blick auf die intendierte Partizipation: 77% der Mitarbeitenden wünschten sich zu Beginn, dass die Konfirmandinnen und Konfirmanden «zeitweise in Angeboten der Gemeinde mitarbeiten» (WB 02) – 66% sagten am Ende, dass dies tatsächlich auch passiert sei. 81% wünschten sich, dass die Jugendlichen «jugendgemässe Formen des Gottesdienstes erleben» (WB04) – 78% sagten am Ende, dass dies tatsächlich auch der Fall war. 75% wünschten sich, dass die Jugendlichen «immer wieder selbst Gottesdienste mitgestalten» (WB06) – 69% bestätigten, dass dieses Vorhaben erfüllt wurde.

Die anfängliche Intention bei 81% der Mitarbeitenden, dass die Konfirmandinnen und Konfirmanden auch Angebote der kirchlichen Jugendarbeit kennenlernen (WC06), wurde schliesslich von 65% als erfüllt angesehen (VC06). Vergleicht man die Mittelwerte zu beiden Zeitpunkten, ergibt sich ein signifikanter Unterschied *(Abbildung 15)*.

Während die Wichtigkeit des Kennenlernens von Angeboten der kirchlichen Jugendarbeit mit einer durchschnittlichen Zustimmung von 5.12 angegeben wird, findet sich für die Verwirklichung noch ein Wert von 4.68. In 51% der Fälle wurde das Ziel höher eingeschätzt als die Verwirklichung. 41% geben zu den Zeitpunkten t_1 und t_2 dieselben Werte an. 7% stufen das tatsächliche Kennenler-

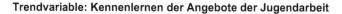
*Abbildung 16   Differenz zwischen Ziel und Verwirklichung bezüglich Kennenlernens
kirchlicher Jugendarbeit*

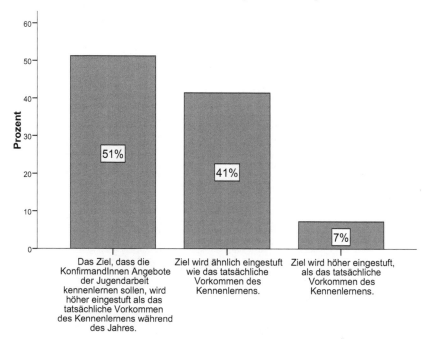

nen der Angebote höher ein als dessen Wichtigkeit in der Zielsetzung des Konfirmandenjahres *(Abbildung 16)*.

Die anfangs von stark der Hälfte der Mitarbeitenden ausgedrückte Hoffnung, die Konfirmandinnen und Konfirmanden für die Mitarbeit in der Gemeinde zu gewinnen (WC07), wird am Ende von 39% als erfüllt bestätigt. Die anfänglich von 72% geäusserte Absicht, «Formen zur Gestaltung von Stille, Andacht oder Mediation» zu erleben (WC10), wird so am Ende von 48% als erreicht angesehen. Und die ohnehin von nur 13% der Mitarbeitenden benannte Intention, die Jugendlichen «zentrale Texte des christlichen Glaubens auswendig lernen» zu lassen (WC03), wurde am Ende bei nur noch 8% verwirklicht.

Ein ähnliches Absinken bzw. eine offenbar an den Realitäten des Jahres neu justierte Gesamteinschätzung zeigt sich auch im Blick auf die Intention, mit jedem Konfirmanden mindestens ein persönliches Gespräch zu führen (von 91 auf 75%), mit der Schule zu kooperieren (von 30% auf 9%) und den Kontakt zwischen Eltern und der Kirche zu verbessern (von 70% auf 56%). Um dies im Blick auf die «Schulfrage» genauer darzustellen:

Abbildung 17   Einschätzung von Ziel und Verwirklichung hinsichtlich Kooperation von Konfirmandenarbeit mit der Schule

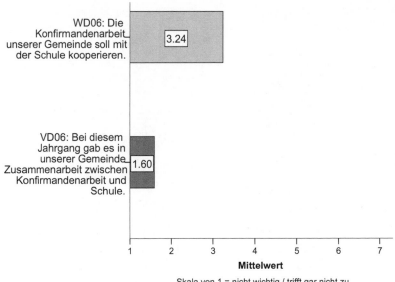

Skala von 1 = nicht wichtig / trifft gar nicht zu
bis 7 = sehr wichtig / trifft voll zu

Die Bewertung des Ziels der Kooperation von Konfirmandenarbeit und Schule innerhalb einer Gemeinde (WD06) unterscheidet sich signifikant von der Einschätzung der tatsächlichen Kooperation (VD06) *(Abbildung 17)*.

In 71% der Fälle wurde das Ziel höher eingeschätzt als die Verwirklichung. 26% geben zu den Zeitpunkten t_1 und t_2 dieselben Werte an. 2% der Fälle stufen die tatsächliche Kooperation mit der Schule höher ein als deren Wichtigkeit in der Zielsetzung der Konfirmandenarbeit *(Abbildung 18, S. 55)*.

Allerdings wurde die anfangs von 91% geäusserte Hoffnung, den Konfirmationsgottesdienst gemeinsam mit den Jugendlichen vorzubereiten (WD01), am Ende tatsächlich sogar von 98% der Mitarbeitenden als erfüllt beobachtet – im Übrigen im europäischen Vergleich die höchste Prozentzahl überhaupt.

2.4.4   Zufriedenheitsaspekte

Im Blick auf die Selbsteinschätzung sind folgende Aspekte relevant: Nur 5% der Mitarbeitenden wären – und dies sicherlich auch mit Blick auf den konkreten Konfirmandenjahrgang – froh, «wenn ich die Konfirmandenarbeit nicht mehr machen müsste» (WE06). 86% bzw. 90% halten ihre pädagogische bzw. theologische Kompetenz für dieses Praxisfeld für gut (WE09/10). Und erstaunliche 92% bejahen, dass ihnen das Zusammensein mit den Konfirmandinnen und Konfirmanden Spass mache (WE05).

Abbildung 18   Differenz zwischen Ziel und Verwirklichung bezüglich Kooperation mit der Schule

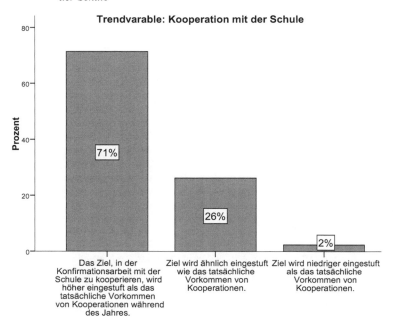

Schon diese Ergebnisse weisen darauf hin, dass die immer wieder vorgebrachte These, wonach ein erheblicher Anteil der Mitarbeitenden unter der Konfirmationsarbeit leide, keine Basis hat. Im Gegenteil kann davon ausgegangen werden, dass die Mehrheit diese gemeinsame Konfirmationszeit durchaus als erfreulich und freudvoll erlebt.

Hinsichtlich bestimmter problematischer Ereignisse während des Jahres zeigt sich, dass permanenter Konflikt, anarchische Situationen oder verzweifelte Pfarrerinnen und Pfarrer eher Klischees darstellen als der Realität entsprechen. Disziplinprobleme halten sich generell eher in Grenzen, eher schon hatten nicht wenige Konfirmanden Probleme, die Zeit für die Konfi-Termine freizuhalten (VN06). Konflikte zwischen Mitarbeitenden und Konfirmanden-Eltern stellen erkennbar eine Ausnahme dar (VN08).

Offenbar verfügt die Mehrheit der Mitarbeitenden über eine hohe Fähigkeit, für eine gute Atmosphäre zu sorgen und auch mit unterschiedlichen Konflikten in einer zufriedenstellenden Weise umzugehen. So weist eine ganze Reihe von Aspekten deutlich auf positive Erfahrungen und Wahrnehmungen hin: 83% der Mitarbeitenden waren «hin und wieder» oder häufig damit zufrieden, «wie die Konfirmanden mitgemacht haben» (VN02), 96% «hin und wieder» oder häufig damit zufrieden, «was die Konfirmanden gelernt oder erfahren haben» und gar 98% nach der Durchführung einer Stunde «hin und wieder» oder häufig damit zufrieden, «wie ich es gemacht habe» (VN03). Zudem haben offensichtlich die allermeisten Mitarbeitenden, wenn es Probleme mit der Konfirmandenarbeit gibt, gute Möglichkeiten, mit jemandem darüber zu sprechen (VL03). Allerdings fällt doch auch ein gewisses Einzelkämpfertum auf, wenn nur etwa ein Drittel sich häufig mit Mitarbeitenden/Kollegen aus anderen Gemeinden über die Konfirmandenarbeit austauschen (VL04).

Insgesamt sind 78% der Mitarbeitenden am Ende des Jahres mit der Konfirmationsarbeit in ihrer Gemeinde zufrieden (VM01), 94% machen die Arbeit gerne (VM02) und sogar 98% derer, die Konfirmationsarbeit im Team durchführen, empfinden die Teamarbeit als gelungen (VM04). Auch die finanzielle Ausstattung für die Konfirmationsarbeit wird von einer grossen Mehrheit von 87% für gut befunden.

Allerdings ist auch zu konstatieren, dass insbesondere die involvierten Ehrenamtlichen für ihre Partizipation an der Konfirmationsarbeit keineswegs diejenigen Qualifikationen haben oder erhalten, die sie dafür benötigen würden: So geben die Ehrenamtlichen zum Zeitpunkt von t_1 in Bezug auf die Teilnahme an speziellen Ausbildungs-, Fortbildungs- und Schulungsmassnahmen für die Konfirmandenarbeit bzw. für die Jugendarbeit an, dass sie keine spezielle Schulung dafür besucht haben, auch wenn manche Jugendleiterschulungen belegt haben. Dies erscheint umso problematischer, als immerhin 71% der antwortenden Ehrenamtlichen mitteilen, dass dies die erste Beteiligung an einem Konfirmandenjahr für sie darstellt.

Untersucht man, wie sich die Erfahrungen der Konfirmandinnen und Konfirmanden zur Zufriedenheit der Mitarbeitenden (iVM1)[36] verhalten, so lässt sich ein signifikanter, mittelstarker Zusammenhang zwischen Mitarbeiterzufriedenheit und Zufriedenheit der Jugendlichen im Bereich «Spass in der Gruppe» (iKN1) feststellen. An dieser Stelle sei schon einmal die Verteilung der Mitarbeiterzufriedenheit aufgezeigt *(Abbildung 19, S. 57)*.

Im Unterschied dazu findet sich zwischen der Zufriedenheit der Mitarbeitenden und der Zufriedenheit der Konfirmandinnen und Konfirmanden im Bereich «Gottesdienstliches Leb en» (iKN2) keine signifikante Korrelation. Auch was die Zufriedenheit der Konfirmandinnen und Konfirmanden mit den Mitarbeitenden und die Gesamtzufriedenheit betrifft, scheint die Mitarbeitendenzufriedenheit diese kaum zu beeinflussen. Zufriedene Mitarbeiter erzielen bei den Jugendlichen auch nicht per se grössere Erfolge im ethischen Lernen oder können sie besser im Glauben bestärken.

---

36 Der Index iVM1 umfasst die Beurteilungen der folgenden Aussagen und Fragen von Seiten der Mitarbeitenden: VE06: «Ich wäre froh, wenn ich die Konfirmandenarbeit nicht mehr machen müsste.» VM01: «Wie zufrieden sind Sie mit der Konfirmandenarbeit in Ihrer Gemeinde insgesamt?» VM02: «Machen Sie die Konfirmandenarbeit gerne?»

Abbildung 19   Verteilung der Mitarbeitendenzufriedenheit

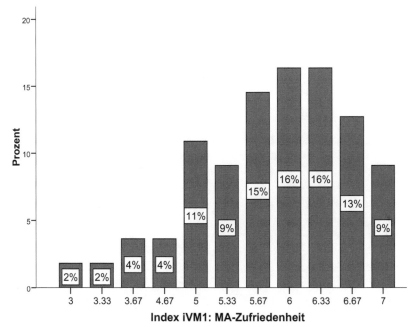

Im Folgenden seien einige Aspekte der Erfahrung der Mitarbeitenden mit Teams benannt.

2.4.5   Teamarbeit

Die folgenden Antworten konnten selbstverständlich nur von denjenigen Mitarbeitenden gegeben werden, die tatsächlich in Teams arbeiten bzw. mindestens einen Teil des Programms in Teamverantwortung durchführten. Unter diesen bejahen 80%, dass ihnen die Gemeinschaft mit den anderen Mitarbeitenden sehr wichtig ist (WE04). Aus den gegenwärtig vorliegenden Daten ist allerdings nicht genau ablesbar, inwiefern im Einzelfall tatsächlich planerische und durchführende Teams vorhanden waren oder ob möglicherweise schon eine nur sehr punktuelle Zusammenarbeit bereits unter der Bezeichnung «Team» subsumiert wurde.

Innerhalb dieser Gruppe wird von über der Hälfte bejaht, dass es «hin und wieder» oder «häufig» ein Team von Konfi-Mitarbeitenden gab, um Unterrichtsstunden oder eine Aktion vorzubereiten (VN09). Dass es überhaupt Konflikte im Team der Konfi-Mitarbeitenden gab, wird nur sehr selten oder gar nicht bestätigt (VN10). Gleichwohl sinkt die Zahl dort, wo es um die Zustimmung dazu geht, dass «wir Mitarbeitenden» alle ähnliche Ziele für die Konfi-Zeit haben (WE03).

57

2.5 Themen

Zum ersten Befragungszeitpunkt t_1 stuften die Mitarbeitenden bestimmte Themen nach Ihrer Wichtigkeit für die Konfirmationsarbeit ein. Zum gleichen Zeitpunkt bekundeten die Jugendlichen ihr Interesse an vorgegebenen Themen. Die *Abbildung 20 (S. 59)* zeigt die Bedeutung der einzelnen Themen im Vergleich zwischen Mitarbeitenden (Wa01 – 8) und Jugendlichen (CL01 – 11) zum Zeitpunkt t_1.

Betrachtet man die Themen aus Sicht der Mitarbeitenden, ist festzustellen, dass klassische theologische Themen als bedeutsam angesehen werden, allerdings nicht in allen Fällen von einer überwältigenden Mehrheit. Bezieht man dazu noch den Index iWA1: «Ziele der Mitarbeitenden: Christliche Lehrthemen» mit ein, ergibt sich im Ländervergleich der geringste Durchschnittswert.

Im Vergleich dazu betrachten die Mitarbeitenden lebensbezogene Fragen als mindestens genauso bedeutsam wie glaubensbezogene Fragen. Nebenbei bemerkt: Das Interesse der Mitarbeitenden im Kanton Zürich an den Themen «Sinn des Lebens», «Andere Religionen» und «Gewalt und Kriminalität» fällt im Vergleich zu den anderen Ländern höher aus, was auch mit der bereits erwähnten, spezifisch urbanen Situation zu tun haben mag.

Vergleicht man die thematischen Interessen der Mitarbeitenden mit denjenigen der Jugendlichen, scheint bei letzteren ein Schwergewicht auf den Themen zu liegen, die in irgendeiner Weise mit Fragen der eigenen Alltagsbewältigung in Verbindung gebracht werden können. Hier ist auch die Schnittmenge der Interessen von Mitarbeitenden und Jugendlichen am grössten, während Fragen des Glaubens von den Konfirmandinnen und Konfirmanden für deutlich weniger wesentlich gehalten werden.

Wiederum spielt aber auch das Thema Taufe eine besondere Rolle. Während die anderen dogmatischen Inhalte auf kein grösseres Interesse stossen, gilt dies im Blick auf die Taufe für mehr als die Hälfte der Konfirmandinnen und Konfirmanden keineswegs. Zudem zeigt das erhebliche Interesse der Jugendlichen am Thema «Freundschaft», dass die Konfirmandenzeit auch von einem gleichsam «geheimen Lehrplan» im Blick auf die Relevanz enger persönlicher Beziehungen mit anderen innerhalb und ausserhalb der Konfirmandengruppe getragen wird.

Nach Verbesserungsmöglichkeiten für die Konfirmationsarbeit gefragt, machten die Jugendlichen hinsichtlich der Themen unter anderem folgende Vorschläge:

- *«Ich interessiere mich für das/mein Lebensziel, andere Leute/Mitmenschen und vor allem für ärmere Länder.» (Junge)*
- *«Ich würde mehr über andere Religionen sprechen!» (Mädchen)*
- *«Dazwischen etwas über andre Religionen und deren Unterschiede zur unseren, auch noch etwas über den Tod und das eventuale Leben danach.» (Mädchen)*

58

Abbildung 20

Bedeutung des Themas	Mitarbeitende		Konfirmandinnen und Konfirmanden	
	TZ	M	TZ	M
Die Zehn Gebote (WA01)	53%	4.7	nicht gefragt	
Christliche Feste (WA02)	71%	5.3	nicht gefragt	
Taufe (WA03/CL01)	69%	5.3	54%	4.7
Abendmahl (WA04/CL02)	69%	5.2	23%	3.2
Ablauf und Bedeutung des Gottesdienstes (WA05/CL03)	77%	5.3	21%	3.1
Glaubensbekenntnis (WA06)	45%	4.2	nicht gefragt	
Jesus Christus (WA07/CL05)	94%	6.2	33%	3.6
Heiliger Geist (WA08)	73%	5.2	nicht gefragt	
Kirchenraum/Kirche als Gebäude (WA09)	50%	4.5	nicht gefragt	
Evangelisch – katholisch (WA10)	45%	4.2	nicht gefragt	
Andere Religion (WA11/CL07)	36%	3.7	50%	4.3
Bewahrung der Schöpfung und Ökologie (WA12)	64%	5.0	nicht gefragt	
Diakonie/diakonisches Handeln (WA13)	70%	5.2	nicht gefragt	
Sinn des Lebens (WA14/CL11)	97%	6.4	72%	5.4
Gerechtigkeit und Verantwortung für andere (WA15/CL08)	95%	6.2	65%	5.0
Freundschaft (WA16/CL09)	76%	5.4	87%	6.2
Körper und Sexualität (WA17)	59%	4.7	nicht gefragt	
Gewalt und Kriminalität (WA18/CL10)	48%	4.2	69%	5.2
Unsere Kirchgemeinde (CL04)	nicht gefragt		18%	3.1
Bibel (CL06)	nicht gefragt		24%	3.2

- *«Über wichtige Themen sprechen, wie Krieg.» (Mädchen)*
- *«Und spannende Themen wie Gewalt.» (Junge)*
- *«Mit Themen die Jugendliche interessieren und nicht mit Geschichten über irgendwelche Heiligen.» (Junge)*
- *«Ich würde versuchen, den Konfirmanden möglichst viele Kulturen näherzubringen, nicht nur als Informationen, sondern dass sie die Möglichkeiten haben, diese ein Stück weit zu erleben.» (Mädchen)*
- *«Ich würde viele Ausflüge mit den Konfirmanden unternehmen, damit sie das wahre Leben auch kennen lernen. Ich würde ihnen zeigen, dass unsere Gesellschaft ohne die Religion nicht entstanden wäre und dass die Religion ein wichtiger Teil unseres Lebens ist (immer noch).» (Mädchen)*

2.6 Methoden

2.6.1 Häufigkeit von Handlungsformen

Bei der zweiten Befragung wurden die hauptverantwortlich Mitarbeitenden nach der Häufigkeit bestimmter Methoden und verwendeter Materialien gefragt. Gleichzeitig beantworteten auch die Konfirmandinnen und Konfirmanden Fragen zur Häufigkeit angewandter Methoden.

Die folgende *Abbildung 21 (S. 61f)* bietet eine tabellarische Gesamtsicht der Häufigkeit der eingesetzten Methoden und Handlungsformen mit Durchschnittswerten aller Antworten pro Frage. Dabei wurden die Hauptverantwortlichen für die Konfirmationsarbeit gefragt: «Wie oft wurden die folgenden Methoden und Handlungsformen bei diesem Konfirmandenjahrgang eingesetzt?» (VH01 – 18, 25, 27, 28), während die Jugendlichen die folgende Frage auf einer 4er-Skala beantworteten: «Wie häufig wurden die folgenden Dinge in der Konfirmandenzeit gemacht?» (KT01, 02, 05, 12, 17, 20).

Aus Sicht der Mitarbeitenden wurden die folgenden pädagogischen Methoden und Handlungsformen häufig eingesetzt: Diskussion, Gruppenarbeit, Vortrag. Stärker aktivierende oder erlebnisorientierte Handlungsformen wie Rollenspiel, Theater, Zeichnen, Malen oder Gestalten, Musizieren, Lernstrassen und die Arbeit mit Internet oder Computer wurden vielerorts nie oder nur selten verwendet. Das Aufsagen auswendig gelernter Texte ist für 97% unüblich, und selbst Begegnungen mit Menschen aus der Gemeinde finden in zwei Dritteln der Gemeinde nie oder nur selten statt.

Diese Ergebnisse korrespondieren mit den Wahrnehmungen der Jugendlichen: Aus ihrer Sicht wurde häufig in Kleingruppen gearbeitet oder sie hörten Vorträgen zu. Gemeinsames Singen und Beten erlebten sie nur selten.

So sind Gruppenarbeit und Diskussion nach wie vor die favorisierten Gestaltungs- und Handlungsformen der Arbeit mit Konfirmandinnen und Konfirmanden. Viele Mitarbeitende scheinen im Blick auf das Experimentieren mit kreativen und modernen Formen zögerlich.

Es besteht erhebliche Zurückhaltung, die Jugendlichen dazu zu motivieren oder gar dazu zu verpflichten, Texte auswendig zu lernen: 81% geben an, nie auswendig gelernte Texte rezitiert zu haben. So sind zwar die meisten von ihnen mit dem Unservater vertraut, aber nur in deutlich geringerem Umfang können sie andere Texte auswendig wiedergeben: das Glaubensbekenntnis eigenen Angaben zufolge 17%, Psalm 23 17% und die Zehn Gebote 38% der Konfirmandinnen und Konfirmanden.

Abbildung 21

Häufigkeit angewandter Methoden	Verantwortliche für die Konfirmationsarbeit				Konfirmandinnen und Konfirmanden			
	nie	selten	hin und wieder	häufig	nie	einmal in der ganzen Konfirmandenzeit	manchmal	(fast) jedes Mal
Vortrag (Leiter spricht / erzählt über ein Thema) (VH01)		11%	43%	46%	nicht gefragt			
Diskussionen (VH02)		3%	34%	63%	nicht gefragt			
Rollenspiel und Theater (VH03)	20%	37%	34%	9%	nicht gefragt			
Lernstraßen (VH04)	56%	35%	9%		nicht gefragt			
Rätsel und Quizfragen (VH05)	17%	57%	26%		nicht gefragt			
Spiele (VH06/KT05)	3%	50%	47%		31%	25%	40%	4%
Geschichten und Erzählungen (VH07) / Bei Erzählungen/Geschichten zuhören (KT01)	3%	26%	54%	17%	6%	13%	62%	19%
Zeichnen, Malen und kreatives Gestalten (VH08)	3%	51%	43%	3%	nicht gefragt			
Gebet (VH09) /gemeinsam beten (KT12)	14%	60%	17%	9%	48%	18%	26%	8%
mit Bibeltexten arbeiten (VH10)	3%	29%	51%	17%	nicht gefragt			
mit anderen Texten arbeiten (VH11)	3%	29%	44%	24%	nicht gefragt			
auswendig gelernte Texte aufsagen (VH12/KT20)	80%	17%	3%		81%	12%	5%	2%
gemeinsam singen (VH13/KT17)	26%	34%	23%	17%	36%	24%	26%	14%
Mit Internet oder SMS arbeiten (VH14)	51%	34%	9%	6%	nicht gefragt			

	Verantwortliche für die Konfirmationsarbeit				Konfirmandinnen und Konfirmanden			
Häufigkeit angewandter Methoden	*nie*	*selten*	*hin und wieder*	*häufig*	*nie*	*einmal in der ganzen Konfirmandenzeit*	*manchmal*	*(fast) jedes Mal*
Gruppenarbeit (VH15) / Arbeit in Kleingruppen (KT02)		6%	43%	51%	5%	9%	62%	23%
Erkundungsgänge und Exkursionen (VH16)	11%	49%	31%	9%	nicht gefragt			
Gespräche mit Experten (VH17)	14%	40%	37%	9%	nicht gefragt			
Begegnungen mit Menschen aus der Gemeinde (VH18)	14%	49%	37%		nicht gefragt			
Musik machen (VH25)	49%	31%	11%	9%	nicht gefragt			
Meditation/Stille-Übungen (VH27)	31%	40%	17%	11%	nicht gefragt			
Erlebnispädagogische Übungen (VH28)	15%	50%	29%	6%	nicht gefragt			

Allerdings ist hier anzumerken, dass in den reformierten Kirchen der Schweiz die Bekenntnisfreiheit einen hohen Stellenwert hat. Wenn also ein Glaubensbekenntnis auswendig gelernt wird, wäre zuerst zu entscheiden, welches es denn sein soll, und konsequenterweise müsste diese Entscheidung – die auch eine Entscheidung gegen jegliches vorformuliertes Bekenntnis sein könnte – jedem Einzelnen überlassen bleiben.

In den Aussagen über die Häufigkeit von Handlungsformen stimmen Jugendliche und Pfarrpersonen nur teilweise signifikant überein: Von Pfarrpersonen höher eingeschätzte Häufigkeiten entsprechen bei «bei Erzählungen zuhören», bei «Spielen», bei «gemeinsam beten» und bei «gemeinsam singen» auch höheren Einschätzungen bei den Konfirmandinnen und Konfirmanden. Solch signifikante Zusammenhänge sind aber bei den Aussagen zu «Arbeit in Kleingruppen» oder zu «auswendig gelernte Texte aufsagen» nicht auszumachen.

Bei einem Überdenken der methodischen Ausrichtung der Konfirmationsarbeit ist eine Evaluation vonseiten der Jugendlichen also unbedingt notwendig, was aber erst in einem knappen Viertel der Kirchgemeinden des Kantons Zürich getan wird – denn, wie gleich aufgezeigt wird, die Wahrnehmungen der Mitarbeitenden unterscheiden sich von denjenigen der Jugendlichen auch über die methodischen Fragen hinaus nicht selten.

Auch in methodischen Belangen haben die Jugendlichen zum Zeitpunkt t_2 Verbesserungsvorschläge gemacht:

- *«Ich glaube, ich würde es ähnlich machen, aber vielleicht noch etwas mehr singen und ‹moderne Dinge› unternehmen. Z. B.: Kino, mehr Rollenspiele, usw.» (Mädchen)*
- *«Ich würde vieles ähnlich machen, doch würde ich Anbeten mehr gewichten, Worship ist mir sehr wichtig!» (Mädchen)*
- *«Mehr miteinander Diskutieren und Beten. Mehr Persönlichkeit.» (Junge)*
- *«Ich würde es spannender gestalten und noch 3 weitere Lager machen, die nicht innerhalb von Europa sind. Ich würde mehr gemeinsam beten und Sport machen.» (Junge)*
- *«Lustig und nicht streng! Nichts auswendig lernen! Früher nach Hause lassen max. 1 h!» (Mädchen)*
- *«Mit mehr interessanten Exkursionen, wenns warm ist das Weekend machen bei schönem Wetter.» (Mädchen)*
- *«Konflager durchführen!!!» (Mädchen)*
- *«Mehr ‹Action›. Filme über Sekten (→ spannend), mehr Leute in einer Gruppe. Mehr singen. Viel diskutieren. → bessere Stimmung.» (Mädchen)*

Der Einsatz von Filmen wurde dabei besonders kontrovers beurteilt:

- *«Mehr Action, mehr Ausflüge in Kirchen etc. ... und mehr Filme schauen ... Den Unterricht kürzer gestalten!» (Mädchen)*
- *«Ausserdem bessere Filme zeigen. Spannendere Themen.» (Mädchen)*
- *«Mehr ‹Action›, keine Filme, ein Abschlusslager!» (Mädchen)*
- *«Weniger Film! → Konflager durchführen!!!» (Mädchen)*
- *«Ich würde interessantere Filme bringen.» (Junge)*
- *«Ich würde nicht so viele Filme schauen, wie wir es in unserer Konfi-Zeit getan haben.» (Mädchen)*

2.6.2 Partizipative Formen

Obwohl 55% sagen, dass sie die behandelten Themen mitbestimmen konnten (KK04), und sich 58% in der Kirchgemeinde willkommen und anerkannt fühlten (KK37), waren doch offenbar die realen Partizipations- und Aktivitätsmöglichkeiten innerhalb der Gemeinde eher begrenzt: 79% (!) antworteten mit Nein auf die Frage, ob sie wenigstens zeitweise in den Angeboten der Gemeinde mitgewirkt hatten (KK26), 59% verneinen, Gottesdienste mit vorbereitet zu haben (KK31), und weniger als die Hälfte der Konfirmanden sagt, dass sie während des Jahres die Gemeinde besser kennengelernt hätten (KK25). In keinem anderen Vergleichsland fallen die Zahlen ähnlich niedrig aus.

Aufgrund dieser Resultate erscheint es nicht mehr überraschend, dass 65% der Konfirmandinnen und Konfirmanden «keine Lust bekommen» haben, sich ehrenamtlich einzusetzen (KK27), und am Ende nur ein Prozent mehr als am Anfang des Jahres – nämlich 7% (!) – daran interessiert sind, «nach der Konfirmation in eine kirchliche Jugendgruppe zu gehen» (CG08 – KG08) – der niedrigste Durchschnittswert im internationalen Vergleich.

Auf der anderen Seite wird im internationalen Vergleich nirgendwo so deutlich betont, dass der Konfirmationsgottesdienst gemeinsam mit den Jugendlichen inhaltlich vorbereitet werden soll (WD01) und dass dies auch tatsächlich geschieht (VD01) – nicht zu vergessen, dass wiederum im internationalen Vergleich die Beurteilung eines entstandenen guten Kontaktes zwischen Kirchgemeinde und Konfirmanden-Eltern (VD08) hier am höchsten ist.

Hinsichtlich partizipativer Formen in der Arbeit mit Konfirmandinnen und Konfirmanden und Annäherung an die Gesamtgemeinde bestehen aber, wie angedeutet, signifikante Unterschiede zwischen der Wahrnehmung der Mitarbeitenden und jener der Jugendlichen. Zwar bedeuten höhere Werte bei den Mitarbeitenden meist auch höhere Werte bei den Jugendlichen, aber die Mitarbeitenden geben durchgängig beachtenswert höhere Werte an, wie *Abbildung 22 (S. 65)* zeigt.

Wenn es darum geht, ob die Jugendlichen die Gemeinde besser kennengelernt hätten, weisen die Wahrnehmungen der Mitarbeitenden (VC05) signifikant höhere Werte auf.

Ob allerdings der signifikante Unterschied zwischen der Ansicht, dass die Jugendlichen zu ehrenamtlicher Arbeit motiviert wurden (VC07) und der Lust der Jugendlichen, sich ehrenamtlich zu engagieren (KK27), an der Wahrnehmung an sich oder am geringen Erfolg der Motivationsversuche liegt, ist aus den Daten nicht ersichtlich. Auf jeden Fall unterscheiden sich auch hier die Einschätzungen der Mitarbeitenden mit einem Mittelwert von 3.7 signifikant von denen der Konfirmandinnen und Konfirmanden mit 2.8.

Tendenziell eher einig sind sich Mitarbeitende und Jugendliche, wenn es um die Mitbestimmung der Themen (VB09/KK04) geht. Jedenfalls sind die Unterschiede in diesem Vergleich als statistisch zufällig einzustufen.

64

Abbildung 22

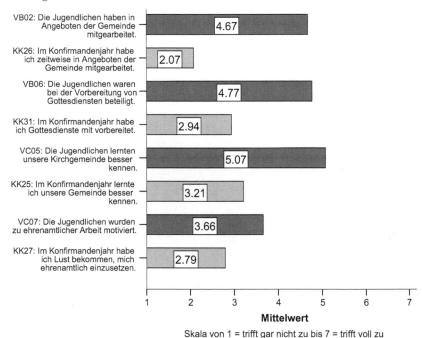

VB02: Die Jugendlichen haben in Angeboten der Gemeinde mitgearbeitet. **4.67**

KK26: Im Konfirmandenjahr habe ich zeitweise in Angeboten der Gemeinde mitgearbeitet. **2.07**

VB06: Die Jugendlichen waren bei der Vorbereitung von Gottesdiensten beteiligt. **4.77**

KK31: Im Konfirmandenjahr habe ich Gottesdienste mit vorbereitet. **2.94**

VC05: Die Jugendlichen lernten unsere Kirchgemeinde besser kennen. **5.07**

KK25: Im Konfirmandenjahr lernte ich unsere Gemeinde besser kennen. **3.21**

VC07: Die Jugendlichen wurden zu ehrenamtlicher Arbeit motiviert. **3.66**

KK27: Im Konfirmandenjahr habe ich Lust bekommen, mich ehrenamtlich einzusetzen. **2.79**

Mittelwert

Skala von 1 = trifft gar nicht zu bis 7 = trifft voll zu

In einem offenen Antwortformat äusserten die Jugendlichen den Wunsch nach mehr Mitbestimmung bei Liedern, bei Themen und deren Vorbereitung und Präsentation sowie in der methodischen Gestaltung der Arbeit:

- *«Ich würde viele Themen behandeln, die mit dem Alltag zu tun haben. Ausserdem würde ich viel singen (auch Lieder, die die Konfirmanden ausgewählt haben).» (Mädchen)*

- *«Ich würde zwischendurch mal ein oder zwei Spiele mit meinen Konfirmanden machen, die Konfirmanden ein Thema auswählen lassen, bei dem sie in kleinen Gruppen einen Text vorbereiten müsse, die sie mir und den anderen vortragen.» (Mädchen)*

- *«Ich würde die Konfis fragen, wie sie es wollen und das mit einbeziehen.» (Junge)*

Weitere Einblicke in Zusammenhänge zwischen mehr oder weniger partizipativen Handlungsformen und einem über die Konfirmationsarbeit hinausgehenden Engagement in der Kirchgemeinde werden unter dem Aspekt «Jugendarbeit und Partizipationsmöglichkeiten der Konfirmandinnen und Konfirmanden» (2.12.2) dargestellt.

2.7   Materialien und Medien

Aufgrund der methodischen Ausrichtung der Konfirmationsarbeit im Kanton Zürich ist es nicht überraschend, dass 54% der Mitarbeitenden die Bibel (VI01) manchmal, 29% selten und 17% oft verwenden. Ein Katechismus (VI02) wird zu 85% niemals und zu 15% selten eingesetzt und eine Konfirmandenmappe oder ein Kursbuch (VI05) werden von 85% der Befragten niemals oder selten benutzt. Allerdings gebrauchen 68% der Mitarbeitenden Material, das sie selbst ausgesucht oder produziert haben (VI06), und 43% verwenden Arbeitsblätter (VI14). Computer, Datenprojektoren oder andere digitale Medien (VI10/12) werden von rund zwei Dritteln der Mitarbeitenden nicht oder nur selten genutzt.

Der häufige Einsatz eigenen Materials gegenüber bereits fertig ausgearbeiteten Kursbüchern oder Konfirmandenmappen hat sicherlich auch damit zu tun, dass für den schweizerisch-reformierten Kontext wenig brauchbares Material für eine unbearbeitete Übernahme vorliegt.

Seit dem vor 20 Jahren erschienen Lehrmittel «KONFmagazin» können für die Konfirmationsarbeit Verantwortliche auf nichts Neueres zugreifen, das die spezifische Situation in den Schweizer Landeskirchen und vor allem das spezifische Alter der Schweizer Konfirmandinnen und Konfirmanden berücksichtigt. Die Entwicklung von Arbeitshilfen für die Konfirmationsarbeit im Kanton Zürich ist aber derzeit im Gang (vgl. Kap. 3.3).

2.8 Wirkungen auf Einstellungen zu Glaube und Kirche

Als Bildungsveranstaltung hat die Konfirmationsarbeit zumindest implizit den Anspruch, bei den Jugendlichen etwas in ihrem Denken und Handeln zu bewirken. Inwieweit das gelingt, haben wir mit Hilfe von statistischen Tests zu erheben versucht.

Im Folgenden zeigen wir die Veränderungen der Einschätzungen der Konfirmandinnen und Konfirmanden zwischen t_1 und t_2 in den Bereichen «Einstellung zur Kirche» und «eigener Glaube».

2.8.1 Einstellung zu und Bindung an die Kirche

Sowohl am Anfang als auch am Ende des Konfirmandenjahres nahmen die Jugendlichen zu vorformulierten Aussagen, die die Kirche betreffen, Stellung. In *Abbildung 23 (S. 68)* lassen sich die Veränderungen der Mittelwerte zwischen den beiden Zeitpunkten erkennen:

Im Index kirchliche Bindung sind die Items CG01: «Es ist für mich wichtig, zur Kirche zu gehören.», CG06: «Wenn ich persönlich Probleme habe, würde ich mich an eine Pfarrperson wenden.», CG07: «Unser Kirchengebäude bedeutet mir viel.» und CG08: «Ich hätte Interesse daran, nach der Konfirmation eine kirchliche Jugendgruppe zu besuchen.» zusammengefasst. Die Werte zum Index «kirchliche Bindung» liegen zum Zeitpunkt t_1 im Schnitt bei 2.4. Kurz vor der Konfirmation lässt sich ein Mittelwert von 2.7 errechnen. Es liegt ein signifikannter Unterschied vor.

Allerdings nimmt bei rund 10% der Jugendlichen die kirchliche Bindung während des Konfirmandenjahres ab. Bei 70% bleibt sie auf dem gleichen Niveau. Fast jeder oder jede 5. weist am Ende des Jahres eine höhere Bindung auf als am Anfang.

In ethischer Hinsicht («Die Kirche tut viel Gutes für die Menschen», CG/KG05) wird die Kirche am Ende des Jahres signifikant positiver eingeschätzt als am Anfang. Die Mittelwerte steigen von 5.1 auf 5.3. Bei der Frage nach der zukünftigen Taufe eigener Kinder (CG/KG03) ergibt sich aber kein signifikanter Unterschied. Die Jugendlichen zeigen zu beiden Zeitpunkten eine starke Absicht, später eigene Kinder taufen zu lassen.

Bei der Beurteilung negativer Aussagen zur Kirche lassen sich ebenfalls Unterschiede feststellen. Allerdings verlaufen auch diese in zunehmender Richtung: Signifikant ist die Veränderung in der Zustimmung zur Aussage «Auf die Fragen, die mich wirklich bewegen, hat die Kirche keine Antwort.» (CG/KG02) von einem Mittelwert von 4.1 zu 4.4, während die Zunahme bei der Aussage «Gottesdienste sind meistens langweilig» (CG/KG04) nur zufällig zustande gekommen ist. Obwohl die Kirche und ihre Mitarbeitenden bei den Jugendlichen während des Konfirmandenjahres also an Achtung gewinnen und ihnen durchaus Bedeutung für «die Menschen» zugesprochen wird, scheinen die Jugendlichen in ihren persönlichen Lebensfragen kaum erreichbar zu sein.

Abbildung 23

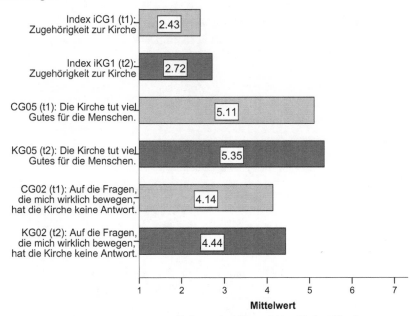

Skala von 1 = trifft gar nicht zu bis 7 = trifft voll zu

Neben diesen vergleichbaren Aussagen in den verschiedenen Befragungen äusserten sich die Jugendlichen zum Zeitpunkt t_2 zu weiteren Erfahrungen während des Konfirmandenjahres.

Fragt man sie nach ihrer Zufriedenheit im Rückblick auf das Konfirmandenjahr, ergeben sich die Mittelwerte in *Abbildung 24 (S. 69)*. Der Index iKN1, «Zufriedenheitsbereich Spass in der Gruppe», umfasst dabei die Zufriedenheit mit «Spass», «Gemeinschaft» und «Lager», der Index iKN2, «Zufriedenheitsbereich gottesdienstliches Leben», die Bereiche «Gottesdienste», «Andachten», «Musik/ Lieder/Singen». Ebenfalls im Bereich der Zufriedenheit lässt sich die Frage nach der Lebensrelevanz der Konfirmationsarbeit (KK35) einordnen.

2.8.2 Eigener Glaube

Betrachtet man die Wirkung der Konfirmationsarbeit hinsichtlich religiöser Aussagen der Jugendlichen (CE01 – 04, 08 und 09), zeigen sich wenig signifikante Veränderungen zwischen Beginn und Ende der Konfirmandenzeit.

Eine Ausnahme bildet allerdings CE08 «In schwierigen Situationen hilft mir mein Glaube an Gott». Hierzu ist die Zustimmung am Ende des Konfirmandenjahres signifikant höher. Die Mittelwerte steigen von 3.0 am Anfang des Jahres auf 3.2 kurz vor der Konfirmation *(Abbildung 25, S. 69)*.

Abbildung 24   Zufriedenheit mit einzelnen Aspekten

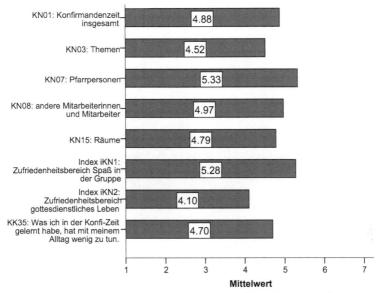

KN01: Konfirmandenzeit insgesamt — 4.88
KN03: Themen — 4.52
KN07: Pfarrpersonen — 5.33
KN08: andere Mitarbeiterinnen und Mitarbeiter — 4.97
KN15: Räume — 4.79
Index iKN1: Zufriedenheitsbereich Spaß in der Gruppe — 5.28
Index iKN2: Zufriedenheitsbereich gottesdienstliches Leben — 4.10
KK35: Was ich in der Konfi-Zeit gelernt habe, hat mit meinem Alltag wenig zu tun. — 4.70

Mittelwert

Skala von 1 = ganz unzufrieden bis 7 = total zufrieden

Abbildung 25   Veränderung der Beurteilung religiöser Aussagen während des Konfirmandenjahrs

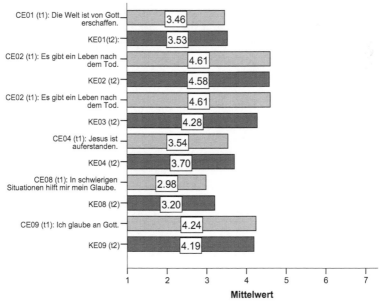

CE01 (t1): Die Welt ist von Gott erschaffen. — 3.46
KE01(t2): — 3.53
CE02 (t1): Es gibt ein Leben nach dem Tod. — 4.61
KE02 (t2) — 4.58
CE02 (t1): Es gibt ein Leben nach dem Tod. — 4.61
KE03 (t2) — 4.28
CE04 (t1): Jesus ist auferstanden. — 3.54
KE04 (t2) — 3.70
CE08 (t1): In schwierigen Situationen hilft mir mein Glaube. — 2.98
KE08 (t2) — 3.20
CE09 (t1): Ich glaube an Gott. — 4.24
KE09 (t2) — 4.19

Mittelwert

Skala von 1 = trifft gar nicht zu bis 7 = trifft voll zu

Abbildung 26

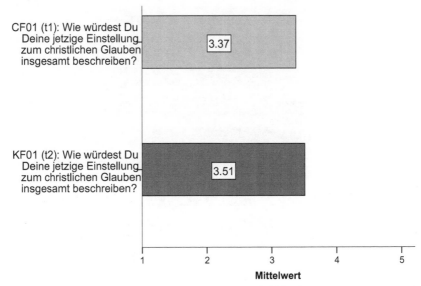

CF01 (t1): Wie würdest Du Deine jetzige Einstellung zum christlichen Glauben insgesamt beschreiben? **3.37**

KF01 (t2): Wie würdest Du Deine jetzige Einstellung zum christlichen Glauben insgesamt beschreiben? **3.51**

Mittelwert

1 = sehr negativ; 2 = eher negativ; 3 = weder negativ noch positiv;
4 = eher positiv; 5 = sehr positiv

Trotz dieser Konstanz in Glaubensaussagen lässt sich in der Frage der allgemeinen Einstellung zum christlichen Glauben (CF/KF01) eine signifikante Veränderung zwischen den Zeitpunkten t_1 und t_2 feststellen. Die Mittelwerte, gemessen auf einer Skala von *1 = sehr negativ* bis *5 = sehr positiv*, betragen am Anfang des Konfirmandenjahres 3.4, gegen Ende 3.5 *(Abbildung 26)*.

Die Jugendlichen wurden auch danach gefragt, welche religiösen Gründe sie zur Anmeldung zum Konfirmandenjahr bewogen hatten. Aus den Einzelitems CB01, 03 und 06 wurde der Index «Erwartungsbereich Glaubensstärkung» (iCB1) gebildet. Vergleicht man die Mittelwerte dieses Index mit den Aussagen zu tatsächlich gemachten Glaubenserfahrungen am Ende des Konfirmandenjahres, ergibt sich ein signifikanter und quantitativ eindrücklicher Unterschied. Die Erwartungen der Konfirmandinnen und Konfirmanden betreffend Glaubensstärkung sind mit im Durchschnitt 3.4 bedeutend geringer als die tatsächlich gemachten Erfahrungen mit durchschnittlich 3.9 *(Abbildung 27, S. 70)*.

Für etwa ein Fünftel der Jugendlichen hat die Konfirmationsarbeit die Erwartungen betreffend Glaubensstärkung nicht erfüllt. Für knapp die Hälfte entsprechen die Erfahrungen den Erwartungen. Ein Drittel hat mehr Glaubensstärkung erfahren, als sie erwartet hätten.

Abbildung 27

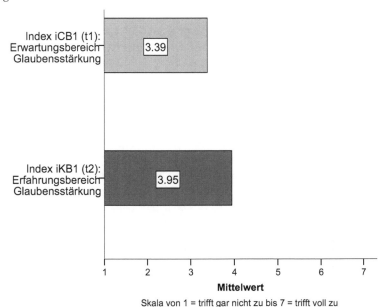

Mittelwert

Skala von 1 = trifft gar nicht zu bis 7 = trifft voll zu

Diese Resultate weisen darauf hin, dass Konfirmandinnen und Konfirmanden in der Beschäftigung mit ihrem Glauben weniger an vorgegebenen Glaubensinhalten interessiert sind oder diese jedenfalls nicht (mehr?) stark hinterfragen, sondern eher danach suchen, ihr eigenes Lebens mit dem Glauben zu verbinden. Auch wenn sich bei Glaubensaussagen kaum Veränderungen in den Einstellungen abzeichnen, verändert sich bei den Jugendlichen etwas in ihrem persönlichen Glauben. Wie dieses Etwas genauer beschrieben werden könnte, wäre Gegenstand weiterer Untersuchungen.

2.9 Gottesdienste und Gottesdiensterleben

Im Vergleich zu den bundesdeutschen und den internationalen Zahlen ist die Anzahl der Gottesdienste, die Konfirmandinnen und Konfirmanden im Kanton Zürich verpflichtend besuchen müssen, eher niedrig. Mehr als 80% müssen «nur» sechs bis fünfzehn Gottesdienste während des gesamten Jahres besuchen, und keine Gemeinde verlangt überhaupt mehr als den Besuch von fünfzehn Gottesdiensten. Die Teilnahmekontrolle wird in einem Drittel der Gemeinden eher «soft» gehandhabt.

85% der Mitarbeitenden geben an, dass die Jugendlichen vom Beginn des Konfirmandenjahres an am Abendmahl teilnehmen können. Dies verweist wiederum auf die Tatsache, dass die Konfirmandenzeit selbst als Ausdruck für wachsende Reife und Mündigkeit in Fragen des Glaubens und der Zugehörigkeit zur christlichen Gemeinschaft verstanden wird. Zugleich könnte aber auch auf das im Vergleich mit der lutherischen Tradition unterschiedliche Verständnis und die dementsprechend auch seltenere Praxis des Abendmahls in vielen reformierten Kirchgemeinden verwiesen werden.

Die Taufe der noch nicht getauften Konfirmandinnen und Konfirmanden findet in einem Viertel der Fälle am Tag der Konfirmation statt, in 5% ein bis vier Wochen davor und in 2% mehr als vier Wochen vor der Konfirmation. Knapp die Hälfte der Mitarbeitenden bestätigen, dass Konfirmationen auch ohne vorherige Taufe durchgeführt werden können (VR10).

Betrachtet man die Wahrnehmung der Gottesdienste, so zeigt sich, dass dieses Angebot von den Jugendlichen nicht als besonders attraktiv oder gar als bedeutsamer Bestandteil der Konfirmandenzeit angesehen wird. Viele Konfirmandinnen und Konfirmanden finden die Gottesdienste eher langweilig – und dies nicht nur am Anfang, sondern auch und verstärkt am Ende des Jahres: So steigt hier der Anteil von 56% auf 61% (CG04 – KG04). Nur 43% zeigen sich mit den Gottesdiensten während des Konfirmandenjahres zufrieden (KN10).

Dies kann offenbar auch nicht von den Erfahrungen mit jugendgemässen Gottesdiensten, die immerhin knapp die Hälfte der Konfirmandinnen und Konfirmanden erlebt haben (KK30), aufgewogen werden.

Betreffend jugendgemässer Gottesdienste ist ein Vergleich der Wahrnehmungen von Mitarbeitenden und Jugendlichen interessant. Diese unterscheiden sich nämlich signifikant: Die Mittelwerte der Mitarbeitenden (VB04) liegen mit 5.4 höher als die der Konfirmandinnen und Konfirmanden (KK30) mit 4.4.

Auf der anderen Seite kann angenommen und gehofft werden, dass der «letzte» Gottesdienst, nämlich die Konfirmation selbst, von dieser doch recht negativen Einschätzung ausgenommen würde. Denn hier haben offenbar gerade im Kanton Zürich die Jugendlichen die Möglichkeit – und ergreifen diese offensichtlich auch intensiv –, ihr eigenes Verständnis reformierter Mündigkeit öffentlich und auf ganz persönliche Weise deutlich zu machen.

Ihre Einstellung zu Gottesdiensten haben die Jugendlichen zum Teil auch in einem offenen Antwortformat wiedergegeben:

- *«Fröhlicher, die ganze Kirche ist immer tröstend, aber man will nicht dauernd getröstet werden, denn die Welt ist nicht traurig, also mehr fröhliche Feste und keine Trauernden tröstenden Gottesdienste mehr.» (Junge)*

- *«Manchmal finde ich, dass Gottesdienste unnötig sind. Ausser bei: Taufe, Heirat, Konfirmation, Beerdigung.» (Junge)*

2.10 Konfirmationsarbeit und familiäres Umfeld

Sowohl die Religiosität als auch der Bildungshintergrund der Elternhäuser wirkt sich auf die Erfahrungen der Jugendlichen während des Konfirmandenjahres aus.

2.10.1 Religiosität des Elternhauses

In den folgenden Berechnungen wird als Bezugsgrösse für die Religiosität des Elternhauses der Jugendlichen die Einschätzung der Konfirmandinnen und Konfirmanden verwendet. Diese zeigt sich zum Beispiel auch in der Bundesweiten Studie bei deutschen Konfirmandinnen und Konfirmanden als aussagekräftig.

Um Gruppenvergleiche berechnen zu können, ist die sehr kleine Gruppe, die angibt, aus einem «sehr religiösen» Elternhaus zu stammen, mit denjenigen zusammen zu fassen, die angeben, aus einem «ziemlich religiösen» Elternhaus zu stammen. *Abbildung 28 (S. 75)* zeigt die Verteilung der Einschätzung nach dieser Zusammenfassung.

Vergleicht man den Stellenwert des Glaubens im Elternhaus mit den Erfahrungen der Konfirmandinnen und Konfirmanden in den Bereichen Zufriedenheit und ethischer Lernerfolg, so lässt sich kein signifikanter Zusammenhang feststellen.

Im Erfahrungsbereich «Glaubensstärkung» (iKB1) besteht aber – wie *Abbildung 29 (S. 75)* zeigt – ein signifikanter Zusammenhang zwischen der Einschätzung der Konfirmandinnen und Konfirmanden hinsichtlich der Religiosität ihres Elternhauses und ihren Erfahrungen. Auf der Y-Achse lassen sich dabei die Mittelwerte für den Erfahrungsbereich für die auf der X-Achse eingetragenen Gruppen ablesen. Diese unterscheiden sich signifikant.

Wenn es um die Einschätzung der Lebensrelevanz von Religionsunterricht (KK35) geht, finden sich signifikante Unterschiede zwischen der Gruppe, die aus einem überhaupt nicht religiösen Elternhaus stammt, und denjenigen Konfirmandinnen und Konfirmanden, die aus einem weniger religiösen bis religiösen Elternhaus kommen (*Abbildung 30, S. 76)*

Die von den Jugendlichen beurteilte Religiosität des Elternhauses ist für die Erklärung der Varianz in der kirchlichen Bindung (iCG1) am Anfang des Konfirmandenjahres signifikant. Hier unterscheiden sich alle drei Gruppen voneinander (*Abbildung 31, S. 76)*.

Grundsätzlich profitieren also Jugendliche aus religiösen Elternhäusern mehr von der Konfirmationsarbeit als solche aus weniger religiösen oder nicht religiösen Elternhäusern. Nimmt man zur Kenntnis, dass die Glaubensstärkung im Konfirmandenjahr keine unwesentliche Rolle spielt, so ist umso mehr Gewicht auf die Frage zu legen, wie auch weniger religiös geprägte Jugendliche in ihren Glaubens- und Lebensfragen ernst genommen und begleitet werden können.

Abbildung 28

Von den Jugendlichen eingeschätzte Religiosität des Elternhauses

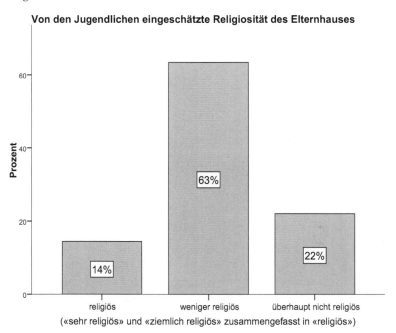

(«sehr religiös» und «ziemlich religiös» zusammengefasst in «religiös»)

Abbildung 29   Glaubensstärkung durch die Konfirmationsarbeit in
Abhängigkeit von der Religiosität des Elternhauses

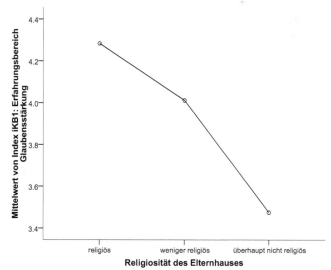

(«sehr religiös» und «ziemlich religiös» zusammengefasst in «religiös»)

Abbildung 30   Wahrnehmung der Lebensrelevanz der Konfirmandenzeit abhängig von der Religiosität des Elternhauses

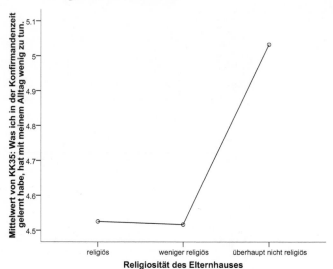

(«sehr religiös» und «ziemlich religiös» zusammengefasst in «religiös»)

Abbildung 31   Kirchliche Bindung abhängig von der Religiosität des Elternhauses

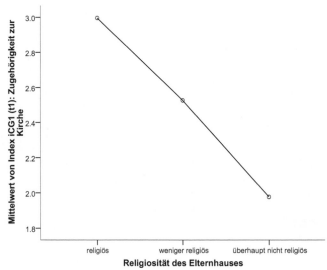

(«sehr religiös» und «ziemlich religiös» zusammengefasst in «religiös»)

Abbildung 32

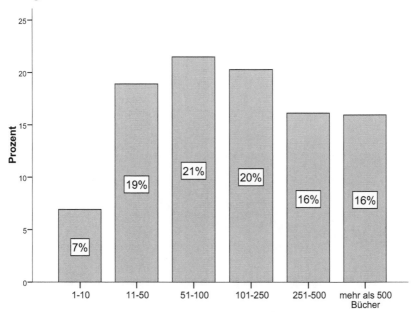

CM04: Wie viele Bücher habt ihr zu Hause?

2.10.2 Bildungshintergrund der Familien

Zum Zeitpunkt t_1 wurden die Jugendlichen nach der Anzahl der in ihrer Familie vorhandenen Bücher gefragt (CM04). Dies ist eine gängige Frage zur Messung des kulturellen Kapitals in Haushalten: *Abbildung 32* zeigt das Ergebnis.

Hinsichtlich ethischen Lernerfolgs, Glaubensstärkung, Einschätzung der Lebensrelevanz der Konfirmandenarbeit und kirchlicher Bindung am Anfang des Konfirmandenjahres lässt sich kein Einfluss der in der Familie vorhandenen Anzahl von Büchern feststellen.

Der Zufriedenheitsgrad der Konfirmandinnen und Konfirmanden in den Bereichen Konfirmandenjahr insgesamt (KN01), Mitarbeitende (KN07) und den Themen (KN03) unterscheidet sich aber signifikant, je nach Anzahl der zu Hause vorhandenen Bücher *(Abbildungen 33–35, S. 78f).*

Abbildung 33   Zufriedenheit mit der Konfirmandenzeit in Abhängigkeit vom kulturellen Kapital der Familien

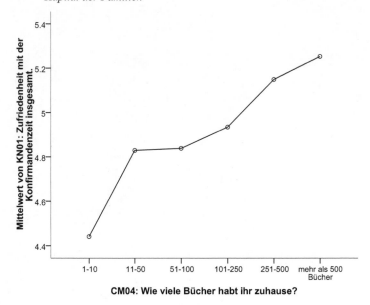

Abbildung 34   Zufriedenheit mit den Pfarrpersonen in Abhängigkeit vom kulturellen Kapital der Familien

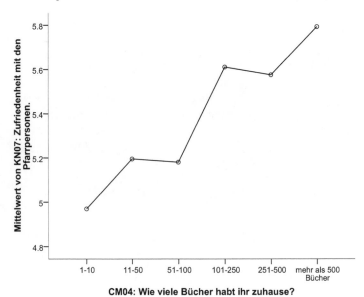

Abbildung 35   Zufriedenheit mit den Themen in Abhängigkeit vom kulturellen Kapital der Familien

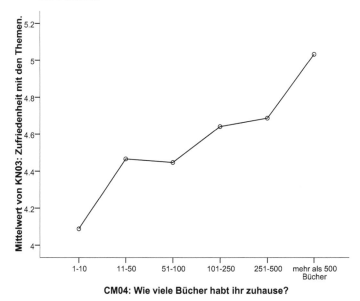

CM04: Wie viele Bücher habt ihr zuhause?

Grundsätzlich scheint die Konfirmationsarbeit die Jugendlichen aus bildungsferneren Schichten also weniger zufriedenstellen zu können. Gerade was die Zufriedenheit mit den Mitarbeitenden betrifft, mögen da allenfalls schon gewisse Vorurteile gegenüber Personen mitschwingen, die sich in ihrem Leben mit vielen Büchern umgeben und einem wissensmässig immer schon im Voraus überlegen scheinen. So sollte in Zukunft das Augenmerk besonders darauf gerichtet werden, wie gerade diese Jugendlichen in den Angeboten der Konfirmationsarbeit einen Raum finden, wo sie sich nach ihren Wünschen einbringen und entfalten können.

Neben religiösen und bildungsbezogenen Hintergründen spielt aber auch die weitere familiäre und persönliche Situation eine wichtige Rolle in Bezug auf den Besuch und das Erleben des Konfirmandenjahres. Dies zeigen folgende Aussagen einer Konfirmandin und verschiedener Eltern:

- *«Ich finde es wichtig, dass wir 1mal pro Woche in den Konfirmations-Kurs müssen, aber etwas blöd, dass wir 12mal am Sonntag in die Kirche müssen, da meine geschieden sind und ich jedes 2te Wochenende bei ihm bin, der in [...] wohnt, und dann die Möglichkeit nicht habe, in die Kirche zu gehen.» (Mädchen, 14)*

- *«Mich störte die Intoleranz gegenüber sportlichen Verpflichtungen meines Sohnes und auch gegenüber familiären Angelegenheiten. Der Konf-*

79

unterricht, die Lager und Blocktage haben unsere familiären Aktivitäten sehr behindert.» (Mutter, 47)

- *«Den Eltern wurde nicht gesagt, wie gross der Aufwand ist, um Punkte zu sammeln. Während der Woche usw. Es war schwierig, Stellensuche, Aufgaben, Kirche und anderes zu koordinieren.» (Mutter, 45)*

Auch unter Mitarbeitenden gibt es Zweifel an den hohen Anforderungen an die Jugendlichen. So stellt die folgende Stimme vor allem die Voraussetzung für den Eintritt ins Konfirmandenjahr in Frage:

- *«Ich finde die <u>Voraussetzungen</u>, welche KONF-Jugendliche <u>vor</u> der Konfirmandenzeit erfüllen müssen (jetzt: 3./4 .Klass-Unti, KoKoRU, 24 GD/ JuGD, Besucher in 6.–8. Klasse) <u>zu hoch</u>! Immer wieder muss ich Konfis im Unterricht, den Besuch von 18–22 GD's (statt der vorgesehenen 12 für's Konfjahr ‹aufbrummen›); das macht die Stimmung z. T. in der Gruppe nicht positiver.» (Pfarrer, 53)*

2.11 Konfirmationsarbeit und Schule

2.11.1 Schularten in den Gruppen und Kooperation

Innerhalb der Konfirmandengruppen kommen, wie in 2.2.1 beschrieben, Jugendliche aus verschiedenen Schulen zusammen. Beachtet man nicht nur die verschiedenen Schultypen, sondern auch die verschiedenen Schulen des gleichen Typus, so sind in den einzelnen Gruppen Jugendliche aus durchschnittlich vier bis fünf Schulen vertreten.

Das macht eine Kooperation der Konfirmationsarbeit mit der Schule nicht einfach, was sich auch in der Differenz zwischen dem Ziel der Mitarbeitenden, die Kooperation mit der Schule zu suchen, und tatsächlicher Kooperation spiegelt. Während rund ein Drittel der Mitarbeitenden sich am Anfang des Jahres eine Kooperation erhofft hatte (WD06), ist diese nur gerade etwa in jeder 10. Gemeinde zustande gekommen (VD06).

In gut zwei Dritteln der Gemeinden kommt es aber vor, dass Jugendliche Probleme damit haben, die Termine für die Konfirmationsarbeit freizuhalten (VN06). Auch wenn dabei sicherlich auch familiäre Gründe und Freizeitaktivitäten eine wesentliche Rolle spielen, könnte in Kooperation mit der Schule vielleicht die eine oder andere diesbezügliche Schwierigkeit gemindert werden. Eine Konfirmandin stellt ihre Situation diesbezüglich differenziert dar:

- *«Ich finde den Unterricht lustig. Wir haben viele moderne Themen und nicht nur von Gott, das finde ich sehr gut! Aber wir haben den Unterricht am Mittwoch, dem einzigen Tag, den wir frei haben, das ist nicht gut ...»* (Mädchen, 14)

2.11.2 Bedeutung des schulischen Bildungshintergrundes

In einigen Bereichen der Konfirmationsarbeit lässt sich ein Zusammenhang zwischen der Einschätzung und dem von den Konfirmandinnen und Konfirmanden besuchten Schultyp ausmachen. Wir haben dazu die zentralen Tendenzen mithilfe von Varianzanalysen verglichen. Für diese Auswertungen wurden allerdings nur die Kategorien Sek A, Sek B und Mittelschule beachtet, weil die Fallzahlen bei den übrigen Schultypen zu gering sind.

Der Schultyp beeinflusst beispielsweise die allgemeine Zufriedenheit mit dem Konfirmandenjahr (KN01). Die Differenzen lassen sich vor allem zwischen Sek B und Sek A und zwischen Sek B und Mittelschule feststellen, während sich die Beurteilungen der Absolventinnen und Absolventen von Sek A und Mittelschule nur zufällig unterscheiden *(Abbildung 36, S. 82)*.

Abbildung 36

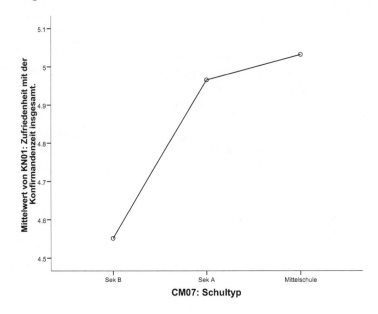

CM07: Schultyp

Auch was die Zufriedenheit mit den Themen betrifft (KN03), präsentiert sich ein ähnliches Bild *(Abbildung 37, S. 83)*. Zwischen dem Typ der besuchten Schule und der Zufriedenheit mit den Themen besteht ein signifikanter Zusammenhang. Die Differenzen bestehen zwischen Sek B und Mittelschule und zwischen Sek B und Sek A, während sich die Mittelschülerinnen und Mittelschüler von den Sek A-Schülerinnen und Schülern im Grad der Zufriedenheit mit den Themen nur zufällig unterscheiden. Auch wenn das Geschlecht der Jugendlichen mitberücksichtigt wird, ergeben sich dieselben Resultate.

Ein weiterer signifikanter Zusammenhang findet sich zwischen der besuchten Schule und der Einschätzung der Aussage «Was ich in der Konfirmanden-Zeit gelernt habe, hat mit meinem Alltag wenig zu tun.» (KK35) *(Abbildung 38, S. 83)*. Hier bestehen die Unterschiede vor allem zwischen Sek B und Mittelschule, während die Differenzen zwischen Sek A und Sek B und zwischen Sek A und Mittelschule zufällig zustande kommen. Auch bei einem gleichzeitigen Vergleich der unterschiedlichen Geschlechter ergeben sich ähnliche Resultate.

Geht es allerdings um die Einschätzung der Aussage «Gottesdienste sind meistens langweilig» (KG04), lässt sich kein signifikanter Zusammenhang mit der besuchten Schule feststellen.

Abbildung 37

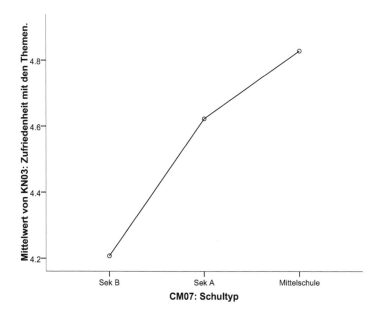

Abbildung 38

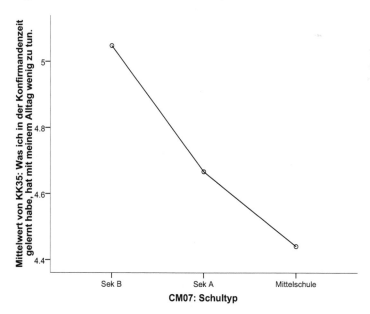

Auch hier bestätigt sich, was im Hinblick auf das kulturelle Kapital der Herkunftsfamilien der Jugendlichen bereits angedeutet wurde. Gelingende Konfirmationsarbeit hat vor allem darauf zu achten, wie sie die Jugendlichen anspricht, deren Bildungshintergrund nicht unbedingt dem entspricht, was die meisten Mitarbeitenden aus ihrer eigenen Jugendzeit kennen. Wie können Akademikerinnen und Akademiker mit ihrer wohl oft auch intellektuellen Art zu glauben, Jugendliche ansprechen, die rein intellektuell schnell einmal überfordert sind? Die Ergebnisse im Bereich methodisch-didaktischer Ausrichtung der Konfirmationsarbeit (siehe 4.1–3) zeigen, dass bezüglich ganzheitlicher Arbeitsformen und erlebnisorientierter Methoden noch grosser Aufholbedarf besteht.

2.12 Konfirmationsarbeit im weiteren kirchlichen Umfeld

2.12.1 Erfahrungen mit Kirche vor dem Konfirmationsjahr

Kirchliche Sozialisation der Konfirmandinnen und Konfirmanden

Konfirmandinnen und Konfirmanden bringen ihre Erfahrungen mit Kirche in die Konfirmationsarbeit mit. Etwa die Hälfte der Jugendlichen kann sich daran erinnern, dass sie im Alter zwischen fünf und neun Jahren mindestens dreimal in einer kirchlichen Gruppe mitgewirkt oder an einem kirchlichen Ereignis teilgenommen haben – interessant ist auch, dass sich 32% nicht daran erinnern können„ob sie in diesem Alter an einem solchen kirchlichen Angebot teilgenommen haben. 71% erinnern sich, dass sie im Alter zwischen zehn Jahren und dem Beginn der Konfirmandenzeit entsprechende Angebote wahrgenommen haben.

Zum Zeitpunkt t_1 wurden die Jugendlichen mit sechs zu beurteilenden Aussagen dazu befragt, wie sie über die Kirche denken. Aus vier dieser Einzelitems (CG01: Es ist für mich wichtig, zur Kirche zu gehören; CG06: Wenn ich persönliche Probleme habe, würde ich mich an eine Pfarrperson werden; CG07: Unser Kirchengebäude bedeutet mir viel; CG08: Ich hätte Interesse daran, nach der Konfirmation in eine kirchliche Jugendgruppe zu gehen) lässt sich ein Index für «Zugehörigkeit zur Kirche» oder «kirchliche Bindung» bilden.

Bemerkenswert ist dabei, dass 10% bei allen vier Einzelaussagen des Index angeben, diese Aussage treffe gar nicht zu. Nur eine Person gibt bei all diesen Aussagen an, sie träfen voll zu.

Im Folgenden wird gezeigt, wie sich diese kirchliche Bindung auf die Erfahrungen der Jugendlichen während des Konfirmandenjahres auswirkt. Um diese Untersuchung mit Hilfe von statistischen Tests durchführen zu können, wurden die Werte des Index neu eingeteilt: Werte < 3.5 werden als schwächere Bindung, Werte ≥ 3.5 als stärkere Bindung angenommen. Daraus ergibt sich eine Gruppe von Jugendlichen mit stärkerer kirchlicher Bindung, die 20% der Konfirmandinnen und Konfirmanden umfasst, während die restlichen 80% eine weniger starke Bindung an die Kirche aufweisen *(Abbildung 39, S. 86)*.

Auswirkungen kirchlicher Bindung auf die Erfahrungen der Konfirmandinnen und Konfirmanden

Wie unterscheiden sich nun also kirchlich weniger gebundene Konfirmandinnen und Konfirmanden in ihren Aussagen von den kirchlich stärker gebundenen Kolleginnen und Kollegen?

Unterschiede sind zum Beispiel im Umgang mit Religiosität und Glaubensfragen auszumachen.

In einem Index, der die christliche Religiosität im Allgemeinen misst (iCE1), liegen die Jugendlichen mit stärkerer kirchlicher Bindung signifikant höher. Die

Abbildung 39

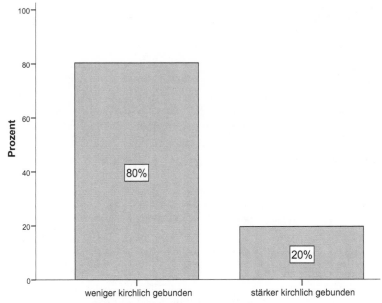

iCG1 (t1): **Kirchliche Bindung dichotom gemessen**

Betreffenden glauben auch eher an ein Leben nach dem Tod (CE02), sprechen öfter mit anderen über Gott (CE06) und versuchen vermehrt, nach den Zehn Geboten zu leben (CE11). Ihre Einstellung zum christlichen Glauben schätzen sie am Anfang des Konfirmandenjahres positiver ein (CF01).

Allerdings ist es ihnen auch eher einmal peinlich, Freunden mitzuteilen, dass sie am Konfirmandenjahr teilnehmen (CE07). Diese Werte sind aber bei beiden Gruppen sehr tief *(Abbildung 40, S. 87)*.

Jugendliche mit stärkerer kirchlicher Bindung unterscheiden sich von denjenigen mit geringerer kirchlicher Bindung, was die Gründe für die Anmeldung zum Konfirmandenjahr betrifft. Sie werten die persönliche Einladung (CA02), die Tradition – sowohl die «gute alte» (CA03), als auch die Familientradition (CA07) –, die eigene Taufe (CA04) und die guten Erfahrungen von Vorgängerinnen und Vorgängern (CA08) signifikant höher *(Abbildung 41, S. 87)*. Auch was die Ziele, die mit einer Teilnahme erreicht werden sollen, betrifft, finden sich signifikante Unterschiede. Jugendliche mit stärkerer kirchlicher Bindung werten die Gemeinschaft (CB02) höher. Ihnen ist der Segen bei der Konfirmation (CB11) wichtiger und die Erwartung, in wichtigen Lebensfragen einen eigenen Standpunkt zu finden (CK01). Auch das Auswendiglernen von Glaubenstexten (CK02) ist ihnen wichtiger, wobei hier die Werte bei beiden Gruppen niedrig sind.

Abbildung 40

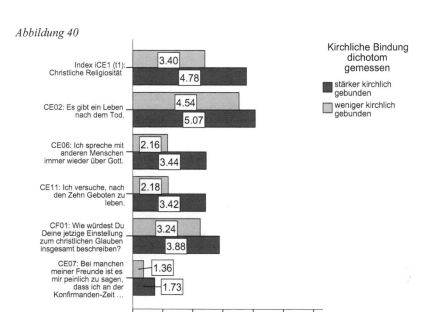

Kirchliche Bindung
dichotom
gemessen

■ stärker kirchlich gebunden
□ weniger kirchlich gebunden

Index iCE1 (t1): Christliche Religiosität — 3.40 / 4.78

CE02: Es gibt ein Leben nach dem Tod. — 4.54 / 5.07

CE06: Ich spreche mit anderen Menschen immer wieder über Gott. — 2.16 / 3.44

CE11: Ich versuche, nach den Zehn Geboten zu leben. — 2.18 / 3.42

CF01: Wie würdest Du Deine jetzige Einstellung zum christlichen Glauben insgesamt beschreiben? — 3.24 / 3.88

CE07: Bei manchen meiner Freunde ist es mir peinlich zu sagen, dass ich an der Konfirmanden-Zeit ... — 1.36 / 1.73

Mittelwert

Skala von 1 = trifft gar nicht zu bis 7 = trifft voll zu

Abbildung 41

Ich habe mich zum Konfirmandenjahr angemeldet, ...

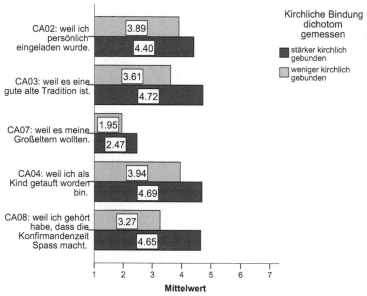

Kirchliche Bindung
dichotom
gemessen

■ stärker kirchlich gebunden
□ weniger kirchlich gebunden

CA02: weil ich persönlich eingeladen wurde. — 3.89 / 4.40

CA03: weil es eine gute alte Tradition ist. — 3.61 / 4.72

CA07: weil es meine Großeltern wollten. — 1.95 / 2.47

CA04: weil ich als Kind getauft worden bin. — 3.94 / 4.69

CA08: weil ich gehört habe, dass die Konfirmandenzeit Spass macht. — 3.27 / 4.65

Mittelwert

Skala von 1 = trifft gar nicht zu bis 7 = trifft voll zu

87

Abbildung 42

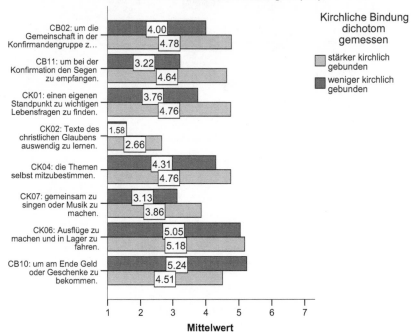

Ich habe mich zur Konfirmandenzeit angemeldet, ... (CB) / In der Konfirmandenzeit ist es mir wichtig, ... (CK)

Im Konfirmandenjahr ist es ihnen wichtiger, die Themen mitzubestimmen (CK04), gemeinsam zu singen oder Musik zu machen (CK07) und an den Gruppentreffen regelmässig teilzunehmen (CK06). Geld und Geschenke bei der Konfirmation (CB10) werden von den kirchlich weniger gebundenen Jugendlichen stärker gewertet *(Abbildung 42)*.

Jugendliche mit stärkerer kirchlicher Bindung unterscheiden sich auch hinsichtlich Interessen im Konfirmandenjahr von ihren weniger kirchlich gebundenen Gefährten (CL01–11). Ihr Interesse ist, abgesehen von «Freundschaft» und «Gewalt und Kriminalität», bei denen sich keine signifikanten Unterschiede feststellen lassen, für alle in der Untersuchung vorgeschlagenen Themen signifikant stärker *(Abbildung 43, S. 89)*.

Bemerkenswert ist die Veränderung der Beurteilung von Aussagen zum gleichen Thema zum Zeitpunkt t_1 und t_2 in Abhängigkeit von der kirchlichen Bindung der Jugendlichen am Anfang des Konfirmandenjahres. Bei der Interpretation dieser Unterschiede ist zu beachten, ob es sich dabei um einen Vergleich von

Abbildung 43

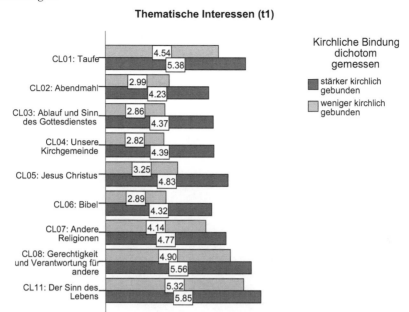

Thematische Interessen (t1)

Kirchliche Bindung
dichotom
gemessen

■ stärker kirchlich gebunden
▨ weniger kirchlich gebunden

CL01: Taufe — 4.54 / 5.38
CL02: Abendmahl — 2.99 / 4.23
CL03: Ablauf und Sinn des Gottesdienstes — 2.86 / 4.37
CL04: Unsere Kirchgemeinde — 2.82 / 4.39
CL05: Jesus Christus — 3.25 / 4.83
CL06: Bibel — 2.89 / 4.32
CL07: Andere Religionen — 4.14 / 4.77
CL08: Gerechtigkeit und Verantwortung für andere — 4.90 / 5.56
CL11: Der Sinn des Lebens — 5.32 / 5.85

Mittelwert

Skala von 1 = kein Interesse bis 7 = grosses Interesse

gleichen Aussagen zu bestimmten Themen zum Zeitpunkt t_1 und t_2 handelt, oder ob dabei Erwartungen an die Konfirmationsarbeit mit Erfahrungen während dieser Zeit verglichen werden.

Ein Vergleich gleicher Aussagen zu beiden Zeitpunkten liegt zum Beispiel bei der Einstellung gegenüber der Kirche und deren Arbeit vor.

Jugendliche mit stärkerer kirchlicher Bindung schätzen ihre Meinung im Blick auf die Kirche betreffend deren «Einsatz für die Menschen» (CG/KG05) zu Beginn des Konfirmandenjahres auf einer 7er-Antwortskala mit 5.8 im Durchschnitt signifikant höher ein als ihre weniger kirchlich gebundenen Kolleginnen und Kollegen mit durchschnittlich 5.0. Werden beide Zeitpunkte (t_1, t_2) berücksichtigt, so verändert sich die Einstellung gegenüber der Kirche und deren deren Arbeit in beiden Gruppen signifikant verschieden. Die Wertschätzung steigt bei den Jugendlichen mit schwächerer kirchlicher Bindung, während sie bei den kirchlich stärker Gebundenen abnimmt. Trotz der tendenziellen Angleichung ist aber auch am Ende des Jahres noch ein signifikanter Unterschied auszumachen. (Zum Phänomen dieser tendenziellen Angleichung siehe 2.3.3.). Die *Abbildung 44 (S. 90)* zeigt sowohl die Unterschiede zu den Zeitpunkten t_1 und t_2 als auch die unterschiedliche Veränderung während der Konfirmandenzeit.

Abbildung 44

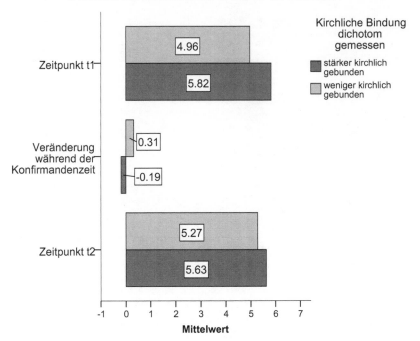

CG/KG05: Die Kirche tut viel Gutes für die Menschen

Skala von 1 = trifft gar nicht zu bis 7 = trifft voll zu

Auch die Bewertung der Aussagen «Gott liebt jeden Menschen und kümmert sich um uns.» (CE/KE03) und «Ich weiss, was zum christlichen Glauben gehört.» (CE/KE10) wird zu beiden Zeitpunkten – mit einer signifikant unterschiedlichen Veränderung – verschieden vorgenommen. Bei beiden Aussagen ereignet sich eine tendenzielle Angleichung der beiden Gruppen, doch liegen die Mittelwerte der kirchlich stärker gebundenen Konfirmandinnen und Konfirmanden sowohl am Anfang als auch am Ende höher *(Abbildung 45, S. 91)*.

Gleichzeitig schätzen Jugendliche mit stärkerer kirchlicher Bindung ihre Unsicherheit betreffend Glauben (CE/KE05) zu Beginn des Konfirmandenjahres auf einer 7er-Antwortskala mit 4.5 im Durchschnitt signifikant höher ein als ihre Kolleginnen und Kollegen mit geringerer kirchlicher Bindung mit 3.9 im Durchschnitt.

Werden beide Zeitpunkte (t_1, t_2) berücksichtigt, so ist auch die Veränderung signifikant verschieden. Bei den Konfirmandinnen und Konfirmanden mit stärkerer kirchlicher Bindung nimmt die Unsicherheit stärker ab. Am Ende des Jahres unterscheiden sich die beiden Gruppen nur noch zufällig.

Abbildung 45

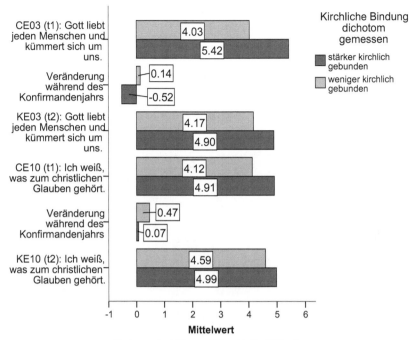

CE03 (t1): Gott liebt jeden Menschen und kümmert sich um uns. — 4.03 / 5.42

Veränderung während des Konfirmandenjahrs — 0.14 / -0.52

KE03 (t2): Gott liebt jeden Menschen und kümmert sich um uns. — 4.17 / 4.90

CE10 (t1): Ich weiß, was zum christlichen Glauben gehört. — 4.12 / 4.91

Veränderung während des Konfirmandenjahrs — 0.47 / 0.07

KE10 (t2): Ich weiß, was zum christlichen Glauben gehört. — 4.59 / 4.99

Kirchliche Bindung dichotom gemessen

■ stärker kirchlich gebunden
▨ weniger kirchlich gebunden

-1 0 1 2 3 4 5 6

Mittelwert

Skala von 1 = trifft gar nicht zu bis 7 = trifft voll zu

Konfirmandinnen und Konfirmanden mit weniger starker kirchlicher Bindung stimmen der Aussage, «Gottesdienste sind meistens langweilig» (CG04) zu Beginn der Konfirmandenzeit mit einem Mittelwert von 4.9 signifikant mehr zu, als die kirchlich mehr gebundenen Jugendlichen mit einem Mittelwert von 4.3.

Die Veränderung während des Konfirmandenjahres unterscheidet sich bei den beiden Gruppen nur zufällig. Zum Zeitpunkt t_2 stimmen die kirchlich weniger Gebundenen der Aussage immer noch signifikant mehr zu – mit einem Mittelwert von 5.0 verglichen mit 4.5 bei den stärker kirchlich Gebundenen.

Werden die Erwartungen zu Beginn des Konfirmandenjahres mit den Erfahrungen im Konfirmandenjahr verglichen, so können folgende Unterschiede zwischen kirchlich mehr oder weniger stark gebundenen Jugendlichen festgestellt werden:

Zu Beginn des Konfirmandenjahres haben Konfirmandinnen und Konfirmanden mit stärkerer kirchlicher Bindung signifikant höhere Erwartungen an das Konfirmandenjahr im Bereich der Glaubensstärkung. Diese wird mithilfe des Index iCB1 (CB01, 03, 08) gemessen. Am Ende des Jahres schätzen die Jugendlichen mit geringerer kirchlicher Bindung die Erfahrung der Glaubensstärkung (iKB1: KB01, 03, 08) im Konfirmandenjahr mit 3.8 immer noch signifikant tie-

Abbildung 46

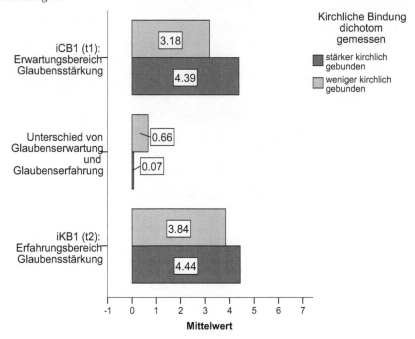

Skala von 1 = trifft gar nicht zu bis 7 = trifft voll zu

fer ein als ihre Kolleginnen und Kollegen mit 4.4. Allerdings ist auch der Unterschied zwischen den Erwartungen und den Erfahrungen signifikant. Bei den kirchlich weniger gebundenen Jugendlichen ist eine Steigerung von 0.7 festzustellen, bei den stärker gebundenen «nur» um 0.1 *(Abbildung 46)*.

Signifikante Unterschiede zwischen den Gruppen sowohl am Anfang und Ende als auch in der Veränderung zwischen den beiden Zeitpunkten finden sich ebenfalls, wenn die Jugendlichen die Ziele beurteilen, einen wichtigen Schritt zum Erwachsenwerden zu tun (CB04) oder während des Konfirmandenjahres über das eigene Leben bzw. Gutes und Schlechtes nachzudenken (CB07) *(Abbildung 47, S. 93)*.

Auch wenn es um die Erwartungen geht, in eigenen Glaubensfragen angesprochen zu werden (CK11), ergeben sich bei kirchlich stärker gebundenen Jugendlichen sowohl am Anfang als auch am Ende der Konfirmandenzeit signifikant höhere Werte, obwohl auch die Veränderung während des Jahres signifikant verschieden hoch war und sich die beiden Gruppen leicht angeglichen haben *(Abbildung 48, S. 93)*.

Jugendliche mit stärkerer kirchlicher Bindung schätzen die Wichtigkeit einer persönlichen Beziehung zu den Leitenden (CK03) zu Beginn des Konfirman-

Abbildung 47

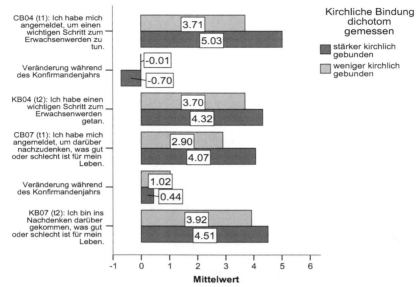

CB04 (t1): Ich habe mich angemeldet, um einen wichtigen Schritt zum Erwachsenwerden zu tun.
3.71
5.03

Veränderung während des Konfirmandenjahrs
-0.01
-0.70

KB04 (t2): Ich habe einen wichtigen Schritt zum Erwachsenwerden getan.
3.70
4.32

CB07 (t1): Ich habe mich angemeldet, um darüber nachzudenken, was gut oder schlecht ist für mein Leben.
2.90
4.07

Veränderung während des Konfirmandenjahrs
1.02
0.44

KB07 (t2): Ich bin ins Nachdenken darüber gekommen, was gut oder schlecht ist für mein Leben.
3.92
4.51

Kirchliche Bindung dichotom gemessen
stärker kirchlich gebunden
weniger kirchlich gebunden

Mittelwert
Skala von 1 = trifft gar nicht zu bis 7 = trifft voll zu

Abbildung 48

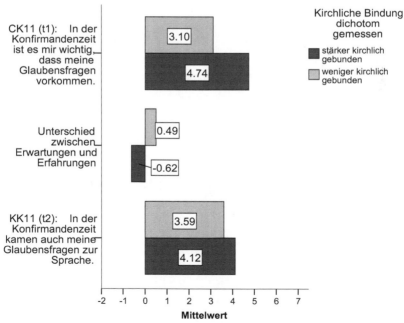

CK11 (t1): In der Konfirmandenzeit ist es mir wichtig, dass meine Glaubensfragen vorkommen.
3.10
4.74

Unterschied zwischen Erwartungen und Erfahrungen
0.49
-0.62

KK11 (t2): In der Konfirmandenzeit kamen auch meine Glaubensfragen zur Sprache.
3.59
4.12

Kirchliche Bindung dichotom gemessen
stärker kirchlich gebunden
weniger kirchlich gebunden

Mittelwert
Skala von 1 = trifft gar nicht zu bis 7 = trifft voll zu

93

Abbildung 49

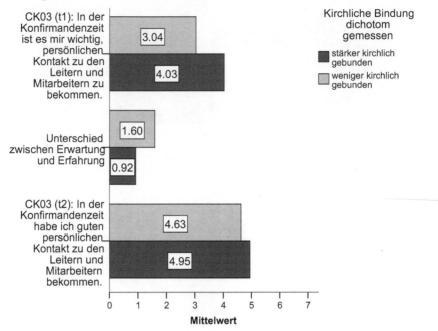

CK03 (t1): In der Konfirmandenzeit ist es mir wichtig, persönlichen Kontakt zu den Leitern und Mitarbeitern zu bekommen.

3.04

4.03

Kirchliche Bindung dichotom gemessen

■ stärker kirchlich gebunden

☐ weniger kirchlich gebunden

Unterschied zwischen Erwartung und Erfahrung

1.60

0.92

CK03 (t2): In der Konfirmandenzeit habe ich guten persönlichen Kontakt zu den Leitern und Mitarbeitern bekommen.

4.63

4.95

Mittelwert

Skala von 1 = trifft gar nicht zu bis 7 = trifft voll zu

denjahres auf einer 7er-Skala mit durchschnittlich 4.0 signifikant höher ein als ihre weniger kirchlich gebundenen Kolleginnen und Kollegen mit durchschnittlich 3.0. Auch der Unterschied zwischen den Erwartungen und der Erfahrung von tatsächlich entstandenen persönlichen Kontakten ist signifikant, womit sich in dieser Hinsicht die Einschätzungen der Erfahrung am Ende des Konfirmandenjahres nur noch zufällig unterscheiden *(Abbildung 49)*.

Das gleiche Phänomen lässt sich bei der Wichtigkeit eines regelmässigen Gottesdienstbesuchs (CK09) beobachten. Die signifikant höheren Werte der kirchlich stärker gebundenen Jugendlichen am Anfang des Jahres gleichen sich durch eine signifikant verschiedene Veränderung denjenigen der weniger gebundenen Jugendlichen an.

Spannend ist bzw. überraschend erscheint, dass sich die Konfirmandinnen und Konfirmanden mit geringerer kirchlicher Bindung am Anfang des Konfirmandenjahres besser zu kennen scheinen. Auf die Frage, «Wie viele von Deinen Mitkonfirmanden kanntest Du schon vor der Konfirmandenzeit (zumindest mit Namen)?» (CD01), geben sie auf einer 5er-Antwortskala von (fast) niemandem bis (fast) alle mit 4.5 im Schnitt einen signifikant höheren Wert an als ihre kirchlich stärker gebundenen Kolleginnen und Kollegen mit 4.2. Sowohl die

Veränderung als auch die Bekanntschaft zum Zeitpunkt t_2 unterscheiden sich aber nur zufällig zwischen den beiden Gruppen.

Eine stärkere kirchliche Bindung am Anfang des Konfirmandenjahres bringt also positive Voraussetzungen für die Arbeit mit Konfirmandinnen und Konfirmanden mit sich. Die betreffenden Jugendlichen sind mit christlichen Aussagen besser vertraut, sie sehen die Kirche stärker als einen Ort, wo sie dazugehören und sich einbringen können, und sind somit auch eher bereit, sich auf ein Engagement einzulassen. Vor allem aber bringen sie ein grösseres Interesse an Themen des Glaubens mit. Es gelingt den Mitarbeitenden in der Konfirmationsarbeit auch besser, die kirchlich bereits stärker gebundenen Jugendlichen auf ihrem Weg mit Glaubensfragen zu ermutigen und zu bestärken, wobei hier die weniger kirchlich gebundenen Konfirmandinnen und Konfirmanden durchaus «aufholen». Besonders hinsichtlich der Beziehungsebene scheinen die Mitarbeitenden die verschiedenen Voraussetzungen von kirchlich mehr oder weniger gebundenen Jugendlichen gut auffangen zu können. Auch wenn die distanzierteren Konfirmandinnen und Konfirmanden am Anfang des Jahres von Beziehungen zu den Leitenden nicht besonders viel erwarten, erfahren sie diese während des Jahres doch ähnlich wie die mit der Kirche bereits vertrauteren Jugendlichen.

Anders als hinsichtlich der familiären und schulischen Voraussetzungen hat es die Kirche bei der kirchlichen Bindung bis zu einem gewissen Grad in der Hand, diese bereits vor dem Konfirmandenjahr zu beeinflussen. Im Moment laufen vielerorts in der Schweiz Versuche, Kinder und Jugendliche früher mit der Kirche, ihren Räumen und Personen, aber auch mit Glaubensfragen bekannt zu machen. Welche Auswirkungen solche Bemühung haben, ist aber noch kaum untersucht worden. Andererseits müssen sich die Mitarbeitenden aber auch hier, wie bei den familiären und schulischen Hintergründen, auf die unterschiedlichen Voraussetzungen einstellen und ihnen gerecht zu werden versuchen. Dies scheint ihnen – wie die unterschiedlichen Veränderungen während des Jahres zeigen – zumindest teilweise auch zu gelingen.

2.12.2 Jugendarbeit und Partizipationsmöglichkeiten

*Angebote der Jugendarbeit vor Ort und Verknüpfung mit der
Konfirmationsarbeit*

In Anbetracht der Tatsache, dass etwa zwei Drittel der Konfirmandinnen und Konfirmanden vor dem Konfirmandenjahr an Angeboten der Kirchgemeinde teilgenommen hat, ist die Zahl der Jugendlichen, die die Mitarbeitenden, hier insbesondere Pfarrerinnen und Pfarrern, schon kannten (WF05), eher gering. Dies mag die durchaus problematische Tatsache indizieren, dass eine grosse Zahl der Pfarrpersonen an diesen kirchlichen Angeboten vor der Konfirmationszeit nicht teilhat und ihre Beteiligung an der Kinder- und Jugendarbeit offenbar nicht von hoher Intensität ist.

Überhaupt scheint eine gut durchdachte Verknüpfung von Jugend- und Konfirmationsarbeit eher die Ausnahme zu sein, Zwar geben über 80% der Mitarbeitenden an, die Jugendlichen sollten während der Konfirmandenzeit Angebote der kirchlichen Jugendarbeit kennenlernen (WC06), doch besteht ein signifikanter Unterschied zur Beurteilung am Endes des Jahres, ob die Jugendlichen solche Angebote kennengelernt hätten. Letzteres bestätigen nur gerade noch zwei Drittel der befragten Mitarbeitenden. Die durchschnittliche Zahl gemeinsamer Aktivitäten mit den kirchlichen Jugendgruppen vor Ort, die die Jugendlichen während des Konfirmationsjahres unternehmen, liegt unter 0.5.

In gut der Hälfte der Gemeinden scheinen Jugendgruppen, die für Konfirmierte geeignet sind (VL01), überhaupt zu fehlen, während 72% der Mitarbeitenden angeben, es bestünden Möglichkeiten für Konfirmandinnen und Konfirmanden, ehrenamtlich in der Gemeinde mitzuarbeiten (VL02).

Das legt die Vermutung nach, dass Partizipationsmöglichkeiten eher in Hilfseinsätzen und Dienstleistungen für die Gesamtgemeinde bestehen, als darin, sich selbst und eigene Ideen einzubringen.

Der Wunsch nach eigener Mitgestaltung ist bei den Jugendlichen durchaus vorhanden, wie z. B. folgende Aussage zeigt: *«Viel lebendiger! Und spannender! Nicht so viel vorlesen oder erzählen, sondern für uns selber Sachen tun. Jugendlicher gestalten.»* (Mädchen).

Es besteht allerdings die berechtigte Hoffnung, dass das religionspädagogische Gesamtkonzept der Zürcher Landeskirche (rpg), das derzeit in den Kirchgemeinden Schritt für Schritt implementiert wird, diese Verknüpfung von offener Jugendarbeit und den Angeboten im Konfirmandenjahr zu stärken vermag. Allerdings sind die Gemeinden in den ersten Jahren der Einführung des rpg stark mit den sogenannten verbindlichen Angeboten (kirchlicher Religionsunterricht und Konfirmationsarbeit) gefordert, wodurch der (an sich eher geringe) Freiraum für Jugendliche innerhalb der Kirche vorübergehend sogar etwas bedroht zu sein scheint.

Zusammenhang zwischen im Konfirmandenjahr erfolgter und nach dem Konfirmandenjahr beabsichtigter Partizipation

Die Jugendlichen wurden zu Beginn und gegen Ende der Konfirmandenzeit gefragt, ob sie Interesse hätten, nach der Konfirmandenzeit in eine kirchliche Jugendgruppe zu gehen. Der Durchschnittswert der Angaben auf der 7er-Antwortskala stieg vom ersten zum zweiten Befragungszeitpunkt von 1.9 auf 2.0.

Dabei haben zwei Drittel der Konfirmandinnen und Konfirmanden auch gegen Ende des Konfirmandenjahres noch dasselbe Interesse, in eine kirchliche Jugendgruppe zu gehen, wie zu Beginn des Konfirmandenjahres. Bei 21% liess das Interesse nach, bei 13% nahm es zu.

Analysen zeigen, dass Jugendliche, die während der Konfirmandenzeit zeitweise in Angeboten der Gemeinde mitgearbeitet haben, sich nach der Konfirmandenzeit eher einer kirchlichen Jugendgruppe anschliessen würden. Diese Tendenz ist statistisch signifikant, aber nur schwach ausgeprägt.

Auch wer gegen Ende der Konfirmandenzeit angibt, Gottesdienste mit vorbereitet zu haben, hat eher ein Interesse daran, nach der Konfirmandenzeit in eine kirchliche Jugendgruppe zu gehen. Auch diese Tendenz ist statistisch signifikant, aber nur schwach ausgeprägt.

Die andere zu beurteilende Aussage, die nach beabsichtigter Partizipation fragt, ist etwas allgemeiner formuliert: «In der Konfirmanden-Zeit habe ich Lust bekommen, mich ehrenamtlich einzusetzen.» (KK27).

Um die Antworten auf diese Aussage mit der Konfirmandenzeit in Verbindung zu bringen, wird eine gängige statistische Methode angewandt. Im Modell der linearen Regression können mehrere erklärende Einflussfaktoren in Bezug auf die Frage, ob jemand sich ehrenamtlich einsetzen möchte (KK27), berücksichtigt werden. Dabei wird auch aufgezeigt, welche der berücksichtigten Einflussfaktoren den stärksten Einfluss haben.

Am stärksten wird die in diesem Modell zu erklärende Aussage durch den Index «kirchliche Bindung» (iKG1) beeinflusst. Die Frage, ob die Konfirmandinnen und Konfirmanden jugendgemässe Gottesdienste erlebt haben (KK30), und der Index «Ethisches Lernen» (iKK2) beeinflussen die Lust auf ehrenamtlichen Einsatz etwas weniger stark.

Ebenfalls signifikant positiv wirken sich die Beurteilungen zu «In der Konfirmations-Zeit lernte ich unsere Gemeinde besser kennen» (KK25) und «In der Konfirmations-Zeit habe ich zeitweise in Angeboten der Gemeinde (z. B. bei einem Praktikum) mitgearbeitet.» (KK26) aus. Wer hingegen gerne konfirmiert werden möchte, ohne vorher die Konfirmations-Zeit mitzumachen (KK41), der hat wenig Lust auf ehrenamtliche Arbeit.

Des Weiteren können auch Zusammenhänge zwischen den Partizipationsmöglichkeiten aufgezeigt werden: Wer Gottesdienste mit vorbereitet hat, der hat eher auch zeitweise in Angeboten der Gemeinde mitgearbeitet und umgekehrt. Diese Tendenz ist statistisch signifikant, aber nur schwach ausgeprägt. Und wer Gottesdienste mit vorbereitet hat, der findet sie tendenziell weniger langweilig. Diese Tendenz ist statistisch signifikant, aber nur schwach ausgeprägt.

Damit wird deutlich gezeigt, dass nur da, wo Jugendliche auch die Gelegenheit bekommen, sich aktiv an der Gestaltung des Gemeindelebens zu beteiligen und ihnen Orte und Aufgaben aufgezeigt werden, an und bei denen sie mit ihren ganz persönlichen Fähigkeiten gefragt und willkommen sind, sich auch Interesse und die Bereitschaft für ein freiwilliges Engagement entwickeln. Vielleicht müssen Kirchgemeinden tatsächlich noch lernen, Freiwillige nicht nur für bereits bestehende Aufgaben einzusetzen, sondern von ihnen auch neue Ideen anzunehmen und ausgestalten zu lassen.

2.13 Genderaspekte

Im Folgenden interessiert uns die Frage, worin sich die Aussagen von Jungen und Mädchen in den Fragebögen unterscheiden.[37]

2.13.1 Glaubensaussagen

Jungen sind zum Zeitpunkt t_1 sicherer im Glauben (CE05) und haben eine höhere Zustimmung zu «Ich glaube an Gott» (CE09). Während die Jungen über die Zeit unsicherer werden, was sie glauben sollen, und der Glaube an Gott nachlässt, ist es bei den Mädchen genau umgekehrt. Dies führt dazu, dass die Differenzen zwischen den Mittelwerten der Jungen und der Mädchen zum Zeitpunkt t_2 nur noch zufällig ausfallen. Die Mittelwerte haben sich über die Zeit angeglichen.

Jungen schätzen ihr Wissen über den christlichen Glauben (CE10) zu Beginn des Konfirmandenjahres auf einer 7er-Antwortskala mit 4.5 im Durchschnitt signifikant höher ein als die Mädchen mit 4.0. Über die Zeit veränderte sich die Einschätzung des Wissens über den christlichen Glauben bei beiden Geschlechtern signifikant positiv, wenn auch nur bei den Mädchen in einem auch quantitativ erheblichen Umfang. Die Mittelwerte hatten sich daraufhin zum Zeitpunkt t_2 soweit angeglichen, dass sie sich nur noch zufällig unterscheiden.

Zum Zeitpunkt t_1 fallen die Unterschiede zwischen Mädchen und Jungen in ihrer Zustimmung zur Aussage «Die Welt ist von Gott erschaffen» (CE/KE01) noch nicht signifikant aus. Da sich aber bei den Mädchen die Zustimmung über die Zeit erhöht, während sie bei den Jungen abnimmt, unterscheiden sich die Mittelwerte zum Zeitpunkt t_2 signifikant. Damit stellen die Resultate zur Einschätzung dieser spezifischen Glaubensüberzeugung eine Ausnahme dar, da sich die übrigen Aussagen der Jungen und Mädchen im Verlauf des Jahres angleichen *(Abbildung 50, S. 99)*.

---

37 Für den internationalen Vergleich vgl. auch die Ergebnisse und Auswertungen von T. Schlag/ L. Christensen, Gender and Confirmation Work, in: F. Schweitzer/W. Ilg/H. Simojoki (Eds.), Confirmation Work in Europe, 254–264.

Abbildung 50

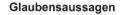

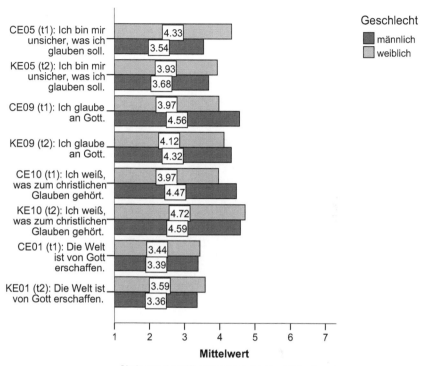

Glaubensaussagen

Geschlecht
- ■ männlich
- ☐ weiblich

CE05 (t1): Ich bin mir unsicher, was ich glauben soll. — 4.33 / 3.54

KE05 (t2): Ich bin mir unsicher, was ich glauben soll. — 3.93 / 3.68

CE09 (t1): Ich glaube an Gott. — 3.97 / 4.56

KE09 (t2): Ich glaube an Gott. — 4.12 / 4.32

CE10 (t1): Ich weiß, was zum christlichen Glauben gehört. — 3.97 / 4.47

KE10 (t2): Ich weiß, was zum christlichen Glauben gehört. — 4.72 / 4.59

CE01 (t1): Die Welt ist von Gott erschaffen. — 3.44 / 3.39

KE01 (t2): Die Welt ist von Gott erschaffen. — 3.59 / 3.36

Mittelwert

Skala von 1 = trifft gar nicht zu bis 7 = trifft voll zu

2.13.2 Motive für die Anmeldung

Wie *Abbildung 51 (S. 100)* zeigt, schätzen Jungen und Mädchen zum Teil die Motive verschieden ein, die sie bewogen haben, sich zum Konfirmandenjahr anzumelden.

Die Mädchen geben auf einer 7er-Antwortskala signifikant höhere Werte an bei «weil es eine gute alte Tradition ist» (CA03), «um die Gemeinschaft der Konfirmandengruppe zu erleben» (CB02) und «um Taufpate werden zu können» (CB05). Jungen hingegen geben höhere Werte an bei «um im Glauben gestärkt zu werden» (CB08).

Ein Konfirmand gibt dieser Einschätzung in einem offenen Antwortformat noch besonderes Gewicht:

- *«Ich will vor allem konfirmiert werden, damit ich keine Zweifel zu Gottes ‹Dasein› habe und mein Glaube gestärkt ist.» (Junge, 14)*

Abbildung 51

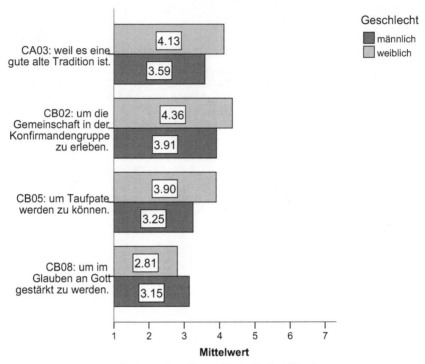

Ich habe mich zum Konfirmandenjahr angemeldet ...

Geschlecht
- männlich
- weiblich

CA03: weil es eine gute alte Tradition ist.
4.13
3.59

CB02: um die Gemeinschaft in der Konfirmandengruppe zu erleben.
4.36
3.91

CB05: um Taufpate werden zu können.
3.90
3.25

CB08: um im Glauben an Gott gestärkt zu werden.
2.81
3.15

Mittelwert

Skala von 1 = trifft gar nicht zu bis 7 = trifft voll zu

Gleichzeitig ist es den Mädchen – wie in *Abbildung 52 (S. 101)* zu sehen ist – wichtiger, «einen eigenen Standpunkt im Glauben zu finden» (CK01) und «gemeinsam zu singen oder Musik zu machen» (CK07), während Jungen sich eher vornehmen, «die Sonntagsgottesdienste regelmässig zu besuchen» (CK09). Allerdings ist hier zu beachten, dass die Mittelwerte beider Gruppen eher tief sind.

Im Hinblick auf die Konfirmation stufen die Jungen die Wichtigkeit von Geld und Geschenken (CB10) signifikant höher ein als die Mädchen.

Abbildung 52

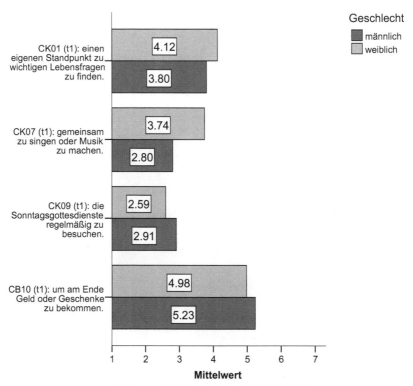

Mir ist es wichtig ...

2.13.3 Einstellungen zur Kirche

Betreffend Einstellungen und Zugehörigkeitsgefühl zur Kirche lassen sich die folgenden Unterschiede zwischen den Geschlechtern feststellen *(Abbildung 53, S. 102).*

In einem Index, der auf einer 7er-Antwortskala die kirchliche Bindung am Anfang der Konfirmandenzeit misst (iCG1), weisen die Jungen die signifikant höheren Werte auf als die Mädchen. Der Index iCG1 umfasst die Aussagen CG01: «Es ist für mich wichtig, zur Kirche zu gehören.», CG06: «Wenn ich persönliche Probleme habe, würde ich mich an eine Pfarrperson wenden.», CG06: «Unser Kirchengebäude bedeutet mir viel.» und CG08: «Ich hätte Interesse daran, nach der Konfirmation in eine kirchliche Jugendgruppe zu gehen.»

Abbildung 53

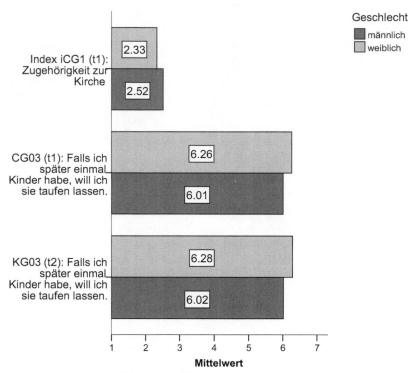

Einstellungen zur Kirche

Geschlecht
- ■ männlich
- □ weiblich

Index iCG1 (t1): Zugehörigkeit zur Kirche — 2.33 / 2.52

CG03 (t1): Falls ich später einmal Kinder habe, will ich sie taufen lassen. — 6.26 / 6.01

KG03 (t2): Falls ich später einmal Kinder habe, will ich sie taufen lassen. — 6.28 / 6.02

Mittelwert

Skala von 1 = trifft gar nicht zu bis 7 = trifft voll zu

Mädchen geben der Aussage «Falls ich später einmal Kinder habe, möchte ich sie taufen lassen» (CG/KG03) sowohl zum Zeitpunkt t_1 als auch zum Zeitpunkt t_2 mehr Gewicht.

2.13.4 Thematische Interessen

Auch bei Interessen an verschiedenen Themen für das Konfirmandenjahr gibt es zum Zeitpunkt t_1 signifikante Unterschiede zwischen den Geschlechtern *(Abbildung 54, S. 103)*.

Die Mädchen interessieren sich signifikant stärker für das Thema Taufe (CL01), für «andere Religionen» (CL07), «Gerechtigkeit und Verantwortung für andere» (CL08), «Freundschaft» (CL09) und für «Gewalt und Kriminalität» (CL10).

Abbildung 54

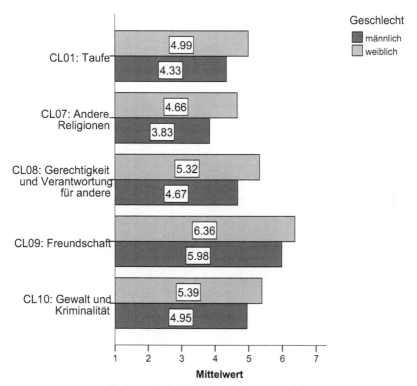

Thematische Interessen

Skala von 1 = kein Interesse bis 7 = grosses Interesse

Bei den Jungen ist das Interesse stärker für «Sinn und Ablauf des Gottesdiensts» (CL03), für «Jesus Christus» (CL05) und für die «Bibel» (CL06) *(Abbildung 55, S. 104)*.

2.13.5 Erfahrungen

Was die Zufriedenheit am Ende des Konfirmandenjahres betrifft, so unterscheiden sich die beiden Gruppen im Bereich «Spass in der Gruppe» (iKN1): Auf eine 7er-Antwortskala geben die Jungen mit 5.5 im Mittel signifikant höhere Werte an als die Mädchen mit 5.1.

Abbildung 55

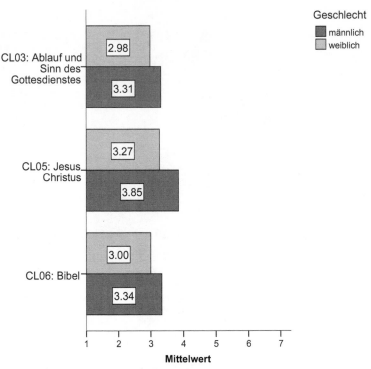

Thematische Interessen

Geschlecht
■ männlich
□ weiblich

CL03: Ablauf und Sinn des Gottesdienstes — 2.98 / 3.31

CL05: Jesus Christus — 3.27 / 3.85

CL06: Bibel — 3.00 / 3.34

Mittelwert

Skala von 1 = kein Interesse bis 7 = grosses Interesse

Auch weitere Erfahrungen beurteilen Jungen und Mädchen – wie *Abbildung 56 (S. 105)* zeigt – zum Teil signifikant verschieden.

Jungen schätzen ihre Lernergebnisse betreffend anderer Religionen (KB15) höher ein. Sie haben auch vermehrt einen persönlichen Kontakt zu den Leitenden und Mitarbeitenden bekommen (KK03).

Mädchen dagegen schätzen ihre Kenntnisse (auswendig können) beim Unservater (KU01) auf einer 3er-Antwortskala höher ein. Resultate aus den Fragebögen der Eltern weisen darauf hin, dass Mädchen zu Hause mehr darüber berichten, was sie in der Konfirmandenzeit erlebt haben PA05 (7er-Antwortskala).

Abbildung 56

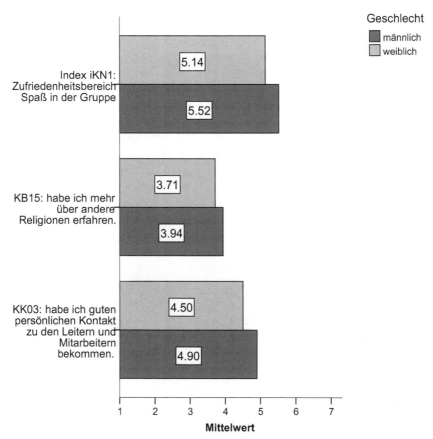

Skala von 1 = ganz unzufrieden / trifft gar nicht zu bis 7 = total zufrieden / trifft voll zu

2.13.6 Erwartungen und Erfüllung

Beachtenswert sind auch die Unterschiede bei den Erwartungen und den tatsächlich gemachten Erfahrungen die Gemeinschaft betreffend. Mädchen schätzen den Grund für ihre Anmeldung, «um die Gemeinschaft in der Konfirmandengruppe zu erleben» (CB02) auf einer 7er-Antwortskala mit 4.4 im Schnitt signifikant höher ein als die Jungen mit 3.9.

Vergleicht man diese Aussagen mit der Einschätzung der tatsächlich erlebten Gemeinschaft am Ende des Konfirmandenjahres, steigen die Werte in beiden Gruppen, wobei bei den Jungen eine signifikant höhere Veränderung vorliegt und sich die Mittelwerte bei t_2 nur noch zufällig unterscheiden *(Abbildung 57, S. 106)*.

Abbildung 57

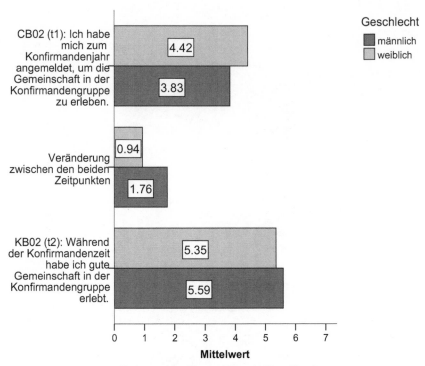

Geschlecht
■ männlich
□ weiblich

CB02 (t1): Ich habe mich zum Konfirmandenjahr angemeldet, um die Gemeinschaft in der Konfirmandengruppe zu erleben. 4.42 / 3.83

Veränderung zwischen den beiden Zeitpunkten 0.94 / 1.76

KB02 (t2): Während der Konfirmandenzeit habe ich gute Gemeinschaft in der Konfirmandengruppe erlebt. 5.35 / 5.59

Mittelwert
Skala von 1 = trifft gar nicht zu bis 7 = trifft voll zu

Die Ergebnisse aus dem Vergleich der Antworten von Jungen und Mädchen mögen mancherorts Erstaunen hervorrufen. Für die Arbeit mit Konfirmandinnen und Konfirmanden zeigen sie grosse Chancen auf. So wird deutlich, dass die oft schwieriger zu motivierenden Konfirmanden durchaus mit spezifischen – und durchaus mit Kirche und Glauben verbundenen (!) – Interessen ins Konfirmandenjahr kommen. Es ist mehr als einen Versuch wert, die Unterschiede zwischen Jungen und Mädchen in der Jahresplanung für die Konfirmationsarbeit stärker zu berücksichtigen, den genderspezifischen Interessen und Erwartungen ausgeglichen Gewicht beizumessen und allenfalls auch gendergetrennte Phasen der Arbeit mit Konfirmandinnen und Konfirmanden einzuplanen.

3. Perspektiven

3.1 Folgerungen und Herausforderungen
(Thomas Schlag)

3.1.1 Bilanzierungen

Die gegenwärtige Praxis der Konfirmationsarbeit im Kanton Zürich besteht aus einer breiten Vielfalt von Zugängen zu den Lebensfragen der jungen Generation und berücksichtigt auf intensive Weise die individuelle und soziale Dimension des Erwachsenwerdens.

Diese hohe Sensibilität der Verantwortlichen für die Lebensfragen und Kompetenzen der Konfirmandinnen und Konfirmanden mag darauf zurückzuführen sein, dass diese im Durchschnitt etwa zwei Jahre älter sind als die deutschen Konfirmandinnen und Konfirmanden. Die erkennbar hohe Sensibilität reflektiert aber auch eine spezifisch reformierte Grundhaltung, für die es aus theologischen Gründen unverzichtbar ist, die individuellen Interessen, Einstellungen und Kompetenzen junger Erwachsener als konstitutive Faktoren für eine gelingende dialogische Bildungspraxis anzusehen. Im europäischen Vergleich ist festzuhalten, dass nirgendwo das Ziel der Arbeit, eine persönliche Haltung auf lebens- und glaubensbezogene Fragen zu entwickeln, so hoch ist wie im Kanton Zürich.

Zudem ist grundsätzlich zu vermerken, dass der zivilgesellschaftliche und politische Anspruch der Konfirmationsarbeit auch in den konkreten Ergebnissen deutlich zum Vorschein kommt. Zum einen ist schon die Tatsache, dass die hier durchmischten Teilmilieus eine breite Wertschätzung der Gruppe offenbar keineswegs verhindert haben, bemerkenswert. Zum anderen zeigt sich, dass die thematisierten Inhalte die Sensibilität für Fragen des friedlichen, solidarischen und gerechten Lebens durchaus erhöht haben.

Dass im Konfirmationsjahr Glaube und Wirklichkeit in vielfacher und komplexer Weise aufeinander treffen, zeigt die vorliegende Studie wie auch ihre internationalen Pendants eindrücklich auf. Dass Jugendliche in erheblichem Sinn eigene Glaubensfragen und -potenziale in dieses Jahr mitbringen, wird an vielen Stellen sehr deutlich.

Auch wenn der Anteil der Jugendlichen, die sich konfirmieren lassen, im Lauf der letzten Jahrzehnte zurückgegangen ist[38], stellt die Konfirmationszeit

---

38 Für den Kanton Zürich kann festgestellt werden, dass der Anteil der Konfirmandinnen und Konfirmanden an der Gesamtheit des Altersjahrgangs zwischen 1998 und 2008 von etwas über 40% auf rund 30% zurückgegangen ist; für die Zeit davor liegen keine Zahlen vor, aber es kann davon ausgegangen werden, dass sich dieser Abwärtstrend bereits seit den 60er Jahren des

für die Jugendlichen, Mitarbeitenden und Eltern, die daran teilnehmen, eine hohe Selbstverständlichkeit dar und auch die Zufriedenheit unter allen Beteiligten ist keineswegs gering.

Nichtsdestotrotz scheinen die Effekte im Blick auf persönliche Glaubensorientierung hin eher gering zu sein. Obwohl beinahe die Hälfte der Konfirmandinnen und Konfirmanden am Ende des Jahres sagt, dass sie mehr über Gott und Glauben erfahren haben, scheint es, dass die erworbenen Kenntnisse und die verschiedenen Erfahrungen nicht zu einer tieferen persönlichen Glaubensüberzeugung, einer intensiveren privaten oder gemeinschaftlichen rituellen Praxis oder einer höheren Identifikation mit Kirche geführt haben. Nun wäre es problematisch, den Wert dieses Angebots gerade an diesen unmittelbar glaubens- und kirchenbezogenen Aspekten festzumachen – dies verbietet sich nicht nur aufgrund des sehr viel weiter reichenden Anspruchs der Konfirmationsarbeit, sondern auch aus theologischen Gründen, insofern sich Fragen der Glaubensstärkung und Kirchenbindung der Sache nach einer eindeutigen Messbarkeit oder gar zweifelsfreien Evaluation entziehen.

Gleichwohl ist eine nicht unerhebliche theologisch-ekklesiologische Not zu konstatieren: Es sei daran erinnert, dass die Bundesweite Studie ein «erfolgreiches Bildungshandeln der Kirche, aber auch ein deutliches Zurückbleiben hinter den mit Bildung verbundenen Ansprüchen»[39] feststellt. Auch wenn weiter zu klären wäre, was im Einzelnen unter «erfolgreich» zu verstehen ist, kann eine solche Diskrepanz auch im Blick auf die Zürcher Situation festgestellt werden. Immerhin kann dies so weit gehen, dass für einen nicht unerheblichen Teil der Konfirmandinnen und Konfirmanden die positive Wahrnehmung der Konfirmandenzeit nicht in Frage gestellt wäre, wenn glaubens- und kirchenbezogene Inhalte überhaupt nicht thematisiert würden!

Die faktische Herausforderung, Glaube und Wirklichkeit miteinander zu vermitteln, steht deutlich vor Augen. Aber worin besteht die Not der Gegenwart? Hat man es mit einer – um mit Thurneysen zu sprechen – notwendigen Not zu tun, die mit der Sache des Konfirmandenunterrichts selbst zu tun hat?[40] Oder besteht die Not in eher gegenwartsanalytischem Sinn darin, dass viele

---

20. Jahrhunderts vollzieht, vgl. zu diesen Zahlen und Trends auch im internationalen Vergleich F. Schweitzer/W. Ilg/H. Simojoki (Eds.), Confirmation Work in Europe, 216; neuerdings liegen auch die Zahlen für den Bereich des Schweizerischen Evangelischen Kirchenbundes vor: Danach stieg die Zahl der Konfirmationen von etwas über 32 000 im Jahr 1950 auf ca. 47 000 im Jahr 1960 an und nahm von da ab praktisch kontinuierlich (bis auf einen kurzen Aufschwung Ende der 90er Jahre) auf unter 25 000 im Jahr 2005, vgl. J. Stolz/E. Ballif, Die Zukunft der Reformierten, 49.

39 W. Ilg u. a., Konfirmandenarbeit in Deutschland, 209.

40 Vgl. E. Thurneysen, Das Wort Gottes und die Kirche (1927), 137ff.

Jugendliche den natürlichen Ort für ihre Lebensfragen offenbar eben gerade nicht in kirchlichen Gemeindehäusern ansiedeln?

Dass eine deutende Vermittlung von Glaube und Wirklichkeit für die theologische Kommunikation selbst keine einfache Aufgabe darstellt, ist aus der Geschichte und Praxis des Konfirmandenunterrichts allzu vertraut. Die Problematik besteht darin, dass komplexe Antworten mindestens in einer bestimmten Lebensphase der Jugendlichen nicht unbedingt auf deren Wohlwollen stossen, theologische Sachverhalte nun aber gerade ausgesprochen komplexe Sachverhalte darstellen.

Ob man sich damit nun aber in der Konfirmationsarbeit der wenn auch sperrig erscheinenden theologischen Expression verweigern sollte, scheint aber doch mehr als fraglich. Es mag zwar stimmen, dass in dieser Altersphase aus entwicklungspsychologischen Gründen nach «eindeutigen» und «klaren» Antworten gesucht wird, gleichwohl wäre es grob fahrlässig, würden die Verantwortlichen solchen Bedürfnissen in der Weise entsprechen, dass sie einzelne komplexe theologische Sachverhalte einfach ausblende. Notwendig sind vielmehr Formen authentischer und offener inhaltsbezogener Kommunikation, die gerade die Komplexität biblischer Überlieferung und theologischer Interpretation zu integrieren vermögen. Und eine solche Kommunikation wird für viele Jugendliche gerade dann die grösste Überzeugungskraft entwickeln, wenn sie bei den Erwachsenen eine ernsthafte Suche nach schlüssigen Interpretationen und tragfähigen Antworten erfahren und miterleben können.

Das diesen Band durchziehende Plädoyer für den Begriff «Konfirmationsarbeit» verweist somit auf dem Hintergrund der nun möglichen Bilanzierungen auf die Frage nach dem sachlich substanziellen Gehalt des Jahres. Die vorliegenden Erkenntnisse werfen die Frage des theologischen Sinns, der zentralen Substanz der Arbeit selbst, der vielen durchgeführten Stunden, Freizeiten, Gottesdienste und Planungen auf.

3.1.2 Jugendtheologische Herausforderungen

Alle zukünftigen Überlegungen zu und Ausgestaltungen der konkreten Konfirmationspraxis hängen ganz wesentlich davon ab, noch einmal neu über Konfirmation in ihrem theologischen Bezug nachzudenken. Damit soll nun nicht der Lebensbezug der Konfirmationsarbeit zurückgedrängt oder gar für einen erneuten Perspektivenwechsel plädiert werden, sondern eher für eine *Perspektivenverdichtung*. Konkret gesagt: Zukünftig ist über die Konfirmandinnen und Konfirmanden, deren Wünsche, Erwartungen und Kompetenzen und die Arbeit selbst so nachzudenken, dass dabei der Bezug zum theologischen Sinn der Konfirmation selbst in verdichtendem Sinn in den Blick genommen wird.

Nach der bereits oben erwähnten Rede Neidharts von den «nichttheologischen Motiven» besteht die aktuelle Herausforderung in Theorie und Praxis der

Konfirmationsarbeit darin, die lebenszyklisch präsenten, vermeintlich nicht-theologischen Motive auf ihren tieferen theologischen Sinn hin durchzubuchstabieren. Insofern ist in neuer Weise eine stärkere Sensibilität für diesen «blinden Fleck» der theologischen Faktoren zu plädieren, da ansonsten die zentrale theologische und kirchliche Bildungsaufgabe selbst dauerhaft unter Wert verkauft zu werden droht.

Für die zukünftigen Zielsetzungen des Jahres soll und kann es deshalb sinnvollerweise nicht allein auf eine noch attraktivere Ausgestaltung, eine noch intensivere Erlebnisproduktion oder noch aufwendig-spektakulärere Abschlussgottesdienste gehen. Notwendig erscheinen dafür Überlegungen im Horizont einer spezifisch jugendtheologischen Perspektive.

Betrachten wir die Ergebnisse der Konfirmandenstudie im Blick auf den Glauben der Jugendlichen, so erinnert dies an die klassische dogmatische Unterscheidung von *fides qua* und *fides quae*. Sehr deutlich wird beides in seiner Unterschiedlichkeit erkennbar:

Einerseits zeigt ein keineswegs geringer Teil der befragten Jugendlichen im Sinn einer *fides quae* ein eigenes inhaltsbezogenes Verständnis klassischer christlicher Themen. Ein Wissen über konkrete Glaubensinhalte und Fundamente der christlichen Lehre wie die Existenz Gottes und seine weltschöpferische Tätigkeit, Jesus Christus oder die Auferstehung ist fraglos bei nicht wenigen der befragten Jugendlichen vorhanden.

Auf der anderen Seite ist mindestens zwischen den Zeilen eine *fides qua* im Sinn eines Glaubens, durch den geglaubt wird, zu identifizieren. Im Sinn dessen, was William James als «Beziehung zwischen Herz und Herz, zwischen Seele und Seele, zwischen dem Menschen und seinem Schöpfer»[41] beschrieben hat, macht die Studie deutlich, dass Jugendliche in intensiver Weise solche subjektiven Glaubensakte vornehmen können: Sie denken über ihren eigenen Glauben und den Zusammenhang zu ihrer Lebensführung nach, sie sind in vielfältiger Weise auf der intrinsisch motivierten Suche nach lebensrelevanten Antworten, sie suchen Gemeinschaft und mindestens einige von ihnen beten sogar regelmässig. Im Sinn dieses subjektiven Glaubensaktes als *fides qua* wird aber auch deutlich, dass diese individuellen Glaubenspraktiken und -vollzüge sich ihre eigenen Wege suchen. Wege, die eben gerade nicht in den klassischen Kategorien dogmatischer Satz- und Glaubenswahrheiten durchbuchstabiert oder eben nachgebetet werden.

Mit Luthers Bestimmung im Grossen Katechismus – «Woran Du Dein Herz hängst und verlässest, das ist eigentlich Dein Gott» – gesprochen: Die Studie zeigt wesentliche Herzensanliegen der Jugendlichen auf, und diese verbinden sich eben keineswegs sogleich mit Inhalten, die sich eindeutig als dogmatisch

---

41 W. James, Die Vielfalt religiöser Erfahrung. Eine Studie über die menschliche Natur, Freiburg 1979, 39 (Originaltitel: The varieties of religious experience, Edinburgh 1901/02).

konnotiert identifizieren lassen. Oder wie schon die Bundesweite Studie festhält: «Wo die Items eine persönliche Bedeutung des christlichen Glaubens im Leben implizieren, gehen die Zustimmungsraten ... deutlich zurück.»[42] Zugleich zeugt es gerade von Reife und Mündigkeit, wenn die Jugendlichen nicht einfach bestimmte dogmatische Aussagen übernehmen. Eine Erhöhung der Zustimmungsraten stellt folglich nicht schon per se ein erstrebenswertes Ziel dar. In diesem eigenständigen Sinn bringen die Jugendlichen die Spannung zwischen *fides qua* und *fides quae* selbst und eigenständig auf den Punkt, was damit auf die Komplexität des Konfirmationsglaubens und der damit verbundenen Bildungsaufgaben selbst verweist.[43]

Insofern sind gerade diese komplexen und für den erwachsenen Blick keineswegs immer konsistenten Phänomene eben sehr wohl theologisch deutbar, auch wenn dies auf den ersten Blick nicht leicht erscheint. Dafür ist davon auszugehen, dass die Rede von einer Theologie der Jugendlichen und vom Theologisieren mit Jugendlichen von Seiten der Jugendlichen aus auf wesentliche Anknüpfungspunkte bauen und vertrauen kann.[44] Es ist mehr vorhanden, so belegt die Studie mindestens zwischen den Zeilen, als man auf den ersten Blick vermutet. Damit nun aber individuelle Glaubensakte auch tatsächlich mit dem tieferen Sinn des Konfirmationsjahres verbunden werden können, ist eine theologische Kommunikations- und Deutungspraxis unbedingt vonnöten. Das ist, wenn man so will, die notwendige Not der konkreten Konfirmationspraxis.

Versteht man also Konfirmationsarbeit sachgemäss als Vorbereitung auf einen erwachsenen, mündigen Glauben, stellt sich die Grundfrage, wie diese *fides qua* ihrerseits mit der inhaltlichen Substanz des christlichen Glaubens, als der *fides quae* verknüpft werden kann.

Dieses Plädoyer für eine theologische Perspektivenverdichtung im Sinn der intensiveren Berücksichtigung der theologischen Faktoren kann anhand des Zentralthemas Taufe deutlich gemacht werden.

---

42 W. Ilg u. a., Konfirmandenarbeit in Deutschland, 127.

43 Vgl. E. Hauschildt, Der Konfirmationsglaube. Zur Wahrnehmung seiner Komplexität, in: Frieder Harz/ Martin Schreiner (Hg.), Glauben im Lebenszyklus, München 1994, 213–227.

44 Vgl. zur Unterscheidung einer «Theologie für Jugendliche», einer «Theologie von Jugendlichen» und einem «Theologisieren mit Jugendlichen» sowohl F. Schweitzer, Auch Jugendliche als Theologen? Zur Notwendigkeit, die Kindertheologie zu erweitern, in: ZPT 57 (2005), 46–53, als auch V.-J. Dieterich, Theologisieren mit Jugendlichen, in: A. A. Bucher u. a. (Hg.), «Man kann Gott alles erzählen, auch kleine Geheimnisse». Kinder erfahren und gestalten Spiritualität. Jahrbuch für Kindertheologie. Bd. 6. Stuttgart 2007, 22–36.

3.1.3 Tauf-Bildung als Perspektive zeitgemässer Konfirmationsarbeit

Nach wie vor stellt die Taufe eine der zentralen Perspektiven und das Thema Taufe einen der wesentlichen Inhalte auch der reformierten Konfirmationsarbeit dar. Im Blick auf eine Tauf-Bildung lassen sich eine Reihe von Anknüpfungsmöglichkeiten zwischen Glaube und Lebenswirklichkeit im Sinn einer Verbindung von *fides qua* und *fides quae* benennen:

Anknüpfungspunkte in der Lebenswelt der Jugendlichen

Wie die Zürcher Studie zeigt, stellt für Jugendliche das eigene Getauftsein ein wesentliches Motiv für Anmeldung und Teilnahme dar. Zudem ist das Interesse an der späteren Taufe der eigenen Kinder erheblich. Auch der grosse Wunsch der Jugendlichen nach dem Empfang des Segens macht eine Verbindung zwischen Taufe und Lebenswirklichkeit offenkundig. In entwicklungspsychologischer Hinsicht eröffnet die Thematisierung der Taufe insofern einen wesentlichen Anknüpfungspunkt, da gerade für dieses Lebensalter der Wunsch nach Orientierung und Klärung der eigenen Zugehörigkeit, aber auch die Frage nach dem Eigenen in Abgrenzung gegenüber anderen Zugehörigkeiten wesentlich ist.

Zudem kann die Thematisierung der Taufe der jugendlichen Sehnsucht nach Schutz, Begleitung und Geborgenheit symbolhaft Ausdruck verleihen. Hier stellt sich die Frage, ob Jugendliche durch solche Anknüpfungen nicht doch noch einmal ein qualitativ weitergehendes Verständnis des eigenen Erwachsenseins und seiner Herausforderungen gewinnen könnten. Gerade in diesem Zusammenhang kann die im Geschenk der Taufe zum Ausdruck kommende theologische Grundfigur des annehmenden «Ja Gottes» ihren lebenswirklichen Anknüpfungspunkt in der Sehnsucht nach individueller Annahme und Anerkennung auf dem Weg zur gleichsam erwachsen(d)en Selbstständigkeit erfahren.

Anknüpfungspunkte in der Lebenswirklichkeit der Familien

Die Erinnerung an bzw. Thematisierung der Taufe kann im Kontext familiärer Lebenswirklichkeit zentrale Aspekte der Familienbiographie ans Licht heben. Als familienbiographisch bedeutsamer Initiationsritus und zugleich als ursprüngliche elterliche Hoffnung auf den Schutz und die Bewahrung ihres Kindes stellt die Taufe einen wesentlichen Anknüpfungspunkt für die Reflexion über die eigene familiäre Lebenswirklichkeit dar. Vor diesem Horizont kann Tauf-Bildung sowohl die Dimensionen von Schöpfung und Neuschöpfung wie die des Miteinanders individuellen und gemeinschaftlichen Glaubens zum Ausdruck bringen. Zudem besteht in diesem Zusammenhang der Familienbiographien ein wesentlicher Anknüpfungspunkt im Faktum einer zunehmenden Zahl von nicht Getauften bzw. von Familien ohne religiösen Hintergrund: Diese faktische Lebenswirklichkeit einer familiär ausgefallenen bzw. nicht vollzogenen religiösen Grundsozialisation macht die Thematisierung der Taufbedeutung umso dringlicher, weil erklärungsbedürftiger. Die Thematisierung der Taufe in familienbiographischer Perspektive kann den Eltern und Paten also auch die Frage vor Augen führen, ob sie ihre Kinder bis dahin mit der notwendigen Aufmerksamkeit und Sorgfalt begleitet haben.

Anknüpfungspunkte in der Lebenswirklichkeit der Mitarbeitenden

Die Thematisierung der Taufe wirft auch für die Mitarbeitenden Grundfragen hinsichtlich des eigenen Christseins und der eigenen Glaubensidentität auf. Theologisieren mit Jugendlichen als vermittelnde Kommunikation zwischen Glaube und Wirklichkeit ist also unmittelbar auf die theologische Reflexion der und die Darstellung durch die Mitarbeitenden selbst verwiesen und angewiesen. Das Faktum des eigenen Getauftseins ist somit immer auch notwendige Gelegenheit für die Mitarbeitenden, vor sich selbst und nach aussen über ihren eigenen Glauben und den Zusammenhang mit der eigenen Lebenswirklichkeit auskunftsfähig zu sein und sprachfähig zu werden.

Dies bedeutet, dass die Perspektive einer Jugendtheologie zugleich die Theologie der mitverantwortlichen Erwachsenen selbst in erheblichem Sinn mit umfasst. Insofern erscheint es sachlich so angemessen wie notwendig, die Bezeichnung «Konfirmationsarbeit» auch für die erwachsenen Mitarbeiterinnen und Mitarbeiter in Verwendung zu bringen. Konkret hiesse dies, dass diese selbst das jeweilige Jahr als immer wieder neue Reflexionsmöglichkeit, Infragestellung oder Bestätigung der eigenen Glaubenshaltung verstehen sollten. Auch die Mitarbeitenden können und sollten sich durch das Konfirmandenjahr in ihrer ihnen durch die Taufe zugesagten Glaubensidentität gestärkt fühlen können. Das wäre vielleicht nicht der schlechteste Effekt dieser gemeinsamen Bildungszeit. Insofern ist die Rede von der Subjektorientierung der Konfirmationsarbeit aus theologischen und pädagogischen Gründen auf die Mitarbeitenden als Akteure der Tauf-Bildung auszuweiten.

Anknüpfungspunkte in der Lebenswirklichkeit von Kirche und Gemeinde

Als trinitarisches Grundgeschehen ist die Taufe nach reformiertem Verständnis nicht nur zeichenhafter Akt, sondern auch identitätsstiftendes Grundelement für die Gestalt von Kirche und Gemeinde. Insofern gewinnt die Kirche als Bildungsinstitution erst über die Taufe als gemeinschaftskonstituierendes Grunddatum ihre tiefere Perspektive. Für die Konfirmationsarbeit bedeutet dies, dass Jugendliche diesen gemeinschaftsstiftenden Sinn der Taufe erst durch einen möglichst intensiven Kontakt mit Akteuren der Kirche und deren Lebenswirklichkeit erfassen können. Die Thematisierung der Taufe macht folglich einen weiten Blick auf die aktuale Lebenswirklichkeit der Gemeinde bis hin zu ihrem Anspruch auf Gemeindeaufbau und Mission unbedingt notwendig. Dies schliesst dann auch die Erfahrbarkeit der ethischen Dimension des Glaubens im Sinn von Zuspruch und Anspruch mit ein.

Anknüpfungspunkte in der Lebenswirklichkeit des Politischen

Die Studie zeigt sehr deutlich, dass Jugendliche bei ihren Erwartungen an die Konfi-Zeit den Themen wie Gerechtigkeit und Verantwortung, Freundschaft und «Gewalt und Kriminalität» eine hohe Bedeutung zumessen. Insofern widerlegen die vorliegenden Ergebnisse die landläufige Meinung, dass Jugendliche in der Adoleszenzphase nur ein geringes Interesse an ihrer Mitumwelt oder erst recht an Fragen des Politischen hätten. Im Gegenteil kann bei vielen von einer erheblichen Empathie- und Aufmerksamkeitskompetenz ausgegangen werden.

Auch die Mehrzahl der Verantwortlichen der Konfirmandenarbeit betont, dass es ihnen wichtig ist, Jugendliche für zivilgesellschaftlich relevante Themen zu sensibilisieren. Insofern zeigt sich in den wechselseitigen Erwartungshalten das erhebliche Interesse, die Konfirmanden-Zeit auch in ihrer Orientierung für die Lebensführung im Kontext des Politischen zu profilieren. In diesem Zusammenhang kann gerade die gemeinsame Besinnung auf die theologischen Sachgehalte der Taufe individuelle Mündigkeit in einer zivilgesellschaftlichen Perspektive befördern: Taufe ist in diesem Sinn als Zuspruch zur freien Übernahme solidarischer Weltverantwortung und gleichberechtigten Partizipation Jugendlicher an den Herausforderungen des Politischen ins gemeinsame Gespräch zu bringen. Die Plausibilität des Taufthemas entscheidet sich somit immer auch daran, ob ihr theologischer Kerngehalt auch als hilfreiche Orientierung für verantwortliche Weltgestaltung und Empathie für den Anderen als Anderer bzw. den Fremden als Fremder verstanden werden.

In diesem fünffachen Bezug auf die Lebenswirklichkeit und Lebensführung lässt sich *Tauf-Bildung als erfahrungs- und kommunikationsbezogenes Geschehen* theologisch deuten und zur Sprache bringen und gibt somit der zukünftigen Konfirmationspraxis eine wieder stärker theologische Verortung. Pädagogisch gesprochen, besteht folglich die Herausforderung darin, dieses zeichenhafte Ursprungsgeschehen in konkrete Vollzüge zu transferieren, in denen Vermittlung und Aneignung, Verkündigung und individuelles Angesprochensein gleichermassen zur Geltung kommen können. Wie lässt sich aber nun konkret über theologische Fragen kommunizieren, wie ist konkret ein Theologisieren mit Jugendlichen denkbar? Wie können Glaube und Wirklichkeit einander näher kommen und zwar in gleichsam chiastischem Sinn: Also Glaube der Kirche *und* ihrer Mitarbeitenden und Wirklichkeit der Jugendlichen ebenso wie die Wirklichkeit der Erwachsenden *und* der Glaube der Kirche und ihrer Mitarbeitenden?

Es geht in diesem Jahr um das gemeinsame Überprüfen von Wahrheitsansprüchen; nicht im Sinn eines faktischen Falsch oder Wahr, sondern im Sinn der

Frage der erfahrbaren Belastbarkeit und Tragfähigkeit, oder um es nochmals in einer reformatorischen Figur auszudrücken: Es geht um die Eröffnung von Glaubensmöglichkeiten für alle Beteiligten im Sinn des Dreiklangs von *notitia*, als Kenntnis, *assensus* im Sinn der bewussten Zustimmung und *fiducia*, also dem konkreten Vertrauensakt selbst.

Dabei kann sich der Versuch, Lebenswirklichkeit und Glaubensinhalte miteinander zu verknüpfen, an den didaktischen Standards von *Perzeption, Kognition, Performanz, Interaktion und Partizipation* orientieren, die im Zusammenhang mit der Kompetenzdebatte um religiöse Bildung inzwischen selbst wesentliche Richtgrössen geworden sind.[45]

Die theologisch-pädagogische Herausforderung einer Konfirmationsarbeit als Tauf-Bildung besteht folglich darin, den Zusammenhang von Lebenswirklichkeit und Glaube in unterschiedlicher und gleichwohl stringent miteinander verbundener Weise zu erschliessen: Denn Tauf-Bildung muss folglich offen sein:

- für *perzeptive und reflektierende Annäherungen* etwa an die biblisch-theologische Überlieferung von Wasser- und Geisttaufe (Mk 1) über den Taufbefehl (Mt 28) bis zur Taufe als Zeichen der Erkenntnis und Umkehr (Apg 8, 26ff.) sowie an den elementar christologischen Bezug (Röm 6) im Horizont der Neuschöpfung (2. Kor. 5,17);
- für eine *kognitiv* gestützte, *interaktive* Auseinandersetzung im Sinn eines biographiebezogenen und gemeinsamen Theologisierens;
- für *performatives* Erwerben theologischer Kompetenzen und damit für die *spirituelle* Seite der individuellen und gemeinschaftlichen Glaubenspraxis;
- für *partizipative* Bildungserfahrungen, die jenseits kognitiver Fähigkeiten mit allen Sinnen und von allen mit vollzogen werden können und damit gerade auch Jugendliche mit einem weniger kognitiv orientierten Bildungshintergrund besser als bisher zu integrieren vermögen;
- *für partizipative* Gottesdiensterfahrungen im Sinn echter kirchlicher wie politischer Mitverantwortlichkeit – etwa der liturgischen Mitgestaltung eines konkreten Taufritus vom Taufgebet bis zum Taufsegen, aber auch des politisch relevanten Fürbittegebets für diejenigen ausserhalb des Gesichtskreises öffentlicher Aufmerksamkeit. Einzelne Gemeinden laden Konfirmandinnen

---

45 Vgl. zum Verständnis religiöser Kompetenz als domänenspezifischer, religiöser Deutungs- und Teilhabekompetenz S. Krause/C. Kusch/H. Schluß/M. Wahren, Erhebung religiöser Kompetenz im Konfirmandenunterricht. Erste Ergebnisse einer Studie in einem Berliner Kirchenkreis, in: Pastoraltheologie 98 (2009), 430–446. Die Autorinnen und Autoren erheben dabei die sehr nachdenkenswerte Forderung: «Zu wünschen ist, dass der Konfirmandenunterricht – in welcher Organisationsform auch immer – eine zusätzliche Reflexionsebene einfügt, auf der die Kenntnisse und die mitgebrachten Erfahrungen nun reflexiv so erweitert werden können, dass auch die Deutungskompetenz in Bezug auf religiöse Fragen signifikant ansteigt», 442.

und Konfirmanden sogar mit zum Taufgespräch bei den Eltern ein – auch dies können besonders eindrückliche Erfahrungen werden.

Konfirmationsarbeit als Tauf-Bildung ist insofern aus theologischen und pädagogischen Gründen geteilte Bildungsverantwortung vom Anfang des Jahres bis hin zur gemeinsamen Vorbereitung des Konfirmationsgottesdienstes als – so sehen es viele der Beteiligten – Höhepunkt des Konfirmationsjahres. Insofern dient gerade eine solche Tauf-Bildung der Profilierung von Konfirmationspraxis im Sinn eines für alle Beteiligten lebensdienlichen Prozess- und Entwicklungsgeschehens.

Wie bei kaum einem anderen Bildungsangebot können in der Konfirmationsarbeit auf einem so zeitlich und inhaltlich verdichteten Raum in theologischer Hinsicht substanzielle Entwicklungsprozesse für alle beteiligten Akteure initiiert werden. Dabei gilt, dass gemeinsame theologische Kommunikation nicht unbedingt ausschliesslich expressives Reden und Reflektieren meinen muss; es bedarf aber mindestens geeigneter Räume und einer Atmosphäre des Vertrauens, in der Nachdenken und damit Eröffnungen von *fiducia* im reformatorischen Sinn möglich werden.

Erst wenn solche Bedingungen gegeben sind, kann und sollte dann auch von einer einladenden, beherbergenden Gemeinde[46] und einer missionarisch wirkenden Kirche im Sinn einer lebensbegleitenden Bildungsinstitution[47] bzw. von Kirche auf dem Weg die Rede sein. Kurz gesagt, wäre im positiven Sinn schon viel geschehen, wenn es zu solchen Formulierungen wie der einer Konfirmandin käme: «Vor der Konfirmandenzeit hatte ich meinen ‹eigenen› Glauben, ich habe mir mein Bild von Gott gemacht. Jetzt hat es sich etwas geändert, ich habe den christlichen Glauben kennen gelernt. Das finde ich gut».[48]

Taufe ist dann nicht einfach ein Thema im Jahr, sondern das theologische Querschnittsthema und Lebensthema par excellence, weil es gleichermassen die beteiligten Subjekte wie die Zentralinhalte dieser kirchlichen Bildungspraxis umfasst und erschliesst. So können gerade im Prozess der Konfirmationsarbeit als Tauf-Bildung Glaube und Wirklichkeit zusammentreffen und der Blick auf die anderen Themen des Jahres theologisch geschärft werden. Voraussetzung dafür ist eigentlich nicht mehr als das gemeinsame Experiment, die Tiefendimension der Evangeliumsbotschaft im wahrsten Sinn des Wortes in erfrischender Weise immer wieder neu zur Sprache kommen zu lassen.

Insofern geht es darum, das Jahr selbst aus eminent theologischen Gründen als qualitätsvolle Hinführung zu verstehen, in der es nicht nur im klassischen

---

46 Vgl. J. Hendriks, Gemeinde als Herberge. Kirche im 21. Jahrhundert – eine konkrete Utopie. Gütersloh 2001.

47 Vgl. H. Rupp/C.T. Scheilke (Hg.), Bildung und Gemeindeentwicklung. Jahrbuch für kirchliche Bildungsarbeit 2007, Stuttgart 2007.

48 W. Ilg u. a., Konfirmandenarbeit in Deutschland, 138.

pädagogischen Sinn um Präparation und Instruktion, sondern bereits um experimentelle Performanz, um erste Erfahrungen mit dem Erlernten und die Verknüpfung mit den verschiedenen aktuellen Lebenswirklichkeiten geht. Dies lässt sich auch im Blick auf die offene Frage einer gelingenden Partizipationskultur in der Konfirmationsarbeit weiter veranschaulichen.

3.1.4 Partizipations-Kultur als Signatur zeitgemässer Konfirmationsarbeit

Betrachtet man die Landschaft der gegenwärtigen Konfirmandenarbeit, so wird erkennbar, dass eine möglichst breite Beteiligungskultur in vielen Gemeinden längst einen festen Bestandteil dieses kirchlichen Praxisfeldes bildet. An vielen Orten und zu unterschiedlichen Anlässen innerhalb des Konfirmandenjahres wirken die Jugendlichen aktiv an der Ausgestaltung des Angebots mit und bestimmen den Charakter des gesamten Jahres erheblich mit. Darin deuten sich deutliche Tendenzen der Verschiebung vom klassischen Modell des Konfirmandenunterrichts hin zu aktivitätsbezogenen Gestaltungsformen der Konfirmationsarbeit an. Offenbar greifen die Planer und Entwickler sowie die Verantwortlichen selbst dabei auch auf die Innovationspotenziale der kirchlichen und nichtkirchlichen Jugendarbeit zurück.

Im Folgenden sollen einige dieser Erkenntnisse der Zürcher Studie in ihrem Zusammenhang mit den Ergebnissen der Bundesweiten und Internationalen Studie nochmals benannt und in differenzierender Weise betrachtet werden sowie danach gefragt werden, welche didaktischen Folgerungen für die zukünftige Konfirmationsarbeit im reformierten Kontext daraus zu gewinnen sind.

Die folgenden Überlegungen stehen dabei zugleich im weiteren Zusammenhang mit grundsätzlichen Überlegungen, die von Seiten der EKD jüngst zum Verhältnis von Jugend und Kirche bzw. in weiterreichendem Sinn zum Grundauftrag der Kirche als Bildungsinstitution formuliert worden sind, die aber auch für den schweizerischen Zusammenhang als hilfreich angesehen werden können. Dabei wird im Anschluss an die protestantische Grundforderung von Bildungsgerechtigkeit und Bildungsteilhabe[49] der enge Bedeutungszusammenhang von kirchlichem Angebot und zivilgesellschaftlichen Implikationen aufgezeigt.

Grundsätzlich wird dort festgehalten, dass die gesellschaftliche Integration von Jugendlichen kein Automatismus ist und Demokratie und Partizipation nicht selbstverständlich gelernt werden.[50] Insofern sind alle kirchlichen Ange-

---

49 Vgl. Kirchenamt der EKD (Hg.), Kirche und Bildung. Herausforderungen, Grundsätze und Perspektiven evangelischer Bildungsverantwortung und kirchlichen Bildungshandelns. Eine Orientierungshilfe des Rates der Evangelischen Kirche in Deutschland (EKD). Gütersloh 2009, 7.

50 Vgl. Kirchenamt der EKD (Hg.): Kirche und Jugend. Lebenslagen – Begegnungsfelder – Perspektiven. Eine Handreichung des Rates der Evangelischen Kirche in Deutschland (EKD). Gütersloh 2010 (= KuJ), 75.

bote immer auch daraufhin zu prüfen, ob sie «genügend zur gesellschaftlichen Integration beitragen und Jugendlichen hinreichende Möglichkeiten der Einübung in demokratische Strukturen und Formen der Partizipation eröffnen».[51]

Wenn Jugendliche angesichts der Vielfalt der Lebensoptionen einen «eigenen Modus der Teilhabe an der Gesellschaft finden und einen Lebensentwurf entwickeln»[52] können sollen, wird darauf hingewiesen, dass sich die entscheidende Herausforderung für die Kirche auch auf die Frage der Teilhabe an den Traditionen und Inhalten der evangelischen Botschaft selbst bezieht. Für kirchliches Bildungshandeln erwächst somit aus dem Religionswandel in der Gesellschaft ein Wahrnehmungs-, Sprach- und Partizipationsproblem: nämlich «die grundlegende Schwierigkeit, die mit dem evangelischen Bildungsverständnis verbundenen Inhalte so verständlich zu machen, dass sie sich Kindern, Jugendlichen oder Erwachsenen als für ihr eigenes Leben bedeutsam erschließen».[53]

Dies bringt hinsichtlich des konkreten Bildungsangebots die Notwendigkeit mit sich, «Möglichkeiten zur Partizipation Jugendlicher und konsequente Angebote zur Demokratie- wie religiösen Urteilsfähigkeit auf allen Ebenen und in allen Bereichen kirchlichen Handelns mit Jugendlichen sichtbar zu verankern».[54] Eine aktive Beteiligung etwa am «Agenda-Setting» ist dabei umso notwendiger, als neben der Zufriedenheit mit dem Gruppenerlebnis sowie dem Erscheinungsbild der Pfarrerin bzw. des Pfarrers gerade die Auswahl der Themen eine entscheidende Rolle dafür spielt, wie die Jugendlichen die Konfirmandenzeit als ganze bewerten.[55]

Dieses Faktum beinhaltet zugleich auch institutionelle Konsequenzen hinsichtlich innerkirchlicher «Kultur»-Veränderungen im Sinn neu zu denkender Partizipationsmöglichkeiten. Kirche und Kirchgemeinden sind im Blick auf ihre Demokratiefähigkeit selbst gefragt und müssen Jugendliche dazu befähigen, sich politisch wie kirchenpolitisch zu organisieren, in eigenständiger Weise Kirche mitzugestalten und dabei verantwortlich zu einer theologisch geerdeten Partizipationskultur beizutragen.

Dieser Bildungsauftrag verbindet sich von vornherein mit einer besonderen Sensibilität für diejenigen Jugendlichen, denen die notwendige Teilhabe am gesellschaftlichen Leben versagt ist: Bildungsgerechtigkeit ist nach evangelischem Verständnis immer auch als Befähigungs- und Teilhabegerechtigkeit (W. Huber) auszulegen und betrifft in diesem Sinn eben «nicht nur Probleme der Armut, sondern der gesellschaftlichen Teilhabe insgesamt»[56]. Bildung als parti-

---

51 A.a.O., 75f.

52 A.a.O., 22f.

53 Kirchenamt der EKD (Hg.), Kirche und Bildung, 14f.

54 Kirchenamt der EKD (Hg.), Kirche und Jugend, 81.

55 Vgl. W. Ilg u. a., Konfirmandenarbeit in Deutschland, 72.

56 Kirchenamt der EKD (Hg.), Kirche und Bildung, 48.

zipatorisches Geschehen richtet sich folglich immer auch auf die Eröffnung weiterreichender Förderungsmöglichkeiten gerade für Jugendliche mit schwierigen Ausgangsbedingungen und schlechteren Startchancen[57] und will dazu dienen, deren dauerhafter Ausgrenzung entgegenzuwirken. Und bekanntermassen stellt ja die Konfirmationsarbeit noch das letzte Refugium dar, in dem Jugendliche dieses Lebensalters unabhängig von ihrem Bildungshintergrund tatsächlich nochmals gemeinsame Bildungszeit erleben und mitgestalten können.

So zeigt sich, dass Konfirmationsarbeit zu sozialer Interaktion und Partizipation beitragen und die ethische Urteilskraft junger Menschen stärken kann und sie zugleich in ehrenamtliche Arbeit einzuführen und dafür zu aktivieren vermag. Wo allerdings schon während des Jahres keine Möglichkeiten bestehen, ein freiwilliges Engagement zu erleben, ist naturgemäss auch die Bereitschaft, ein solches später anzustreben, gering. Insofern dient die Konfirmandenarbeit im guten Fall der sozialen Partizipation, zivilgesellschaftlicher Aktivität und inhaltlich den Werten der Sorge und Solidarität.[58]

In diesem Sinn stellt Partizipation gleichsam ein Querschnitts- und Verbindungsthema für kirchliches Handeln *und* ein kulturell wie zivilgesellschaftlich bedeutsames Handeln dar. An einem konstruktiven Umgang mit den offenen Partizipationsfragen erweist sich damit zugleich, wie pluralitätsfähig und politikfähig die Konfirmationsarbeit überhaupt ist.[59] Die Frage ist, wie sich die Partizipationsfrage innerhalb der gegenwärtigen Konfirmandenarbeit manifestiert und was sich von der genannten bildungstheoretischen Grundpositionierung aus für die zukünftige Arbeit an Erkenntnissen gewinnen lässt.

Grundsätzlich ist festzuhalten, dass weder in den Fragebögen der Bundesweiten[60] und Zürcher noch in der Internationalen Studie[61] zur Konfirmandenarbeit explizit der Begriff «Partizipation» auftaucht. Als einschlägige, familienähnliche Begriffe lassen sich identifizieren:

- *Teilnahme* – etwa im Blick auf die Items «Weil ich mich zur Teilnahme gezwungen fühlte» bzw. «Because I felt obliged to take part» (CA05); «Bei manchen meiner Freunde ist es mir peinlich zu sagen, dass ich an der Konfi-Zeit teilnehme» bzw. «Sometimes I am ashamed to tell my friends that I am taking part in confirmation training» (CE07/KE07); «Ich hätte Interesse daran, nach der Konfirmation in eine kirchliche Jugendgruppe zu gehen» bzw. «I would be interested in taking part in a Christian youth group after confirmation» (CG08);

---

57 Vgl. a.a.O., 68.

58 Vgl. F. Schweitzer/W. Ilg/H. Simojoki (Eds.), Confirmation Work in Europe, 266.

59 Vgl. T. Schlag/R. Neuberth/R. Kunz (Hg.), Konfirmandenarbeit in der pluralistischen Gesellschaft, 2009.

60 Vgl. W. Ilg u. a., Konfirmandenarbeit in Deutschland.

61 Vgl. F. Schweitzer/W. Ilg/H. Simojoki (Eds.), Confirmation Work in Europe .

- *Aktivitäten* – «…habe ich die Aktivitäten insgesamt als stressig empfunden» bzw. «Taking part in confirmation training was stressful for me» (KK10) oder in der Internationalen Studie «Social orientation and activities» (Index iCA1); «In der Konfi-Zeit habe ich Gottesdienste mit vorbereitet» bzw. «I took part in the preparation of church services» (KK31);
- *Erfahrungen* – etwa «Erfahrung: Stärkung des Glaubens» bzw. «Experience of growth in faith» (Index iKB1), «Zufriedenheit mit dem gottesdienstlichen Leben» bzw. «Satisfaction with liturgical experience» (Index iKN2) oder den Itemfragen «habe ich gute Gemeinschaft in der Konfi-Gruppe erlebt» bzw. experience of «good community in the confirmation group» (CB02/KB02), «habe ich jugendgemässe Gottesdienste erlebt» bzw. «I experienced forms of worship adequate for young people [e.g. youth church services]» (KK30) oder «Ich habe erfahren, dass mein Einsatz für andere Menschen wichtig ist» bzw. «I have experienced that my commitment to other people is important» (KK44).

Man kann somit bereits im Blick auf die Items der Fragebögen von einer dreifachen Differenzierung von Partizipation im Sinn 1. einer *formalen Teilnahme*, 2. einer *erhöhten Beteiligungsaktivität* und 3. *erfahrungsorientierten, kreativen Teilhabeprozessen* ausgehen.

Von den Ergebnissen der Studie her lässt sich erschliessen, welche dieser Formen von Partizipation in der Konfirmandenarbeit überhaupt vorkommen, als attraktiv gelten, folgenreich für die Gesamteinschätzung des Jahres sind und davon ausgehend, welche Formen der Partizipation zukünftig in besonderer Weise wünschenswert und zu verstärken sind.

1) Formale Teilnahme als Partizipations-Kultur

Der erste Aspekt der *formalen Teilnahme* umfasst weitgehend diejenigen Aspekte, die sich überhaupt auf die äusseren Bedingungen, die Anmeldung, Selbstverpflichtung und die gleichsam grundlegende Bereitschaft zur mindestens körperlichen Präsenz im Konfirmandenjahr beziehen. So sind in diesem Zusammenhang eher die klassischen volkskirchlichen Rahmenbedingungen für die Teilnahme am kirchlichen Angebot angesprochen, während eine aktive Teilhabe – formal gesprochen – keine notwendige Voraussetzung für den Zugang und die Teilnahme an diesem Angebot darstellt. Für den hier zu behandelnden Zusammenhang sind die Aspekte der formalen Teilnahme für den Moment nur zweitrangig zu betrachten.

Interessanter ist vielmehr, ob und wie sich zwischen einer *erhöhten Beteiligungsaktivität* und *erfahrungsorientierten, kreativen Teilhabeprozessen* unterscheiden lässt.

2) Erhöhte Beteiligungsaktivität als Partizipations-Kultur

Von «Aktivitäten» ist in den Auswertungen der Studie insbesondere dort die Rede, wo bestimmte Angebote über den klassischen Unterricht hinaus benannt werden: Hier zeigt sich, dass viele Jugendliche in der Konfirmandenarbeit «Action» – als «Synonym für Aktivitäten, die den üblichen unterrichtlichen Rahmen überschreiten»[62] – erleben.

Ein hohes Mass an Sonderaktivitäten macht deutlich, dass an die Stelle des festen Schemas reiner Unterrichtsstunden immer stärker auch flexible Formen der Gestaltung treten, was durchaus eine weitreichende und grossflächige Dynamik des Übergangs «vom Konfirmandenunterricht zu einer vielgestaltigen Konfirmandenarbeit»[63] anzeigt. Dies wird im Übrigen auch von den Eltern dort in besonderer Weise geschätzt, wo mit dem Erwerb sozialer Kompetenzen gerechnet werden kann.[64] Allerdings zielen solche Aktivitäten offenbar eher selten auf eine Vernetzung innerhalb der Gemeinde ab – selbst dann, wenn sie sich mit der Mitgestaltung oder Mitvorbereitung von Gottesdiensten verbinden. Nur wenige Gemeinden führen Gemeindepraktika durch oder nutzen die Konfirmandenzeit für gemeinsame Aktivitäten mit der kirchlichen Jugendarbeit am Ort – sofern diese überhaupt vorhanden ist. Wie wichtig gerade solche jugendarbeitsnahen Aktivitäten sind, zeigt sich daran, dass gerade diese sowohl von den Jugendlichen wie von den Mitarbeitenden mit am positivsten bewertet werden.

Zu betonen ist auch, dass solche Aktivitäten durchaus wertevermittelnde Implikationen haben und an Werte gebundene Aktivitäten für Jugendliche einen wichtigen Anreiz zum weiteren ehrenamtlichen Engagement darstellen können – vorausgesetzt, die Verantwortlichen beziehen diese Dimension in die Planung und Durchführung solcher Aktivitäten bewusst mit ein. Insofern gilt auch für die Zürcher Situation, was im weiterreichenden Zusammenhang festgestellt wird: «Gemeindepraktika zur Förderung von Ehrenamtlichkeit sowie Freizeiten zur Verstärkung des Gemeinschaftserlebens sind zwei konkrete Beispiele, die nachweislich eine Auswirkung auf die zivilgesellschaftlich relevanten Effekte der Konfirmandenarbeit haben».[65]

Allerdings stellt sich nun die Frage, ob und in welchem Sinn diese Aktivitäten tatsächlich schon als erfahrungsorientierte, kreative Teilhabe anzusehen sind. Denn etwa für den Bereich der Sonderaktivitäten ist keineswegs automatisch schon klar, dass damit inhaltliche partizipatorische Anliegen der Jugendarbeit mit aufgenommen sind. Es ist nämlich durchaus denkbar, dass hier Aktivität vor allem um gewisser höherer Lernziele willen ermöglicht wird und demzu-

---

62   W. Ilg u. a., Konfirmandenarbeit in Deutschland, 67.

63   A.a.O., 47.

64   Vgl. a.a.O., 85.

65   A.a.O., 218.

folge auf Seiten der Jugendlichen dann bestenfalls von extrinsischen Motivationen ausgegangen werden kann – etwa wenn für bestimmte Projekte feste Punktzahlen erteilt werden, mit denen ein Gesamtpunktekonto gefüllt werden muss. In einem solchen Fall könnte sich die Hoffnung auf innere Beteiligung gerade in ihr Gegenteil verkehren und die beteiligten Jugendlichen könnten vielleicht sogar auf besonders engagiert wirkende Weise versuchen, ihr aktives Interesse zu suggerieren. Somit sorgen zeitintensive gemeinsame Aktivitäten allein noch keineswegs automatisch für tiefere sachbezogene Erfahrungen oder echte Partizipation. Insofern bedürfen längere Zusammenkünfte nicht nur unterschiedlicher Methoden, sondern einer «Selbstbeteiligung in kreativen Prozessen», «vertiefende[n] Arbeiten[s] sowie Formen von geistlichem Leben»[66] und gemeinsamer «Beteiligung und Glaubenserprobung»[67].

3) «Aktive Partizipation» und kreative Teilhabe als Partizipations-Kultur

Durchaus hilfreich ist ein dritter Bedeutungsgehalt von Partizipation, der sich im Blick auf die Studie gleichsam als «aktive Partizipation» bezeichnen lässt. Diese Form manifestiert sich im Zusammenhang mit der Internationalen Studie im entsprechenden Auswertungsband, wenn es heisst, dass sich «confirmation work» in Bezug auf die Ideen der Jugendarbeit im Modus kreativer Methoden, Subjektorientierung und Möglichkeiten «aktiver Partizipation» abbildet.[68] Interessanterweise ist im Kontext der Internationalen Studie auch im Zusammenhang mit Gottesdiensten von «aktiver» bzw. von «liturgischer Partizipation» die Rede.[69] Deutlich ist auch im internationalen Zusammenhang, dass die «aktive Partizipation» der Jugendlichen am Gottesdienst bzw. deren «aktive Rolle»[70] die Wahrnehmung der Gottesdienste überhaupt beeinflusst.[71] Vermutlich ist eine positive Wahrnehmung dort besonders gross, wo die eigene «aktive Partizipation» im Zusammenspiel mit Jugendlichen stattfindet, die nur wenig älter sind.[72]

Für die Zürcher Ergebnisse ist festzustellen, dass eine «aktive Partizipation» der Konfirmandinnen und Konfirmanden an der Gottesdienstgestaltung zwar von den Mitarbeitenden für wichtig gehalten wird, deren Wunschvorstellung aber noch keineswegs stringent in die Praxis umgesetzt wird, sondern offenbar –

---

66 A.a.O., 296.

67 A.a.O., 314.

68 Vgl. F. Schweitzer/W. Ilg/H. Simojoki (Eds.), Confirmation Work in Europe, 16f.

69 Vgl. a.a.O., 18, 35.

70 A.a.O., 53.

71 Vgl. a.a.O., 289.

72 Vgl. a.a.O., 53.

gleichsam im Ernstfall – dann oft gerade wieder die traditionellen Settings und Beteiligungsformen favorisiert werden.

Offenbar gilt europaweit, dass die Frage nach einer partizipationsorientierten Konfirmandenarbeit nach wie vor von zwei unterschiedlichen Leitbildern von Kirche beeinflusst wird: einer Kirche, die auf «aktiver Partizipation» im Zusammenhang mit persönlicher Glaubensüberzeugung beruht, und einer Kirche als «Serviceagentur, die vor allem auf individuelle Bedürfnisse im Lebenslauf eingeht, wenn dafür Kirche aufgesucht wird»[73].

Hingewiesen sei in diesem Zusammenhang noch auf die Erkenntnis, dass die Partizipationsbereitschaft genderspezifisch differenziert ist: So zeigt sich generell eine positive Wahrnehmung und Beteiligungsbereitschaft unter den weiblichen Jugendlichen. Dies könnte darauf zurückzuführen sein, dass die glaubens- und lebensbezogenen Zielsetzungen der Konfirmandenarbeit, die Kommunikation über Religion und die Formen von Gruppenaktivität und Gottesdienstteilnahme möglicherweise besser zu den entwicklungsbedingten Interessen und Einstellungen der Konfirmandinnen passen als zu denen der männlichen Jugendlichen. Damit kann dieses kirchliche Praxisfeld aber auch zugleich dazu beitragen, genderbezogene Einstellungen aufzubrechen und gleichberechtigte Partizipationsmöglichkeiten in Kirche und Gesellschaft zu befördern. Wobei etwa das Beispiel Dänemarks zeigt, dass Partizipation eines der Schlüsselworte der Konfirmationsarbeit überhaupt ist – etwa neben Dialog, Diskussion, Verantwortungsteilung, gemeinsamer Entscheidungsfindung, wechselseitigem Verstehen, Authentizität und Respekt. Damit kann Jugendlichen zugleich verdeutlicht werden, dass ihre Mündigkeit und vielfältige Kompetenz in Gesellschaft und Kirche gefragt und unverzichtbar sind.

Im Blick auf die verschiedenen Konnotationen des Partizipationsbegriffs innerhalb der aktuellen Studie und die daraus hervorgehenden Herausforderungen für eine zukünftige Konfirmandenarbeit stellt sich damit nun die Frage, wie sich beide Formen – also *Beteiligungsaktivität* als eine schwächere und *kreative Teilhabeprozesse* als eine stärkere Form der Partizipation voneinander gewinnbringend unterscheiden lassen. Die Charakterisierung einer stärkeren Form kann dann zugleich Perspektiven für die zukünftigen Möglichkeiten stärkerer Partizipation aufzeigen:

– Die stärkere Form der Partizipation lässt sich folgendermassen näher bestimmen:
– Konfirmandinnen und Konfirmanden bestimmen bzw. entscheiden über die Partizipationsmöglichkeiten bzw. das konkrete Partizipationsangebot sowie die Durchführung und Ausgestaltung mit.

---

73 Vgl. a.a.O., 286.

- Sie erfahren, dass ihre eigene Partizipation unverzichtbar ist für den guten und erfolgreichen Verlauf und sie schlichtweg gebraucht werden.
- Prozesse eröffnen kreative Räume, von denen die Verantwortlichen im Voraus nicht sagen können, wie Konfirmandinnen und Konfirmanden diese füllen werden und was sich überhaupt jeweils dort ereignen wird.
- Der Teilhabeprozess umfasst im besten Sinn sowohl kognitive, affektive als auch verhaltensbezogene Komponenten.
- Er umfasst bisher noch unentdeckte oder nicht artikulierte Bedürfnisse der Konfirmandinnen und Konfirmanden ebenso wie neue Ideen sowie die Integration und Förderung ihrer Kompetenzen.
- Dieser Teilhabeprozess muss offen sein für Kritisches und Kontroverses, es darf weder indoktriniert noch ideologisiert noch dogmatisch überwältigt werden.

Partizipation in diesem stärkeren Sinn besteht in der Erarbeitung von Interpretationsspielräumen und der Begehung von Aktionsspielräumen, durch die zugleich hergebrachte Definitionsmacht- und reale Machtverhältnisse in Frage gestellt werden.

Obwohl Katechetinnen und Katecheten, Jugendmitarbeitende und Freiwillige sehr oft eine besondere Begeisterung und Befähigung für die Arbeit mit jungen Menschen aufbringen, werden bisher nicht so sehr in die Konfirmations- und kirchliche Gemeindearbeit integriert wie dies der Fall sein könnte und sollte. Interessant ist hier, dass die Identifizierung mit Kirche umso grösser ist, je mehr die Konfirmandinnen und Konfirmanden positive Erfahrungen mit den kirchlichen Angeboten, Gottesdiensten und Gruppen machen. Dies bringt die Anforderung an die jeweilige Kirchgemeinde mit sich, weitere Mitarbeitende intensiver als bisher in dieses kirchliche Praxisfeld zu integrieren und zugleich Ausbildungsangebote für diese zu entwickeln, in denen sie ihre eigenen Kompetenzen für die Konfirmationsarbeit erweitern und bestehende Erfahrungen überprüfen und reflektieren können.

Diese notwendige Entscheidung zur gleichberechtigten theologischen Partnerschaft Jüngerer und Älterer lässt sich durchaus ebenfalls wieder als eine Form jugendtheologischer Annäherung an die Konfirmationsarbeit ansehen. Dies hat zugleich seine kritische Seite darin, dass die verantwortlichen Erwachsenen selbst überprüfen müssen, warum sie nicht mehr Partizipation ermöglichen oder was ihnen dabei schwer fällt bzw. welche Autorität und Gestaltungsmacht sie zu verlieren befürchten.

Insofern machen die aktuellen Erkenntnisse zur Konfirmandenarbeit durchgängig deutlich, dass von einem partizipationsorientierten Ansatz der Jugendarbeit, sowohl von den Grundprinzipien und Methoden als auch ohnehin von der gesamten kommunikationsoffenen Diskurskultur, erheblich profitiert werden kann. Zwar zeigt sich bereits in vielen Gemeinden, dass die Konfirmandenarbeit viel von der Jugendarbeit gelernt hat. Das gilt insbesondere für den Bereich der Sonderaktivitäten, die das früher übliche Unterrichtsformat bereichern. In inhaltlicher Hinsicht dagegen sind wichtige Anliegen der Jugendarbeit noch nicht aufgenommen worden.

Dies hat dann zugleich erhebliche Konsequenzen auf der Seite der Mitarbeitenden und Verantwortlichen, sowohl im Blick auf ihr Bild von Kirche wie für ihr Selbstverständnis. Die Ergebnisse der Studien machen zum einen deutlich, dass Kirche selbst für die Jugendlichen als ein «Ort offener Kommunikation auf der Grundlage partizipativer Strukturen»[74] erkennbar werden muss. Zugleich kann gerade auch die bisherige kritisch-distanzierte Wahrnehmung der Gottesdienste damit nochmals aufgebrochen oder mindestens doch relativiert werden: Dass dies erfolgversprechend ist, zeigt sich dort, wo Jugendliche an besonderen Jugendgottesdiensten tatsächlich aktiv, etwa als (Ko-)Leiter im Gottesdienst, beteiligt waren. Für den abschliessenden Gottesdienst bringt dies die Aufgabe einer praktisch-theologischen Kunst mit sich, die faktische Mehrdeutigkeit *und* liturgische Deutlichkeit[75] dieses Geschehens in ein menschen- und sachgemässes Korrespondenzverhältnis zueinander zu bringen. Wobei die Jugendlichen zugleich erfahren können müssen, dass ein gelungener Gottesdienst letztlich nicht von ihnen allein oder gar durch einen bestimmten eindeutigkeitsüberzeugten Bekenntnisakt zu erreichen ist[76].

Zudem gilt, dass eine solche Kirche mit ihren Partizipationsangeboten in den konkreten Ehrenamtlichen manifest wird: «Deren verstärkte Beteiligung gehört zu den Kennzeichen der als Perspektivenwechsel und Öffnung bezeichneten Reform von Konfirmandenarbeit»[77], gerade dann, wenn sie den Konfirmandinnen und Konfirmanden altersmässig noch nahestehen. Partizipation scheint besonders dann zu glücken, wenn etwas ältere Jugendliche, also beispielsweise die erst kürzlich Konfirmierten, selbst den Part der Motivierenden übernehmen und – etwa im Sinn einer Mentorenschaft – kommunikative wie interaktive Begleit- und Vorbildfunktion übernehmen. Beteiligung heisst hier etwa Beteiligung am eigenen Lebenslauf mitsamt seinen religiösen Konnotationen. So kann

---

74 W. Ilg u. a., Konfirmandenarbeit in Deutschland, 251.

75 Vgl. K. Fechtner, Kirche von Fall zu Fall. Kasualpraxis in der Gegenwart – eine Orientierung. Gütersloh 2003, 119.

76 «Es gibt nicht nur gute rechtfertigungstheologische, sondern auch entwicklungspsychologische Gründe, den Heranwachsenden das öffentliche Gelöbnis zur eigenen Treue gegenüber dem christlichen Glauben nicht abzuverlangen, um ihnen Selbstüberschätzungen und Selbstüberforderungen ebenso zu ersparen wie die spätere Notwendigkeit, das eigene Scheitern an diesen Ansprüchen einzusehen und sich von der Erfahrungswelt des Christentums, wie sie es in der Konfirmationszeit kennengelernt haben, distanzieren zu müssen», C. Albrecht, Kasualtheorie. Geschichte, Bedeutung und Gestaltung kirchlicher Amtshandlungen. Tübingen 2006, 248.

77 W. Ilg u. a., Konfirmandenarbeit in Deutschland, 226.

auch unmittelbar biographiebezogen deutlich werden, warum sich Menschen für die Gemeinde engagieren. Hier können sich in personal kongenialer Weise Perspektiven von Ehrenamt und Jugendarbeit miteinander verbinden.

Letztlich wird sich aber auch Partizipation nur erhöhen lassen, wenn die verantwortlichen Pfarrerinnen und Pfarrer die Arbeit im Blick auf die Verantwortlichkeit bewusst und gezielt breiter gestalten: Gruppen und Engagierte in der Gemeinde gibt es genug, und gerade diese können durch authentische Begegnungen mit Konfirmandinnen und Konfirmanden diesen noch einmal ganz neu Gemeinde verdeutlichen.

Damit versteht sich von selbst, dass von den pastoralen Protagonisten nicht nur eigenes hierarchisches Denken aufzugeben ist, sondern diese auch auf partizipatorische Strukturen hinwirken müssen. Natürlich ist ein solches erhöhtes Engagement mit erheblichem Mehraufwand verbunden. In der Regel kostet es weniger Zeit, bestimmte klare Anweisungen zu geben oder beispielsweise für die Beteiligung am Gottesdienst bestimmte Lesetexte vorzugeben. Die Motivierung zu mehr Beteiligung ist ausserordentlich zeitaufwändig und die Organisation solcher wirklich kreativ partizipativer Formen und Strukturen erfordert Ressourcen, die sich nicht einfach aus dem Nichts destillieren lassen. Insbesondere spezielle Projekte sind mit einem hohen logistischen, personellen und finanziellen Aufwand verbunden. Und selbst wenn die Durchführung gelingen sollte, ist noch keineswegs sicher, dass sich dadurch spontane Begeisterung oder gar nachhaltige Eindrücke bei den Jugendlichen einstellen. Und doch besteht zu einem solchen Neuaufbruch angesichts der genannten Erkenntnisse und der faktischen Interessen der Jugendlichen schlechterdings keine Alternative.

Schliesslich ergibt sich von hier aus nochmals eine weiterreichende Perspektive, über den engeren Bezirk der Kirchgemeinde hinaus. Um es wiederum auf die partizipationsbezogene Ebene zu heben: Hier können sich gemeindepädagogische und zivilgesellschaftliche Bildungs- und Gestaltungsaufgaben einer öffentlichen partizipatorischen Theologie und Kirche unmittelbar miteinander verbinden.

Es ist Ausdruck der Botschaft des Evangeliums, wenn sich Kirche als Institution für Jugendliche einsetzt, sei es allgemein in ihrer Arbeit im Bereich der öffentlichen Verantwortung, sei es ganz konkret in der Unterstützung von gefährdeten Jugendlichen, sei es mit der Eröffnung von Räumen, die solche Jugendliche integrieren und ihnen aktive Teilhabe ermöglichen. Deshalb ist es von besonderer Bedeutung, Jugendlichen auf diese Weise eine Stimme zu geben und ihnen entsprechende Möglichkeiten von Teilhabeerfahrung zu eröffnen.[78] In diesem Sinn können die Begegnungen im Konfirmandenjahr zugleich Vorbilder für ein gemeinsames und solidarisches Miteinander werden und kann die Kon-

---

78 Vgl. Kirchenamt der EKD (Hg.), Kirche und Jugend, 35.

firmationszeit damit zu einer Erfahrungszeit zugesagter und aufgegebener Solidarität werden.

Das heisst zugleich, aus pädagogischen und theologischen Gründen dem Übergängigen[79] ebenso wie der Unverfügbarkeit Raum zu geben und zugleich darauf zu vertrauen, dass eine «Kirche für andere» schon dann als solche erkennbar wird, wenn sie überhaupt einen solchen Sensus entwickelt und sowohl innerhalb als auch ausserhalb der Konfirmandengruppe Zeichen des solidarischen Miteinanders entwickelt und setzt. Und dies immer unter der Prämisse, dass Teilnahme allein noch keineswegs Teilhabe ist, aber doch von einer gelingenden Teilnahme aus neue Perspektiven für kreative Teilhabeprozesse an den Inhalten und Prozessen der Konfirmationszeit erwachsen können.

3.1.5 Implikationen für die universitäre und kirchliche Religionspädagogik

Im Zusammenhang mit der anfangs erwähnten Dynamik der Veränderung kirchlicher Rahmenbedingungen und Verhältnisse finden gegenwärtig auch im schweizerischen Kontext weitreichende institutionelle Überlegungen zur Zukunft der Konfirmationsarbeit statt.[80]

Zu aller erst ist deutlich, dass Konfirmationsarbeit in weitgehend eigenständiger Verantwortung der jeweiligen lokalen Gemeinde liegt, die damit auch der hauptverantwortliche Faktor für die Frage einer erfolgreichen Arbeit ist. Zum zweiten ist die aktive Integration der Jugendlichen nicht einfach eine ekklesiologische Ausnahmesituation oder ein zielgruppenspezifisch begrenztes Sonderangebot, sondern korrespondiert gerade mit dem Auftrag der Reformierten Kirche überhaupt. Zum dritten scheint es gerade aufgrund reformierter Bekenntnisfreiheit und weitreichender Gemeindeautonomie eher problematisch, gemeinsame detaillierte Verbindlichkeiten herzustellen. Zwischen diesen Traditionen und offenen Fragen ist die gegenwärtige Konfirmationsarbeit situiert – und zugleich dazu herausgefordert, sich auf theologisch und pädagogisch adäquate Weise im Kontext der demographischen und sozialen Entwicklungen zu positionieren.

Insbesondere seitdem der schulische Religionsunterricht praktisch gänzlich in staatliche Verantwortung bzw. in die Hand staatlich ausgebildeter Religionslehrpersonen übergegangen ist[81], stellt die Konfirmationsarbeit eines der wesentlichen religionspädagogischen Arbeitsfelder für die ausgebildeten Theologinnen und Theologen dar. Dies bedeutet für die universitäre und kirchliche

---

79 Vgl. K. Fechtner, Kirche von Fall zu Fall, 117f.

80 Vgl. T. Schlag/R. Neuberth/R. Kunz (Hg.), Konfirmandenarbeit in der pluralistischen Gesellschaft.

81 Vgl. T. Schlag, «Reden über Religion» – Religionsunterricht in der Schweiz innerhalb der Grenzen der blossen Vernunft, in: M. Meyer-Blanck/S. Schmidt (Hg.), Religion, Rationalität und Bildung, Würzburg 2009, S. 163–176.

Religionspädagogik, dass Fragen der Konfirmationsarbeit eines ihrer wesentlichen Felder ausmachen.

Allerdings kommen Theologiestudierende keineswegs automatisch mit diesem Themenfeld in Berührung. Da im Rahmen des Bologna-Studiensystems überhaupt nur zwei religionspädagogische Veranstaltungen im Lauf des Studiums verpflichtend zu besuchen sind, ist es nicht selten der Fall, dass eine Erstbegegnung mit den Theorien und der Praxis der Konfirmationsarbeit erst im Lauf der pfarramtlichen Aus- und Weiterbildung in den ersten Amtsjahren stattfindet. Dazu kommt erschwerend hinzu, dass gerade aufgrund des nur einjährigen Vikariats und der danach sofort möglichen Übernahme pastoraler Gesamtverantwortung oftmals nicht ausreichend Zeit und Raum besteht, um sich dieses Feld in all seinen Herausforderungen zu erschliessen, geschweige denn, mit unterschiedlichen pädagogischen und theologischen Zugängen zu experimentieren. Zwar gibt es zusätzlich in vielen Gemeinden weitere haupt- und ehrenamtliche Mitarbeitende, die teilweise auch intensiv an der Konfirmationsarbeit partizipieren, allerdings liegen für diese bisher ebenfalls nur wenige Angebote einer professionellen Schulung gerade für diesen Bereich vor. Aufgrund dieser Bedingungen ist zukünftig die Aus- und Weiterbildung in diesem Praxisfeld erheblich auszuweiten und insbesondere auch der bestehende «Kantönligeist» in der Weise zu überwinden, dass tatsächlich auch die jeweiligen Erfahrungen und Modelle der einzelnen Landeskirchen wechselseitig kommuniziert werden und landeskirchlich übergreifende Aus- und Weiterbildungsangebote profiliert werden.

Aufgrund der grossen Vielfalt der Konfirmationsarbeit wird gegenwärtig diskutiert, ob die vergleichsweise autonome Gestaltungspraxis vor Ort genügend reformierte Erkennbarkeit gewährleisten kann. So sind innerhalb der schweizerischen Landschaft verschiedene Versuche zu konstatieren, reformierte Identität zu stärken und damit auch die Konfirmationsarbeit als eine kirchliche Bildungspraxis zu profilieren, in der in einem gemeinsamen reformierten Sinn Feiern und Glaubensorientierung, existentielle Erfahrungen von Freude und Trauer und Gemeinschaftsbildung im Licht des Evangeliums stattfinden können. Ob hier eine Zukunftsvision echter Beheimatung denkbar und realistisch sein kann, bedarf weiterer Überlegungen, die in den folgenden Abschnitten weiter vertieft werden. Möglicherweise ist die fortschreitende Pluralisierung und Ausdifferenzierung von Lebensstilen auch unter der jüngeren Generation ein Faktum, das alle Versuche einer homogenisierenden Heimatidee von Beginn an als aussichtslos erscheinen lassen. Auch sollte man sich vor der Gefahr hüten, anhand eines ideologischen oder restaurativen Heimatbegriffs gleichsam Gegenwelten zu den dynamischen, mobilitätsbedingten Ortlosigkeitserfahrungen der Moderne zu konstruieren.

Gleichwohl liefern gerade die Ergebnisse der Konfirmandenstudie zahlreiche Perspektiven dafür, als beteiligte Jugendliche und Erwachsene nach Verbindendem und Verbindlichem in der Konfirmationsarbeit zu suchen und damit die

Basis gemeinsamer Kommunikation in der Konfirmationsgruppe wie in den einzelnen Kirchgemeinden, aber auch weit darüber hinaus in der reformierten Praxis der einzelnen Landeskirchen der Schweiz zu verbreitern. In diesem Zusammenhang erscheint es an der Zeit, die unterschiedlichen landeskirchlichen Grundlagen und Modelle nicht nur zu analysieren, sondern auch vonseiten etwa des Schweizerischen Evangelischen Kirchenbunds oder der entsprechenden kantonsübergreifenden katechetischen Kommissionen weiterführende Überlegungen zu einer gemeinsamen, profilierten reformierten Konfirmationsarbeit im schweizerischen Kontext anzustossen.

Wie auch immer sich die Stärkung solcher Verbindlichkeiten denken und gestalten lässt, so gilt doch in jedem Fall: Es sind kreative neue Ideen zu entwickeln, um die Kommunikations- und Beteiligungsmöglichkeiten junger Menschen während und nach der Konfirmationszeit zu erhöhen: im Sinn konkreter Verantwortungsübernahme, Teilhabe an kirchlicher Spiritualität und Solidarität sowie der selbstständigen Entwicklung eigener Projekte. Dabei ist die Gefahr zu vermeiden, dass Konfirmationsarbeit zu einem ausschliesslich internen Feld kirchlicher Praxis ohne Verbindungen zur echten Welt wird – also zu den sozialen und politischen Zusammenhängen, in denen junge Menschen aktuell leben und in denen sie ernsthaft, optimistisch und nicht selten auch verzweifelt nach Lebenssinn suchen.

3.2 Konfirmationsarbeit im Kanton Zürich als Teil des religionspädagogischen Gesamtkonzepts (rpg)
(Rahel Voirol-Sturzenegger)

3.2.1 Voraussetzungen gelingender Arbeit mit Konfirmandinnen und Konfirmanden

Die Ergebnisse der Studie zur Konfirmationsarbeit im Kanton Zürich zeigen deutlich, dass gelingende[82] Konfirmationsarbeit nicht voraussetzungslos ist. Die Jugendlichen sind geprägt durch ihr familiäres und schulisches Umfeld, durch darin auftretende Einstellungen zu Glaube und Kirche und durch eigene religiöse und kirchliche Erfahrungen.

Gemäss der Studie ist der stärkste Einfluss auf die Erfahrungen der Konfirmandinnen und Konfirmanden ihrer Bindung an die Kirche als Institution am Anfang des Konfirmandenjahres zuzuschreiben. Diese Bindung ist wiederum abhängig von der Religiosität des Elternhauses, wobei aber selbst bei den Jugendlichen, die laut eigener Angabe aus einem religiösen oder sehr religiösen Elternhaus stammen, der Index der kirchlichen Bindung nur einen Mittelwert von 3 erreicht – in der vorliegenden Studie werden erst Werte ab 3.5 für «kirchlich stärker gebunden» angesehen.[83]

Nimmt man zur Kenntnis, dass die Bindung an die Kirche als Institution sich auf die verschiedensten Bereiche während der Konfirmandenzeit auswirkt, liegt die Vermutung nahe, dass 80% der Jugendlichen – nämlich diejenigen, deren Bindung an die Kirche schwächer ist – weniger Chancen haben, von der Konfirmationsarbeit, so wie sie sich derzeit gestaltet, zu profitieren.

Daraus leitet sich Handlungsbedarf ab, wobei zwei Möglichkeiten offen stehen, die einander zwar nicht ausschliessen, die aber meist unterschiedlich gewichtet werden: Erstens könnte sich die Konfirmationsarbeit vermehrt an der

---

82 Darüber, wie genau man gelingende Konfirmationsarbeit erkennen kann, könnte man lange diskutieren. Ich bin der Meinung, dass ein Gelingen sich zumindest teilweise an der allgemeinen Zufriedenheit der Konfirmandinnen und Konfirmanden ablesen lässt. Eine Konfirmationsarbeit, die wenig Zufriedenheit erzeugt, kann nicht als gelungen bezeichnet werden, was noch nicht heisst, dass jede Arbeit, die die Jugendlichen zufrieden stellt, auch schon gelungen sein muss. Da sind auch Faktoren wie Lernerfolg, Kompetenz fördernde Erfahrungen oder das Erreichen von gesetzten Zielen ausschlaggebend.

83 Religiöse Sozialisation in der Familie kann sich also in bestimmten Fällen auch als kirchliche Sozialisation zeigen, wobei nach den Zürcher Resultaten die Vermutung nahe liegt, dass heutige religiöse Sozialisierung innerhalb der Familie eher im Sinn einer privaten, individualistischen Religiosität geschieht. Trotzdem weisen Jugendliche aus religiöseren Elternhäusern auch höhere Werte bei der Beurteilung der Lebensrelevanz der Konfirmationsarbeit auf. Sie scheinen also besser auf kirchliche Angebote religiöser Bildung anzusprechen.

Mehrheit der Jugendlichen mit schwächerer kirchlicher Bindung orientieren und deren Bedürfnisse stärker wahrnehmen, wobei diese Bedürfnisse zuerst noch genauer zu eruieren sind. Zweitens könnte versucht werden, die Bindung der Kinder und Jugendlichen an die Kirche vor der Konfirmandenzeit zu stärken.

3.2.2 Das rpg – Stärkung kirchlicher Bindung im Kindesalter?

Diesen zweiten Weg hat die Evangelisch-reformierte Landeskirche des Kantons Zürich vor ein paar Jahren eingeschlagen. Sie hat dafür ein religionspädagogisches Gesamtkonzept entwickelt, das derzeit in den einzelnen Kirchgemeinden umgesetzt wird.

Ausgangslage war der «fortschreitende Säkularisierungsprozess und die anstehende Entflechtung von Kirche und Staat», die dazu führen, «dass die reformierte Kirche des Kantons Zürich zu einer gesellschaftlichen Körperschaft unter anderen wird. Kirchenzugehörigkeit ist nicht mehr selbstverständlich, auch nicht die biblischen Bilder und Erzählungen als ein gemeinsames Kulturgut.»[84]

Die Herausforderungen, die sich dadurch ergeben, beschreibt ein Positionspapier zum pädagogischen Hintergrund des Konzepts folgendermassen: Die Kirche «wird in Zukunft deutlicher erklären müssen, was reformierte Lebens- und Glaubenspraxis ausmacht und wie sich diese Praxis auf die Gesellschaft als Ganze beziehen will.»[85]

Ausgehend von dieser Wahrnehmung entstand in einem breit abgestützten demokratischen Prozess das religionspädagogische Gesamtkonzept (rpg) mit dem erklärten Gesamtziel, «mit Kindern, Jugendlichen und Familien den Glauben an Gott zu erfahren, ihn zu lernen, zu leben und zu gestalten».[86] Als Gesamtkonzept will es Kinder in den Gemeinden – in der «Kirche am Ort» – eine «Heimat auf Zeit» finden lassen und Jugendliche in ihrem Aufbrechen in Form einer «Kirche am Weg» begleiten.

Für diesen Zweck werden unterschiedlichste Angebote für Familien, Kinder, Jugendliche und junge Erwachsene entwickelt. Neben Gefässen mit reinem Angebotscharakter, die auf völlig freiwilliger Basis besucht und mitgestaltet werden können, gibt es die sogenannt verbindlichen Angebote, deren Besuch als Voraussetzung für die Teilnahme am Konfirmandenjahr gilt. In Zukunft werden die Jugendlichen also bereits vor dem Konfirmandenjahr neben 30 Stunden in der 3. Klasse, die bereits in der Landeskirchlichen Unterrichtsverordnung (LUV)

---

84 M. Zangger, Aufwachsen – Aufbrechen. Pädagogischer Hintergrund zum Konzept, Zürich, 4. Juli 2002 (internes Dokument der Abteilung Pädagogik&Animation der Evangelisch-reformierten Landeskirche des Kantons Zürich), 3.

85 Ebd.

86 Kirchenrat der Evangelisch-reformierten Landeskirche des Kantons Zürich (Hg.), aufwachsen – aufbrechen. Religionspädagogisches Gesamtkonzept (rpg), Zürich 2004, 4.

von 1990 festgehalten sind[87], weitere 90 Stunden kirchlichen Unterrichts besucht haben: «Die verbindlichen Angebote umfassen insgesamt mindestens 192 Stunden, davon je mindestens 30 Stunden oder 40 Lektionen zu 45 Minuten in der zweiten, dritten und vierten sowie von der fünften bis siebten Klasse».[88]

Soll das rpg tatsächlich eine «Vision eines intensiven und umfassenden kirchlichen Sozialisationsangebots in der reformierten Landeskirche» sein,[89] wird man sich in erster Linie auf diese verbindlichen Angebote stützen müssen, wobei aber Wert und Wirkung der beiden Angebotsformen nicht gegeneinander ausgespielt werden sollten.

3.2.3 Empirische Daten zum kirchlichen Unterricht im Kindesalter

Noch ist es zu früh, die Wirkungen eines solchen Konzepts auf die Bindung der Jugendlichen an die Kirche als Institution zu Beginn des Konfirmandenjahres zu beurteilen. Die ersten Konfirmandinnen und Konfirmanden, die alle verbindlichen Angebote des rpg durchlaufen haben, werden voraussichtlich im Jahr 2012 konfirmiert. Bis das Konzept für alle Konfirmandinnen und Konfirmanden in vollem Ausmass umgesetzt ist, wird es aber nochmals ungefähr 8 Jahre dauern.

Momentan untersucht eine Studie an der theologischen Fakultät Zürich, wie das Konzept für die 2.–4. Primarschulklasse in den einzelnen Gemeinden umgesetzt wird und welche Erfahrungen auf dieser Stufe damit gemacht werden.

Weitere Erkenntnisse zur sozialisierenden Wirkung von kirchlichem Religionsunterricht könnten derzeit allenfalls aus einem Vergleich von Konfirmationsarbeit in verschiedenen Kantonen gewonnen werden – ein Projekt, das für die Konfirmandenarbeit in der Schweiz sowie für die religiöse Bildung überhaupt vielversprechend wäre. Es gibt in der Schweiz verschiedene Modelle, die auf langjährige Erfahrungen mit kirchlichem Unterricht bereits auf der Primarstufe zurückgreifen können[90].

---

87 Auffallend ist, dass trotz dieses seit längerer Zeit bestehenden 3.-Klass-Unterrichts nur gerade 36% der Befragten angeben, sie hätten im Alter von 5–9 Jahren: «(mehr als drei Mal) bei einer christlichen Gruppe oder Veranstaltung der Kirche teilgenommen» (CM11).

88 Evangelisch-reformierte Landeskirche des Kantons Zürich, Verordnung über die religionspädagogischen Angebote, § 16.

89 T. Schlag, Wirkliche Visionen kirchlicher Sozialisation. Das Religionspädagogische Gesamtkonzept im Kanton Zürich, in: Deutsches Pfarrerblatt 6/2009, 311. Das rpg selbst nennt die kirchliche Sozialisation zwar nicht explizit, doch lassen sowohl die oben zitierten Überlegungen zur Ausgangslage, als auch Begriffe, wie «Heimat auf Zeit» und «Aufwachsen im reformierten Glauben», wie sie im schriftlichen Konzept zu finden sind, vermuten, dass tatsächlich so etwas wie kirchliche «Sozialisation» oder «Beheimatung» angestrebt wird.

90 Eines davon ist das Thurgauer Modell. Hier wurden die ersten Konfirmandinnen und Konfirmanden, die seit der 4. Primarschulklasse kirchlichen Unterricht besuchten, 1991 konfir-

Gleichzeitig liegen in Deutschland erste empirische Daten zur sogenannten zweiphasigen Konfirmandenarbeit vor. In etwa der Hälfte der Bundesländer wird seit kürzerer oder längerer Zeit die Konfirmationsarbeit auf die 3. oder 4. Grundschulklasse und die 8. Klasse verteilt, ohne dass dieses Modell irgendwo verpflichtende Vorgabe wäre. Im Rückblick beurteilen die Jugendlichen Sinn und Nutzen von Konfirmationsarbeit im Kindesalter eher kritisch. Die Erinnerungen sind vage und beziehen sich meist auf handlungsorientierte Elemente. Gleichzeitig sind sie oft mit positiven Emotionen verbunden. Hinsichtlich einer stärkeren Bindung an Glauben oder Kirche zeigt sich aber kaum eine deutliche Wirkung. Lediglich ein Fünftel der Befragten gibt an, dass ihnen durch die Konfirmationsarbeit im Kindesalter der Glaube an Gott oder die Kirche wichtiger geworden sei.[91]

Nun ist aber das zweiphasige Modell von Konfirmationsarbeit in Deutschland nicht direkt mit dem rpg zu vergleichen, sondern entspricht eigentlich eher dem Zürcher Modell mit dem 3. Klass-Unti, wie es seit den 1990er Jahren von reformierten Kindern und Jugendlichen im Kanton Zürich durchlaufen wird. Das rpg unternimmt nun den Versuch, das verbindliche Bildungsangebot am Ende der Unterstufe mit der Konfirmationsarbeit im Jugendalter enger zu verknüpfen, wodurch die Chancen erhöht werden, die in Deutschland festgestellte geringe Langzeitwirkung der Konfirmationsarbeit im Kindesalter zu stärken.

Sowohl die Studien zur zweiphasigen Konfirmandenarbeit als auch die Mitarbeitenden der Abteilung Pädagogik&Animation der Zürcher Landeskirche betonen aber den Eigenwert der einzelnen Phasen. Eine umfassende Untersuchung des «Konfi 3» in der Evangelischen Landeskirche in Württemberg zeigt, dass die Kinder durchaus positive Erfahrungen mit diesem kirchlichen Angebot machen und auch erste Resultate aus der laufenden Studie in Zürich können diesen Eindruck bestätigen.

Nicht zuletzt deuten auch die erfreuliche Anzahl von Teilnehmenden an Angeboten für Kinder im Vorschulalter mit ihren Familien darauf hin, dass kirchliche Bildungsangebote einem Bedürfnis entsprechen und gerade von Familien mit jüngeren Kindern sehr gerne wahrgenommen werden.

---

miert. Seit Sommer 2008 sind Pilotgemeinden daran, kirchlichen Unterricht auch auf der Unterstufe einzuführen. Zudem werden auch im Kanton Aargau und im Kanton Bern seit Mitte der 1990er Jahre der von der Schule verantwortete Religionsunterricht durch kirchliche Bildungsbemühungen auf der Primarschulstufe ergänzt.

91 Mehr zu den Ergebnissen betreffend «zweiphasige Konfirmandenarbeit» in: C. Cramer/W. Ilg /F. Schweitzer, Reform von Konfirmandenarbeit – Wissenschaftlich begleitet. Eine Studie in der Evangelischen Landeskirche in Württemberg, Gütersloh 2009, 171–177, und W. Ilg u. a., Konfirmandenarbeit in Deutschland., 174–178.

3.2.4 Lässt sich kirchliche Bindung «machen»?

Eine Gesamtverbindlichkeit von zu besuchenden Angeboten, wie sie das rpg vorsieht[92], lässt aber zumindest eine Hoffnung auf Langzeitwirkung über diesen Eigenwert hinaus vermuten und zielt neben einer angebotenen Begleitung der Kinder und Jugendlichen von Seiten der Kirche auf ein gewisses Vertrautwerden mit Kirche und auf eine stärkere Bindung der angehenden Konfirmandinnen und Konfirmanden.

Die Evangelisch-reformierte Landeskirche des Kantons Zürich setzt sich zum Ziel, Kinder, Jugendliche, junge Erwachsene und deren Familien in den evangelischen Glauben und in die reformierte Kirche einzuführen, ihnen Raum zur Mitgestaltung zu eröffnen und sie zum Bekenntnis des Glaubens durch ein verantwortliches Leben zu ermutigen.[93] In einem schulischen und gesellschaftlichen Umfeld, in dem das Vermitteln von religiösem Wissen und christlichen Werten immer weniger selbstverständlich wird, ist es verständlich, dass sie sich dafür mehr Zeit mit den Heranwachsenden wünscht. Trotzdem sind die Verbindlichkeit des Gesamtangebots und das Ziel einer wie auch immer gearteten «Beheimatung» nicht unumstritten.

Mit dem rpg nimmt sich die Kirche in erster Linie selbst in Pflicht. «Indem die Kirche Kinder und Jugendliche tauft und in ihre Gemeinschaft aufnimmt, macht sie sich ihr Aufwachsen und ihre religiöse Bildung zum Anliegen. Das pädagogische Handeln der Kirche ist im Grunde eine Weiterentwicklung des Patenschaftsgedankens.»[94] Sie will die Zeit zwischen Kindertaufe und Konfirmation als «Raum für eine lebensgeschichtliche Entfaltung der Bedeutung des Taufsakraments»[95] nutzen.

Vonseiten der Kirche betrachtet, ist eine verbindliche Präsenz und Offenheit für die Bedürfnisse der Heranwachsenden und ihrer Familien, die im Zusammenhang mit der Diskussion um die «Verbindlichkeit» auch immer betont wird, unbedingt zu gewährleisten. Aus dieser Verpflichtung und der biblischen Vision von einem Leben in Freiheit und Verbundenheit leitet die Kirche einen pädago-

---

92 Im Unterschied dazu arbeitet z. B. die Aargauer Kirche mit einer Teilverbindlichkeit. Kinder und Jugendliche können sich für die einzelnen katechetischen Teile anmelden und verpflichten sich damit «nur» zu einer zeitlich begrenzten Teilnahme auf dem Weg zur Konfirmation. Weitere Informationen unter http://www.ph-aargau.ch/ph_start/index.html.

93 Vgl. Evangelisch-reformierte Landeskirche des Kantons Zürich, Verordnung über die religionspädagogischen Angebote, § 3.

94 M. Zangger, Aufwachsen – Aufbrechen, 4.

95 M. Zangger, Nomadisches Lernen. Unterwegs zwischen Kindertaufe und Konfirmation. Theologische Grundlegung. Pädagogische Konsequenzen, Zürich, 4. Februar 2001 (internes Dokument der Abteilung Pädagogik&Animation der Evangelisch-reformierten Landeskirche des Kantons Zürich), 2.

gischen Auftrag zur Begleitung von Menschen ab. Name und Motto des Konzepts «aufwachsen – aufbrechen» nimmt die Spannung der Suche nach einem gangbaren Weg zwischen Freiheit und Verbundenheit auf. Die religionspädagogischen Angebote der Landeskirche sollen «die Kinder in ihrer Kirche am Ort und im reformierten Glauben verwurzeln und beheimaten»[96], während Jugendliche sich von Gegebenem lösen und als Aufbrechende kirchliche und gesellschaftliche Realitäten in Frage stellen können sollen. Ihnen will die Kirche als Kirche am Weg begegnen, wobei sich die Frage stellt, ab welchem Alter die Jugendlichen in dieser angedachten Freiheit begleitet werden sollen. Die Gesamtverbindlichkeit auf dem Weg zur Konfirmation scheint einer solchen Freiheit und der Möglichkeit des Aufbruchs – nicht nur in der Wahrnehmung der Jugendlichen selbst – zumindest teilweise zu widersprechen. So wird die Teilnahme an der Konfirmationsarbeit neben allen positiven Erfahrungen doch oft auch als Zwang oder zumindest als Verpflichtung von aussen erlebt. Werden die Jugendlichen erst mit ihrer Konfirmation von ihrer Heimat auf Zeit in die Freiheit entlassen? Werden ihnen erst am Ende der obligatorischen Schulzeit nach den Wurzeln auch die Flügel geschenkt? Läuft die Kirche damit nicht Gefahr, dass Jugendliche die von der Kirche angestrebte Beheimatung als Beengung erleben und die Wurzeln nicht als kraftspendende Verankerung, sondern als zurückbindende Fesseln wahrgenommen werden, welcher es sich so bald als möglich zu entledigen gilt?

3.2.5 Freiwilligkeit oder Verbindlichkeit?

Das rpg will die unterschiedlichen Lebensformen und Lebensschicksale der Kirchenmitglieder besonders berücksichtigen. Erste Rückmeldungen von Eltern der Kinder im 2.–4.-Klass-Unterricht weisen aber darauf hin, dass die Teilnahme an den Angeboten zumindest bei einigen Kindern mit grossen terminlichen Schwierigkeiten und Zeitnöten verbunden ist. Gerade Kinder, deren Eltern getrennt leben, haben Mühe, die oft auch am Wochenende stattfindenden Angebote wahrzunehmen. Kann kirchliche Sozialisation gelingen, wo allein schon die Teilnahme zur Belastung wird?

«Was nüüt choscht, isch nüüt wert» – diese Feststellung bezieht sich in einer Informationsbroschüre zum rpg zuhanden der Eltern auf den Glauben. Der christliche Glaube sei so viel wert, dass er ruhig etwas kosten dürfe – an Zeit und Verbindlichkeit.

Selbstverständlich kostet christlicher Glaube etwas, und auf jeden Fall auch Zeit und Verbindlichkeit, aber vor allem anderen kostet er engagierte Auseinan-

---

96 A. Eglin/F. Furler, Vorwort zur Arbeitshilfe 4. Schuljahr, in: D. Meyer-Liedholz/R. Voirol-Sturzenegger, Club 4. Wir entdecken die Bibel. Arbeitshilfe für Katechetinnen und Katecheten. 4. Schuljahr, illustriert von T. Stephani, Zürich 2008, 5.

dersetzung, die keinesfalls zu einem Ab-Sitzen verkommen darf, wo die Bereitschaft zur Auseinandersetzung weder von den Kindern und Jugendlichen noch von den Eltern zum betreffenden Zeitpunkt gegeben ist und nur die Aussicht auf die Konfirmation für die Teilnahme motiviert.

Sollte nicht doch mehr Spielraum für das Aushandeln von Verbindlichkeit zwischen den Familien und der Kirche bestehen? Müsste nicht gerade eine Kirche, welche die Möglichkeit zur Mitgestaltung für junge Erwachsene betont, auch Raum schaffen, dass Familien ihre Mitgliedschaft in mehr oder weniger Nähe und Distanz gestalten können?

3.2.6 Engagement vonseiten der Kirche

Gleichzeitig ist zu betonen, dass die Evangelisch-reformierte Landeskirche des Kantons Zürich sehr viel daran setzt, ihre Angebote so zu gestalten, dass sie zur Teilnahme motivieren und für die Kinder und Jugendlichen gewinnbringend sind. Sie belässt es nicht allein beim Konzept und bei verbindlichen Regelungen, sondern investiert grosse Ressourcen in die Ausbildung von Katechetinnen und Katecheten und Mitarbeitenden in den freiwilligen Angeboten. Gleichzeitig entwickelt sie Arbeitshilfen, die den Verantwortlichen für die verbindlichen Angebote Material für einen spannenden und lebensnahen kirchlichen Religionsunterricht an die Hand geben. Im Sommer 2008 sind die ersten drei Bände für den 2.–4.-Klass-Unterricht erschienen[97]. Im Sommer 2011 folgen die Arbeitshilfen für die Angebote der 5.–7. Klasse, und ein Jahr darauf ist das Erscheinen einer Arbeitshilfe für die Konfirmationsarbeit geplant, auf die im nächsten Abschnitt dieses Buches (R. Neuberth) näher eingegangen wird. So bestehen in den Gemeinden durchaus von sehr engagierten Mitarbeitenden gestaltete attraktive Angebote, die von vielen Kindern gerne besucht werden und die den leichten Zwang, der dahinter steckt – sofern er denn von den Familien der Primarschulkinder überhaupt als solcher wahrgenommen wird –, vergessen lassen können.

---

97 R. E. Marugg, minichile. Wir gehören zusammen. Arbeitshilfe für Katechetinnen und Katecheten. 2. Schuljahr, illustriert von T. Stephani, Zürich 2008; R. E. Marugg, minichile. Wir gehören zusammen. Schülerbuch 2. Schuljahr, illustriert von T. Stephani, Zürich 2008; J. Bosshardt, 3. Klass-Unti. Wir leben Kirche. Arbeitshilfe für Katechetinnen und Katecheten. 3. Schuljahr, illustriert von T. Stephani, Zürich 2008; J. Bosshardt, 3. Klass-Unti. Wir leben Kirche. Schülerbuch 3. Schuljahr, illustriert von T. Stephani, Zürich 2008; D. Meyer-Liedholz/R. Voirol-Sturzenegger, Club 4. Wir entdecken die Bibel. Arbeitshilfe für Katechetinnen und Katecheten. 4. Schuljahr, illustriert von T. Stephani, Zürich 2008. D. Meyer-Liedholz/R. Voirol-Sturzenegger, Club 4. Wir entdecken die Bibel. Schülerbuch 4. Schuljahr, illustriert von T. Stephani, Zürich 2008.

3.2.7 Bedürfnisse der Jugendlichen

Kehren wir nun aber wieder zurück zu den Jugendlichen, deren stärkere Beheimatung in Glaube und Kirche durch das rpg angestrebt wird, und werfen wir
nochmals einen kurzen Blick auf die Bedürfnisse und Erwartungen, die sie ins
Konfirmandenjahr mitbringen.

Immerhin rund je 40% der Jugendlichen verbinden mit der Konfirmandenzeit die Möglichkeit, selbst über ihren Glauben bestimmen zu können und einen
wichtigen Schritt ins Erwachsenenleben zu tun. Sie bekunden damit deutlich
ihren Wunsch nach Selbstbestimmung. Vor allem aus den qualitativen Rückmeldungen darüber, wie sie selbst im Rückblick die Konfirmationsarbeit gestalten würden, geht ein starkes Interesse an Mitbestimmung und Mitbeteiligung
hervor. Die Jugendlichen wollen ihr Leben gestalten und es weniger als gestaltet
akzeptieren. Dabei wird deutlich, wie sehr sie in der Abfolge von Aufwachsen
und Aufbrechen bereits auf der Schwelle zum Aufbruch stehen. Gleichzeitig
bekunden sie ein sehr hohes Interesse an den Themen «Freundschaft» (87%
tendenzielle Zustimmung) und «Sinn des Lebens» (72% tendenzielle Zustimmung).

Welche Bedeutung hat in dieser Lebensphase des Suchens und Aufbrechens,
in der Beziehungen zu Gleichgesinnten besonders wichtig sind, der Begriff der
Heimat? Ist es tatsächlich so, dass die Jugendlichen ihre «Heimat auf Zeit», die
ihnen die Kirche bisher bieten wollte, verlassen und somit heimatlos werden
(sollen)? Ist Heimat das, was einem vorgegeben wurde, was einen prägte, aber
wovon man sich auch befreien muss? Oder ist Heimat allenfalls auch, wie Reinhard Mey es ausdrückt, immer da, «wo wir Freunde finden»[98]? Die grosse
Zufriedenheit der Konfirmandinnen und Konfirmanden, was die Gemeinschaft
in der Gruppe betrifft, würde dann für ein Stück Heimat in der Konfirmationsarbeit sprechen, das aber vermutlich wenig mit kirchlichen oder religiösen Inhalten zusammenhängt. Wo stehen also diese Jugendlichen, wenn es um eine mögliche Heimat im Umfeld der Kirche geht, und ist es überhaupt angemessen,
ihnen so etwas wie Heimat bieten zu wollen?

3.2.8 «Heimat finden in der Kirche»?

Das Ziel Beheimatung taucht in der momentanen religionspädagogischen Dis-
kussion verstärkt auf. Ingrid Schoberth bezeichnet Heimat-Finden oder eben
Heimat-finden-Lassen in einer differenzierten und durchaus auch kritischen
Auseinandersetzung mit dem Begriff Heimat, als «eine praktisch-theologische

---

98 R. Mey, Mein Dorf am Ende der Welt, aus: Reinhard Mey, Farben (CD) 1990, Nr. 6: «... Heimat ist immer, wo wir Freunde finden, wo jemand auch dich wartet, da ist Zuhaus'!»

Aufgabe»[99] und bezieht diese dann vorwiegend auf die Arbeit mit Konfirmandinnen und Konfirmanden. Auch im rpg schwingt das Ziel Beheimatung – zumindest implizit – mit. Allerdings ist es, vor allem was das Konfirmandenalter betrifft, schillernd, weshalb ihm an dieser Stelle noch etwas genauer nachgegangen werden soll. Ausgangspunkt sind dabei die oben genannten Bedürfnisse und Erwartungen der Jugendlichen.

Der Wunsch zur Mitbestimmung und Mitgestaltung wird in den Konzepten der Konfirmationsarbeit vor Ort grossenteils aufgenommen. Allerdings fällt auf, dass der Grad der Partizipation von den Verantwortlichen für die Konfirmationsarbeit und den Jugendlichen sehr unterschiedlich wahrgenommen wird: Die Mittelwerte bei den Jugendlichen sind bei Fragen nach partizipativen Formen durchweg beträchtlich tiefer. Das deutet darauf hin, dass kirchlich Mitarbeitende und Jugendliche unterschiedliche Vorstellungen von Partizipation haben.

Gerade im Jugendalter, aber vermutlich auch schon in der Kindheit, entsteht Beheimatung über aktives Sich-Aneignen. Heranwachsende sozialisieren sich sozusagen selbst, wo sie die Möglichkeit finden, sich einzubringen, Beziehungen zu knüpfen und zu leben. Dazu müssen den Jugendlichen Räume geboten werden, die sie auf ihre ganz eigene Art beleben können. Es scheint gefährlich, den Heranwachsenden zu detaillierte und vor allem schon völlig ausgefüllte Strukturen vorzugeben. Eine solche «Heimat» würde tatsächlich vor allem dazu motivieren, sich möglichst schnell und unbeschadet aus dem Staub zu machen. Die Jugendlichen müssen sich sorgfältig und tastend einer Kirche annähern können, in der ihnen zunächst vieles auch fremd vorkommen wird. Konfirmationsarbeit wäre «so einzurichten, dass sie sich selbst entdecken können als Glieder dieser seltsamen Gemeinschaft der Heiligen. Das erfordert wiederum von den Gemeinden, dass sie in den Jugendlichen nicht die Adressaten von Sozialisierungsvorgängen erkennen, sondern die Jüngeren mit eigenen Ansprüchen und Vorstellungen. Ohne wechselseitige Bereitschaft zum Lernen ist Konfirmandenarbeit unmöglich. Die Voraussetzung für diese Erfahrung ist ein Konfirmandenunterricht, der es den Jugendlichen ermöglicht, probeweise mit der Gemeinde mitzugehen und zumindest für eine bestimmte Zeit zu ihr zu gehören.»[100]

Die Bedürfnisse der Jugendlichen nach Partizipation müssten also sorgfältig und genauer wahrgenommen werden. Dabei kann sich Kirche nicht auf vorgegebene Strukturen und ihre Institutionalität zurückziehen, sondern muss sich auf das Fremde, das die Jugendlichen mitbringen, einlassen.

Der Begriff Heimat ist somit ambivalent, weil er auf längst Vorgegebenes hindeutet. Als «Ort der Herkunft» hat Heimat – neben allen Möglichkeiten von

---

99 I. Schoberth, Heimat finden in der Kirche. Zu den Voraussetzungen einer praktisch-theologischen Aufgabe, in: P. Biehl u. a. (Hg.), Heimat – Fremde. Jahrbuch der Religionspädagogik Bd.14, Neukirchen-Vluyn, 1998, 170–184.

100 A.a.O., 182.

Geborgenheit und Aufgehoben-Sein – auch etwas Beengendes und Konservatives. Theologisch betrachtet, ist Heimat mehr etwas Zukünftiges. Christliche Existenz ist von der Hoffnung auf Veränderung und Verwandlung der Welt geprägt. Biblische Figuren begegnen uns immer wieder als Wandernde, als Suchende. Die Verheissungstexte verweisen auf das Zukünftige, auf das Gottesreich, das erst im Anbrechen begriffen ist.

Folglich müsste Heimat religionspädagogisch mehr als Sehnsucht denn als Angebot vermittelt werden. Zumindest für das Jugendalter wäre das auch passender. Jugendliche können sich da ernst genommen fühlen, wo ihre Sehnsüchte geteilt oder zumindest verstanden werden.

3.2.9 Gastfreundschaft statt Beheimatung?

Spätestens ab dem Konfirmandenalter – aber es stellt sich durchaus die Frage, ob das nicht auch bereits für die Kinder gelten sollte – wäre «Beheimatung» durch Gastfreundschaft[101] zu ersetzen. «In diesem pädagogischen Ansatz ginge es primär darum, dass Kinder und Jugendliche Kirche als einen gastlichen Ort erfahren – einen Ort, wo sie sich aufgenommen und ungezwungen zugehörig fühlen können, ohne dass sie schon von vornherein mit Erwartungen konfrontiert werden.»[102]

Das rpg bietet dazu zukunftsweisende Ansätze. Ab dem Konfirmandenalter soll die Kirche Jugendlichen partnerschaftlich begegnen[103]. Sie sorgt für eigene

---

101 M. Zangger zieht für seine theologische Grundlegung auch den Begriff der «Gottesfreundschaft» heran, der in einem festzustellenden Kulturwandel an Tragkraft gewinne. Dieser Kulturwandel zeige sich darin, dass «Familienbindungen und Familiennormen zurücktreten und gleichberechtigt oder ersatzweise verschiedenste Arten von Freundesgruppen an ihre Stelle treten», M. Zangger, Nomadisches Lernen, 6. Zangger bezieht sich dabei unter anderem auch auf Elisabeth Moltmann, die den Begriff «Gotteskindschaft» durch «Freundschaft» ergänzt sehen möchte. Eine solche «Theologie der Gottesfreundschaft könnte einen Horizont umreissen, in dem – auf dem Hintergrund der postmodernen Dynamisierung und ihrer Infragestellung traditioneller Lebenszusammenhänge – so etwas wie Ankommen und Anerkennung finden aussagbar bleibt. Sie wird sich nach zwei Richtungen hin abgrenzen müssen: Sowohl gegen die Zwänge herkunftsbestimmter Identität und aller rückwärtsgewandten Sehnsucht nach «Beheimatung» und «Geborgenheit» in «Mutter Kirche» (denn, wo von «Beheimatung» gesprochen werden muss, ist diese ohnehin schon verloren) – wie auch gegen die Anonymität und Kälte einer Gesellschaft, die Menschen nur noch am Mass ihres Gebrauchswertes und ihrer Konkurrenzfähigkeit misst. Stattdessen wird sie nach Bildern und einer Sprache suchen, welche einer Kultur der Gast-Freundschaft entsprechen.», a.a.O., 7.

102 A.a.O., 10.

103 So der Leitsatz zur 3. Phase des rpg in: Evangelisch-reformierte Landeskirche des Kantons Zürich, aufwachsen – aufbrechen, 9.

Präsenz in den Lebenswelten der Jugendlichen, sucht das Gespräch mit ihnen und begleitet sie in ihrem Aufbrechen und Wandern.[104] Mit den freiwilligen Angeboten für junge Erwachsene ermöglicht sie diesen ein aktives Mitgestalten der «Kirche am Weg».

3.2.10 Das rpg – Gastfreundschaft für alle?

Noch wird sich weisen müssen, wie es dem rpg gelingt, die Jugendlichen der Oberstufe im Übergang von Aufwachsen und Aufbrechen zu begleiten. Einerseits ist die Begleitung der 8.-Klässlerinnen und 8.-Klässler noch etwas unklar. Für sie gibt es keine verbindlichen religionspädagogischen Angebote, was auch heisst, dass die einzelnen Gemeinden ihre Aufmerksamkeit nicht auf diese Altersstufe richten müssen. Finden diese Jugendlichen kirchliche Räume, die sie beleben können, und Menschen, die mit ihnen ihre Sehnsüchte teilen?

Andererseits stellt sich die Frage, wie gross die Möglichkeiten zur Partizipation und Mitgestaltung sind, die den Jugendlichen in ihrem letzten verbindlichen Jahr geboten werden, und wie hoch gleichzeitig die Erwartungen gesteckt sind, denen sie genügen müssen.

Und nicht zuletzt bleibt die Herausforderung, wie die Kirche jungen Müttern und Vätern begegnen kann, die gelernt haben, ihre Kirche selber zu gestalten. Wie kann Kirche Familien der Zukunft Gastfreundschaft bieten? Wie viel Verbindlichkeit von beiden Seiten ist nötig und erträglich, damit zukünftig Heranwachsende sich «ungezwungen zugehörig» fühlen können?

---

104 A.a.O., 4.

3.3 Wir leben Begegnungen – ein neues Lehrmittel für die Konfirmationsarbeit im Kanton Zürich

(Rudi Neuberth)

Im Jahr 2009 startete das Projekt der Ausarbeitung eines neuen Lehrmittels für die Konfirmationsarbeit im Kanton Zürich. Bevor das eigentliche Konzept des Lehrmittels hier vorgestellt wird (Teil IV), ist es sinnvoll, zunächst auf die Grundlagen einzugehen (Teil I), einige veränderte Bedingungen der Konfirmationszeit zu skizzieren (Teil II) und schliesslich aktuelle Trends der Konfirmationsarbeit im Kanton Zürich vorzustellen (Teil III). Sie bilden gleichsam den Rahmen für die Ausarbeitung des Lehrmittels.

3.3.1 Das religionspädagogische Gesamtkonzept rpg als Grundlage des neuen Lehrmittels

Das «aktuellste» Lehrmittel für die Konfirmationsarbeit in der deutschen Schweiz stammt aus dem Jahr 1990 und ist unter dem Titel «KONFmagazin Leitfaden»[105] erschienen. Die zwölf Magazine behandelten auf jeweils sechzehn Seiten je ein Thema (Wir glauben an ein Leben vor dem Tod / Mein geheimes Tagebuch / Jesus / Gratwanderung / Menschen brauchen Menschen / Wir – ich, die Sachen und die andern / Es geht um's Ganze / eintauchen / Unser Leben … sei ein Fest / Leben und Tod und Leben / hinsehen – hoffen – handeln / … und ihr sollt auch leben) und eigneten sich sowohl als Arbeitshefte wie auch als Lesehefte für die Konfirmandinnen und Konfirmanden. In einem Leitfaden wurden die Magazine inhaltlich und methodisch erschlossen und mit didaktischen Kommentaren, Dias und Hörbeispielen ergänzt. Dieser Leitfaden richtete sich als eine Art «Lehrerhandbuch» an die Pfarrerinnen und Pfarrer.

Vier Phasen und vier Schwerpunkte

Nach nunmehr zwanzig Jahren zeigt sich ein grosses Bedürfnis nach einem neuen Lehrmittel. Grundlage bietet das Religionspädagogische Gesamtkonzept rpg, das im Jahr 2004 von der Zürcher Kirchensynode verabschiedet wurde. Es sieht eine intensive Begleitung von Kindern, Jugendlichen und jungen Erwachsenen in vier Phasen vor. In einer ersten Phase (bis zu einem Alter von 8 Jahren) führt die Kirche Kinder in die Grundformen des Glaubens ein. Ein Schwerpunkt bildet dabei das Feiern. In einer zweiten Phase (zwischen 8 und 12 Jahren) führt die Kirche die Kinder in das biblische Erbe ein, etwa schon vorhandenes Grundwissen wird vertieft. Der Fokus liegt hier auf dem altersgemässen Lernen. In der dritten Phase (12 bis 16 Jahre), in deren Zentrum die Konfirmationsarbeit

---

105 H. Strub (Hg.), KONFmagazin Leitfaden. Basel/Zürich 1990.

141

steht, begegnet die Kirche den Jugendlichen partnerschaftlich. Die Konfirmationsarbeit legt den Fokus auf das Teilen, dessen Akzente in den Bereichen Begegnung, Beziehung, Mitverantwortung und Mitbestimmung liegen.

Im Zentrum steht die Identitätsfindung der Jugendlichen in Leben und Glauben unter den theologischen Perspektiven Schöpfung, Versöhnung und Befreiung.[106] In der vierten Phase bietet die Kirche den jungen Erwachsenen eigenen Gestaltungsraum und motiviert sie zur Mitarbeit.[107] Wenn Jugendliche zu jungen Erwachsenen werden, steht das Gestalten im Vordergrund. Ihr Glaube soll dabei an selbstständiger und selbstbewusster Ausdruckskraft und Ausdrucksform gewinnen.[108]

Wenn aus den jungen Erwachsenen eines Tages Eltern werden und sie die religiöse Erziehung ihrer Kinder gestalten, schliesst sich gewissermassen der Kreis pädagogischen Handelns der Kirche. Von dieser intergenerationellen Dimension her wird eine zentrale Facette des «religionspädagogischen Gesamtkonzepts» deutlich. Mit diesem Konzept verfolgt die Kirche das Ziel, mit Kindern, Jugendlichen und jungen Erwachsenen «den Glauben an Gott zu erfahren, ihn zu lernen, zu leben und zu gestalten».[109] Glaube wird dabei beschrieben als Vertrauen auf Gott, als Liebe zu Gott und als Hoffnung auf Gott.[110]

Die verbindlichen Angebote im rpg

Die folgende *Abbildung 58 (S. 144/145)* zeigt die verbindlichen Angebote von der 2. Klasse bis zur Konfirmation im 9. Schuljahr, das anschliessende Projekt Pace und in den nebenstehenden Erläuterungen die Hauptverantwortlichen der jeweiligen Angebote:

Kinder sollen in der Kirche eine Heimat finden können. Angesprochen ist hier zunächst die «Kirche am Ort», also «die einzelne Kirchgemeinde mit ihrer Geschichte, mit ihren vertrauten Gesichtern und ihren besonderen Räumen. Kinder finden darin Heimat auf Zeit.»[111] *Aufwachsen* im reformierten Glauben ist das besondere Merkmal der Arbeit mit Kindern.

Aufbrechen ist dann das Merkmal der Arbeit mit Jugendlichen. Ablösungsprozesse, tiefgreifende Fragen und die Suche nach dem eigenen «Ich» prägen den Alltag der Jugendlichen. Sie wollen aktiv werden, wollen Beziehungen und Begegnungen wagen. Hier kann die «Kirche am Weg» eine zentrale Rolle über-

---

106 Kirchenrat der Evangelisch-reformierten Landeskirche des Kantons Zürich (Hg.), aufwachsen – aufbrechen. Religionspädagogisches Gesamtkonzept (rpg), 9.

107 Ebd.

108 Vgl. a.a.O., 5.

109 A.a.O., 4.

110 Ebd.

111 Ebd.

nehmen. Angebote von Jugendkirchen, Projekte, Lager, Chöre und Bands gewinnen an Bedeutung. Jugendliche begegnen der Kirche am Weg und umgekehrt begleitet die Kirche am Weg Jugendliche während der Adoleszenz. Begegnungen zu ermöglichen und einen Boden für tragfähige Beziehungen zu bereiten, sind die pädagogischen Leitlinien in der Arbeit mit Jugendlichen. Hier soll das neue Lehrmittel Akzente setzen.

3.3.2 Veränderte Bedingungen der Konfirmationszeit und deren Auswirkungen auf das neue Lehrmittel

Konfirmationsarbeit und Feier der Konfirmation erfreuen sich im Kanton Zürich einer ausserordentlich hohen gesellschaftlichen Akzeptanz. Bei der überwiegenden Mehrheit der reformierten Bevölkerung zählen Konfirmationsarbeit und Konfirmation zu den unbestrittenen Bestandteilen des letzten obligatorischen Schuljahres. Das ist ein gewichtiger Grund, die Konfirmationsarbeit zu erhalten.

Dennoch muss die Kirche die sich verändernden Bedingungen, unter denen Jugendliche aufwachsen, wahrnehmen und nach neuen Formen und Möglichkeiten dafür Ausschau halten, wie die Konfirmationsarbeit adäquat und zeitgemäss ausgestaltet werden kann.

Im Folgenden werden einige der sich verändernden Bedingungen skizziert, vor allem hinsichtlich ihrer Auswirkungen auf das Lehrmittel. Denn sowohl die Formen wie auch die Arbeitsweisen und Inhalte der Konfirmationszeit lassen sich über ein Lehrmittel beeinflussen und bis zu einem gewissen Grad auch steuern. Deshalb ist es unabdingbar, dass im neuen Lehrmittel die Situationen, in denen Jugendliche heute leben, ebenso berücksichtigt werden wie die gesellschaftspolitischen und kulturellen Verhältnisse, unter denen Jugendliche heute aufwachsen.[112]

Familie ist ein mehrdeutiger Lebensentwurf

Die meisten Jugendlichen wachsen heute immer noch in «traditionellen» Familien auf. Umfragen zeigen: Die Familie hat durchschnittlich einen hohen Stellenwert bei Jugendlichen.[113] Aber die Muster und Beständigkeitsformen der sozialen Lebensform Familie haben sich verändert. So wächst heute eine beachtliche Zahl Jugendlicher geschwisterlos auf. Diese Familienform hat pädagogische Auswirkungen, insofern nicht mehr die Geschwister der primäre Kreis sind, innerhalb dessen soziale Kernkompetenzen ausgebildet werden, sondern ausserfamiliäre Räume, in denen Kinder und Jugendliche in Kontakt mit anderen

---

112 Die folgenden Angaben beziehen sich auf die 15. Shell-Jugendstudie: Shell Deutschland (Hg): Jugend 2006. Eine pragmatische Generation unter Druck. Frankfurt a.M. 2006.

113 A.a.O., 50.

Abbildung 58   *«aufwachsen – aufbrechen» –*
zwei Leitlinien pädagogischen Handelns der Zürcher Landeskirche

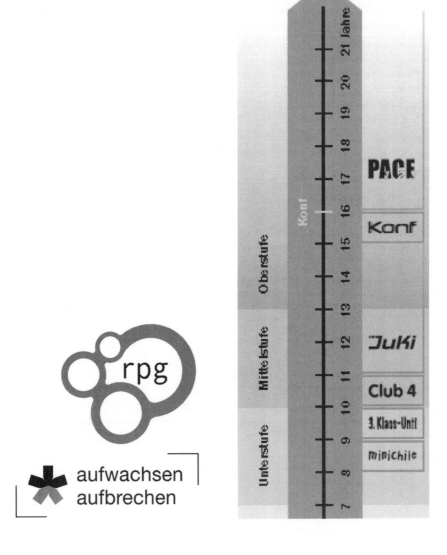

Junge Erwachsene

Hauptverantwortung tragen in der Zeit nach der Konfirmation die Jugend-
arbeitenden. Sie ermutigen Jugendliche und junge Erwachsene, Verantwortung
zu übernehmen. Das geschieht zum Beispiel mit dem Projekt PACE, in dem
junge Leiterinnen und Leiter ausgebildet werden. Jugendarbeitende geben Jugendlichen und jungen Erwachsenen die Möglichkeit, sich am spirituellen und
solidarischen Leben der Gemeinde zu beteiligen und eigene Projekte zu gestalten. Wo Pfarrerinnen und Pfarrer in Projekten nach der Konfirmation mitarbeiten, kommen die Beziehungen, die sie in der Konfirmationszeit zu Jugendlichen geknüpft haben, zum Tragen.

Konfirmationszeit

Die Hauptverantwortung in der Konfirmationszeit trägt die Pfarrschaft. Die
Angebote lassen sich auch auf die ganze Oberstufe oder auf ihre beiden letzten
Jahre verteilen. Die Teamarbeit der «JuKi» kann sich fortsetzen. Wo Pfarrerinnen und Pfarrer ihre pädagogischen Ressourcen auf diese Aufgabe konzentrie-
ren, lohnt sich das: Je mehr Jugendliche an den Angeboten der Konfirmationszeit aktiv partizipieren und verantwortlich teilnehmen, umso mehr werden sie
auch über die Konfirmation hinaus mit der Kirchgemeinde verbunden bleiben.

Übergang Mittelstufe-Oberstufe

Die Hauptverantwortung für das Angebot im Bereich der 5.–7. Klasse (JuKi)
trägt ein Team aus Pfarrschaft, Katechese, Jugendarbeit und Jugendlichen. Die
Kooperation erlaubt ein vielfältiges Angebot, das Elemente des Feierns,
Lernens und Teilens umfasst und dem Medium der Popularmusik Raum gibt.

Primarschulzeit

Die Hauptverantwortung in den drei ersten verbindlichen Angeboten
(2. Klass-Unterricht minichile; 3. Klass-Unti; 4. Klass-Unterricht Club 4) tragen
ausgebildete Katechetinnen und Katecheten. Je nach Situation und Stellenplan
der Gemeinde und je nach Stellenprofil unterrichten auch Pfarrpersonen.

treten (beispielsweise Schule, Sport, Freizeit). Peergroups gewinnen an Bedeutung, der Austausch in *überschaubaren Kleingruppen* ist gefragt.

Sodann bezeichnet Vater- und Muttersein nicht notwendig eine leiblich-biologisch begründete, sondern durchaus eine auch sozial begründete Beziehung, die im Laufe des Lebens gewählt oder auch verworfen wird. Dies verlangt von den Jugendlichen eine erhebliche soziale Mobilität und die Fähigkeit, sich aus Intimbindungen zu lösen, neue einzugehen und mit mehreren familiären Regelsystemen zurechtzukommen. Es ist beispielsweise keine Seltenheit, dass Jugendliche am Wochenende beim Vater und allenfalls dessen neuer Familie leben und während der Woche bei der Mutter und unter den Bedingungen der von ihr gewählten Lebensform. Wenn die Konfirmationsarbeit beispielsweise ausschliesslich an Projekttagen und Weekends stattfindet, kann dies Jugendliche aus Patchworkfamilien vor grosse organisatorische Probleme stellen. Das ist einer der Gründe, warum im neuen Lehrmittel zunächst dem kursorischen Unterricht Vorrang eingeräumt wird.

Die sich verändernde Lebensform Familie hat nicht zuletzt auch Auswirkungen auf die Vorbereitungen und die Feier der Konfirmation selbst. Klassische Familienfeste können sowohl für Alleinerziehende wie für Patchworkfamilien grosse Herausforderungen bedeuten. Ein neues Lehrmittel wird hier mit Gewinn Anregungen für Jugendliche, Eltern und Pfarrpersonen geben.

Kindheit und Jugend sind nur noch vermindert als Schonraum zu bezeichnen

Die Durchbrechung der traditionellen Grenzen zwischen Kinder- und Jugendalltag, der in der Folge bürgerlicher Pädagogik als Schonraum vor dem Erwachsenenalltag galt, wird durch zwei Tendenzen beschleunigt:

Zum einen verlangt die veränderte Rollen- und Arbeitsteilung von Frau und Mann von den Kindern nicht selten ein hohes Mass an Selbstorganisation.[114] Was bis anhin eher als Merkmal der Erwachsenenwelt betrachtet wurde. Auch das zeigt Auswirkungen auf die Konfirmationsarbeit. Es ist keine Seltenheit, dass Jugendliche nach dem Schulunterricht allein zu Hause sind, ihre Schulaufgaben erledigen und sich selbständig auf den Konfirmationsunterricht vorbereiten. Mit Gewinn wird ein Lehrmittel dies berücksichtigen und beispielsweise Ideen für «Ankommenszeiten mit Verpflegungsmöglichkeiten» enthalten.

Zum anderen bringt die verstärkte Mediennutzung die Potenziale und Gefahren des Erwachsenenalltags ins Kinder- und Jugendzimmer (Kriege, Umweltkatastrophen, Klimaveränderung, Gewalt, Sexualität etc.), so dass die Trennung zwischen kindlich-jugendlichem Schonraum und nüchterner Erwachsenenwelt weitgehend aufgehoben ist. Jugendliche wollen nicht zuletzt deshalb «als Erwachsene» behandelt werden. Für das Lehrmittel bedeutet dies, dass entspre-

---

114 Vgl. a.a.O., 35f.

chende Arbeitsformen vorzugeben sind. Ein zeitgemässes Lehrmittel wird vermehrt selbstständiges Arbeiten, konstruktive Methoden und eine partnerschaftliche Grundhaltung anstreben.

Jungsein ist keine eindeutige Statuspassage mehr

Viele jugendsoziologische Theorien verstanden «Jugend» als Phase des Übergangs vom Status der Kindheit zur Rolle des Erwachsenen. Dieser Status war geprägt von der Aneignung beruflicher Qualifikationen und von der Vorbereitung auf die Rolle als Hausfrau und Mutter oder des einer Erwerbsarbeit nachgehenden Familienvaters.

Die Jugendphase hat heute ihre relativ deutliche Abgrenzung sowohl gegenüber der Kindheit als auch gegenüber dem Erwachsensein verloren. Die für die traditionelle Adoleszenzphase typischen Verhaltensformen wie demonstrative Ablösung, Selbstsuche, expressive Selbstinszenierung haben sich biographisch ins Alter von 10 bis 14 Jahren verschoben. Zugleich ist die Grenze zwischen Kindheit, Jugend und jungen Erwachsenen unklarer geworden. Es ist keine Seltenheit, dass 15 oder 16 Jahre alte Jugendliche sich in Peers von durchschnittlich 20- bis 24-Jährigen bewegen oder auch in Peers von 12- bis 14-Jährigen. Die Unterschiede der psychosozialen Reifheitsgrade unter den Konfirmandinnen und Konfirmanden nehmen deutlich zu, und die grössten Unterschiede bestehen nicht zwischen, sondern innerhalb der Geschlechtergruppen. Das erhöht die Heterogenität in den Konfirmandengruppen zusätzlich, denn nicht nur alle denkbaren Leistungsniveaus sind in einer Gruppe versammelt, sondern zugleich auch die verschiedensten Reifheitsgrade. Das neue Lehrmittel wird dies vor allem bezüglich Themen und Arbeitsformen berücksichtigen müssen. So kann sich ein subjektorientierter, auf das Individuum konzentrierter pädagogischer Ansatz nicht nur auf die Leistungsniveaus beziehen.

Jungsein heisst, soziokulturell mündig und ökonomisch abhängig sein

Die klassische Jugendphase (12 bis 16 Jahre) ist geprägt von der Lehrstellensuche oder der Vorbereitung auf weiterführende Schulen. Das ist nichts gravierend Neues. Neu sind vielmehr die zunehmend fehlenden verwandtschaftlichen Beziehungsnetze, die Enttabuisierung sexueller Beziehungen, der Konsumzwang etc. Dieser Freiraum an persönlichen Gestaltungschancen bedeutet nicht nur mehr persönliche Freiheit, sondern auch grössere Konkurrenz unter Jugendlichen. Immer früher sehen sie sich mit der Aufgabe konfrontiert, «etwas aus sich machen zu müssen» – etwa in Bezug auf Schule, Freizeit, Mode und Berufswahl, und dies in Konkurrenz zu jungen Erwachsenen.[115]

---

115 Vgl. a.a.O., 32ff.

Zugleich ist die bildungsoptimistische Perspektive brüchig geworden, insofern Bildung kein sicherer Garant mehr für den Berufseinstieg und eine gute und kontinuierliche Berufskarriere ist. Das wirkt sich belastend auf die Phase des «Schülerseins» aus. Viele Elternhäuser reagieren auf diese Situation mit einer Art innerfamiliärer Bildungsoffensive. Kinder und Jugendliche werden angehalten, sich im Sport zu engagieren, zusätzliche ausserschulische Nachhilfe- und Förderlektionen zu besuchen oder eine dritte, gar vierte Fremdsprache zu erlernen.

So verwundert es nicht, dass pädagogische Angebote heute vermehrt auf ihren Gebrauchswert befragt werden. Neben Sport, Kultur und Freizeit tritt der kirchliche Unterricht als eines unter vielen Angeboten in Erscheinung. Nicht nur Jugendliche, auch viele Eltern fragen vermehrt nach dem Nutzen des kirchlichen Unterrichts. Diese Frage ist legitim und muss ernst genommen werden. Ein neues Lehrmittel für die Konfirmandenzeit wird mit Gewinn den Nutzen und Gebrauchswert des kirchlichen Unterrichts erkennbar und verstehbar machen, um sich auf dem boomenden Bildungsmarkt erfolgreich positionieren zu können.

Religion und Glauben – kommunikativ vergewissert

So verschieden wie die Gesichter unserer Gesellschaft im 21. Jahrhundert aussehen, so verschieden sind auch die Konzepte von Religiosität. Religiosität ist zu einer Dimension aktiver Gestaltung geworden. So wie heute alles zum Gegenstand der Kommunikation wird, wird gleichzeitig alles in gewissem Sinne gestaltbar – auch die eigene Religiosität. Sie richtet sich weniger an objektiven Theorien, Dogmen und Traditionen aus als vielmehr am Subjekt selbst. Geglaubt wird, was sich an den eigenen Überzeugungen orientiert, was ins eigene Weltbild passt, und vor allem, was sich kommunikativ vergewissern lässt. Hierzu zählt auch die Frage nach Gott. Ein grosser Teil der Jugendlichen glaubt an die Existenz eines persönlichen Gottes oder zumindest an die Existenz einer überirdischen Macht. Und es besteht durchaus ein Interesse seitens der Jugendlichen, sich darüber auszutauschen.

Denn zahlreiche Jugendliche teilen sich auch bezüglich Religiosität einander gerne mit, solange die Privatsphäre gewährleistet ist. Sie überprüfen im freundschaftlichen Gespräch ihre Lebensentwürfe und gewinnen an Orientierung hinsichtlich dessen, was für sie selbst stimmt und was nicht. Wo das Reden über Glauben und Religion keinen Ort hat, leidet die Ausbildung einer eigenen Religiosität und eines eigenen Glaubens. Es fehlt dann die so wichtige kommunikative Selbstvergewisserung. Die Arbeitshilfen im neuen Lehrmittel sollen die Verantwortlichen der Konfirmationsarbeit anleiten, Schonräume zu schaffen, die Gespräche über Religion und Glauben ermöglichen, zugleich jedoch vermeiden, dass Jugendliche sich im Plenum exponieren müssen.

Im Bereich der Religiosität und des Glaubens nimmt der Wunsch nach subjektiver Erfahrung deutlich zu – auch unter Jugendlichen. Das konstruktivistische «Credo, verum ipsum factum» (wahr ist, was ich selbst gemacht habe) gilt auch hier: «Was man selbst erfahren hat, gilt als Kriterium religiöser Wahrheit»[116]. Möglicherweise ist der anhaltende Boom der Spiritualität ein Ausdruck für die Subjektivierung und zugleich auch der Privatisierung der Religion. Religiöse Botschaften und Glaubensinhalte erhöhen ihre Relevanz und Gültigkeit mit dem Auslösen von Gefühlen oder Gemütszuständen der Betroffenheit und Ergriffenheit. Diese lassen sich argumentativ zwar nicht begründen, wohl aber können sie kommunikativ vergewissert werden. Der religionspädagogische Ansatz des Lehrmittels folgt der Auffassung: Die Jugendlichen sollen sich mit ihrem Glauben und mit ihren Gottesbildern auseinandersetzen und erfahren, dass Religion und Glauben zu einem spannenden Gegenstand der Auseinandersetzung werden können. Im neuen Lehrmittel wird hierbei auch den im Jugendalltag gängigen Kommunikationsmedien Rechnung getragen.

3.3.3 Aktuelle Rahmendaten und Trends der Konfirmationsarbeit im Kanton Zürich

Das neue Lehrmittel berücksichtigt die aktuellen Daten und Trends der Konfirmationsarbeit im Kanton Zürich.

Aktuelle Rahmendaten

- Die Konfirmandenzeit liegt im letzten obligatorischen Schuljahr (9. Klasse) zwischen Mitte August und Ende Juni des Folgejahres.
- Die Konfirmation findet in der Regel an einem Sonntag nach Pfingsten statt.
- Die Kirchenordnung schreibt einen Unterrichtsumfang von 72 Stunden vor.
- Die Gemeinden sind im Rahmen ihrer Autonomie frei, die Formen des Unterrichts zu wählen (s. u. «Trends»).
- Das religionspädagogische Gesamtkonzept gibt als Rahmen eine Thementafel vor.
- In den Konfirmandengruppen sind alle Niveaustufen versammelt (integrativer/inklusiver Unterricht).
- Die Durchführung von Weekends und Lagern ist üblich.
- Derzeit partizipieren jährlich zwischen 4100 und 4300 Jugendliche an der Konfirmationsarbeit, verteilt in 180 Kirchgemeinden.
- In der Regel sind die Jugendlichen zwischen 15 und 16 Jahre alt. Berechnungen ergaben, dass sich die überwiegende Anzahl der reformierten Jugendlichen im Kanton Zürich konfirmieren lassen. Die Mehrheit der Jugendlichen ist getauft.

---

116 A. Dubach, Identität, Milieu und christliche Religiosität. Bestandsaufnahme und Perspektiven, in: T. Schlag/R. Neuberth/R. Kunz (Hg.), Konfirmandenarbeit in der pluralistischen Gesellschaft, 67.

Spätestens seit die Abendmahlsfeiern im Rahmen des 3. Klass-Untis im Kanton Zürich etabliert sind, ist der Aspekt der Konfirmation als Zulassung zum Abendmahl obsolet. Die Bedeutung der Konfirmation als *admissio*, als bewusste und mündige Entscheidung zur Mitgliedschaft in der Kirche als Leib Christi, ist zumindest in der Perspektive der Eltern und Jugendlichen in den Hintergrund getreten. Vielerorts wird der Gedanke der Tauferneuerung neu thematisiert.

Eine verbindliche Liturgie für die kirchliche Feier der Konfirmation gibt es ebenso wenig wie eine begriffliche Vorgabe. Entsprechend gross ist die Vielfalt der Namen und Formen. Mehrheitlich wird der aktiven Beteiligung der Konfirmandinnen und Konfirmanden bei der Feier besondere Bedeutung beigemessen.

In vielen Kirchgemeinden beginnt man von Konfirmationszeit, Konfirmandenarbeit oder Konf-Lehrgängen zu sprechen. Dies geschieht auf dem Hintergrund der zunehmenden Berücksichtigung animatorischer Elemente im klassischen «Konfirmandenunterricht», des Aspekts der biographienahen Begleitung während der Konfirmandenzeit und der Berücksichtigung «erwachsenenbildnerischer Methoden».

Zwei Tendenzen der Unterrichtsgestaltung zeichnen sich ab, die in sich jeweils noch einmal zu differenzieren sind.

1. Tendenz: Klassischer, kursorischer Unterricht mit Schwerpunkt auf der Beziehungsarbeit

a) Wöchentliche Lektionen zwischen 60 und 90 Minuten bei einer Pfarrperson bis zur Konfirmation.

b) Wöchentliche Lektionen zwischen 60 und 90 Minuten bei einer Pfarrperson in Verbindung mit Projekttagen/Projekthalbtagen, bei denen andere Mitarbeiterinnen und Mitarbeiter beigezogen werden.

2. Tendenz: Modularer Unterricht mit Schwerpunkt auf Erfahrungs- und Erlebnispädagogik

a) Zweiphasenmodell: In einer ersten Phase stellen die Jugendlichen aus Wahlfachkursen und Konf-Modulen sozusagen ihr eigenes Programm zusammen, meist mit einem Punktesystem bewertet, ab den Sportferien (Februar/März) findet die Vorbereitung auf die Konfirmation in einer Gruppe und bei einer Pfarrperson statt.

b) Dreiphasenmodell: In einer ersten Phase (September bis Herbstferien) kursorischer Unterricht bei der Pfarrperson, danach zwischen Herbstferien und Sportferien (Februar/März) Wahlfachkurse/Module, aus denen Jugendliche ein eigenes Konf-Programm zusammenstellen, zuletzt zwischen Sportferien und Mai/Juni Vorbereitung auf die Konfirmation in einer Gruppe und bei einer Pfarrperson.

3.3.4 Das Konzept des neuen Lehrmittels

Bedürfnisse der Hauptverantwortlichen

Mit dem geplanten Lehrmittel werden Arbeitshilfen für die Konfirmandenzeit bereitgestellt. Hearings und Diskussionen mit Fachgruppen ergaben folgenden Bedarf seitens der Unterrichtsverantwortlichen, hauptsächlich der Pfarrerinnen und Pfarrer:

- Gefragt sind möglichst konkrete Ideen für die Unterrichtsgestaltung im Rahmen klassischer Lektionen (wöchentlicher Unterricht, Lektionen von 60 bis 90 Minuten).
- Neben ausgearbeiteten Lektionen sind Varianten und Bausteine erwünscht.
- Im Zentrum sollen Fragen des Glaubens und der Kirche stehen. Die Verankerung in der Lebens- und Alltagswelt der Jugendlichen ist von entscheidender Bedeutung.
- Mit der Thematisierung lebensweltlich relevanter Fragen sollen die Konfirmandinnen und Konfirmanden die reformierte Kirche als einen Ort erfahren, an dem sie mit ihren Fragen, Beiträgen und Bedürfnissen willkommen sind.
- Mit den Lektionen sollen Begegnungsmöglichkeiten und Beziehungsarbeit gefördert werden. Das Modell der «Kirche am Weg» soll konkret werden.
- Die Arbeitshilfen sollten keine Themen enthalten, die mehr als drei Lektionen in Folge beanspruchen und keine zwingende Reihenfolge vorschreiben.
- Kopierfähigkeit der Vorlagen und einfache Handhabung sind erwünscht. Arbeitsblätter und ergänzende Materialien sollen via CD-ROM abrufbar sein.
- Neben konkreten Ideen für den Unterricht sind Tipps für Unterrichtsbeginn und Unterrichtsende sowie geeignete Spiele und Lockerungsübungen erwünscht.

Grundform und Aufbau des neuen Lehrmittels

Ein Lehrplan für die Konfirmationsarbeit existiert im Kanton Zürich nicht. Das Lehrmittel folgt jedoch der Themenempfehlung aus dem rpg-Gesamtkonzept «aufwachsen – aufbrechen»[117] und wird mit den Unterrichtshilfen der einzelnen Phasen abgestimmt und koordiniert. Es umfasst drei Teile:

1. *Arbeitshilfen* zuhanden der Pfarrerinnen und Pfarrer. Sie enthalten Lektionenskizzen, kopierfähige Vorlagen und Arbeits- und Materialblätter, die den Jugendlichen abgegeben werden können. Mit den skizzierten Lektionen, die jeweils neunzig Minuten beanspruchen, sollen der kursorische Unterricht und die Beziehungsarbeit gestärkt werden.

---

117 Kirchenrat der Evangelisch-reformierten Landeskirche des Kantons Zürich (Hg.), aufwachsen – aufbrechen, a.a.O., 22.

2. *Konf-Agenda* im Taschenformat (im Stile der Schüleragenda) zuhanden der Konfirmandinnen und Konfirmanden als Notizbuch. Sie reicht von August bis Juli des Folgejahres. Sie enthält neben Angaben zum Kirchenjahr Gebete und Meditationstexte, spannende Porträts reformierter Persönlichkeiten und Hinweise zu attraktiven Jugendangeboten (Streetchurch, Fabrikkirche). Die Konf-Agenda erscheint gleichzeitig mit den Arbeitshilfen (1.).
3. *Themenhefte* (nach Erscheinen von 1. und 2.) mit Ideen, Materialien und ausgearbeiteten Vorschlägen für Exkursionen, Projekttage und Lager. Mit den Themenheften wird die Kombination von kursorischem Unterricht mit Projekttagen und Lagern gefördert.

Das Lehrmittel hilft den Unterrichtsverantwortlichen, die Leitgedanken des religionspädagogischen Gesamtkonzepts in die Arbeit mit Jugendlichen zu übersetzen (siehe oben, Teil I.), an die aktuelle Alltags- und Lebenswelt der Jugendlichen anzuknüpfen (siehe oben, Teil II.) und die aktuellen Trends zu berücksichtigen (siehe oben, Teil III.).

Das Lehrmittel enthält fünf Themenfelder: Identität, Sozialität, Kulturalität, Spiritualität, Globalität Jedes Themenfeld wird unter den drei systematisch-theologischen Perspektiven Schöpfung, Versöhnung, Befreiung entfaltet. Dies ergibt 15 Themenblöcke *(Abbildung 59, S.153f.)*.

Theologische Leitgedanken

Taufbezug: Mit der Konfirmation feiern reformierte Christen das Ja Gottes zum Menschen, das in der Taufe einen sichtbaren Vollzug und Ausdruck findet. Die Taufe als Ausdruck der Liebe Gottes zu den Menschen und des Angenommenseins des Menschen bildet einen Grundpfeiler der Konfirmationsarbeit. Dies wird im Lehrmittel Ausdruck finden, insofern nicht nur die Taufe zum Thema wird, sondern Vorschläge für Taufgottesdienste enthalten sind, die mit den Jugendlichen vorbereitet und durchgeführt werden können. Das bietet sich insbesondere dann an, wenn einzelne Jugendliche noch nicht getauft sind.

Das Ja Gottes zum Menschen, das während der Konfirmationszeit entfaltet wird, umfasst individuelles, gesellschaftliches und kirchliches Christsein. Alle drei Dimensionen finden Niederschlag in den Arbeitshilfen des Lehrmittels, mit je eigener Gewichtung (ich – ich und die anderen – ich und die Kirche am Ort, am Weg und weltweit).

Schöpfungstheologischer Bezug: Der Gedanke, dass die Schöpfung ein noch nicht abgeschlossener Akt ist und offen als souveräne Selbstoffenbarung Gottes, kann in einen Bezug zur jugendlichen Lebenswelt gebracht werden. Auch die Identität des Menschen, auf deren Suche Jugendliche im Konfirmationsalter sind, ist in sich nicht abgeschlossen, sondern offen für Selbstoffenbarungen Gottes. Innerhalb der Konfirmandenzeit sollen Jugendliche nicht nur über Glaubens-

Abbildung 59

	Identität (Weg) «My Way»	Sozialität (Gemeinschaft) «My Community»	Kulturalität (Bilder) «My Facebook»	Spiritualität (Kirchenjahr) «My Spirit»	Globalität Begegnungen) «One World»
Schöpfung	**WOHER?** • Woher komme ich? (Mein Lebensweg) • Wie die anderen mich sehen (Selbstbild/ Fremd- bild/Wahrheit)	**GLAUBE** • Auf wen verlasse ich mich? (Genderaspekt, sich verlassen hat mit Vertrauen und Loslassen zu tun) • Ist Gott verlässlich?	**GOTT** • Gottesbilder in der Bibel (Verletzter Vater, Muttergott, Gott als Licht, der Hirte) • Gott – ein Gerechter?	**HERBST** • Schöpfungszeit im Konfirmationsunterricht feiern • Der Clou von Gen 1 (mit einem Verweis auf Bfa)	**WELT-WERKE** HEKS / Bfa / Mission 21 Wofür ich mich engagiere Wovon ich andere überzeugen möchte
Versöhnung	**WER?** • Männer und Frauen um Jesus geben mir Orientierung (5 Portraits)	**LIEBE** • Die Gemeinschaft der Nicht-Perfekten (1. Kor 12 f) • Liebe oder Fast Food (2 Sam 13) • Das Hohe Lied (Das Miteinander von Menschenliebe und Gottesliebe) •Freundin Gott / Freund Gott	**CHRISTUS** • Christusbilder (in Entsprechung zu den Gottesbildern, bspw. der gute Hirte)	**PALMSONN- TAG / OSTERN** • Taufe im Rahmen des Konfirmationsunterrichts (Taufe einer Konfirmandin / eines Konfirmanden) • Abendmahl (Mahlgemeinschaft als konstitutives Element der Kirche)	**CHRISTENTUM** • Zweige am Baum der Kirchen (eine Auswahl)

153

WOHIN?	HOFFNUNG	GEIST	ADVENT	KIRCHGE-MEINDE
• Freiheit gewinnen – Kindheit verlassen.	• Regeln zum Leben	• Glaube ja, Kirche nein? (Kirche als Institution / als Organisation / als Bewegung)	• Der Gottesdienst als Grundform des Glaubens und als Feier angesichts von Freude und Leid	• Vielfalt der Glaubenstypen und der Kirchenbindung (neuere Publikationen zum Glauben Jugendlicher)
• Standpunkte (Was ich auf meinen Lebensweg mitnehme)	• Dilemma–Geschichten (moralische und religiöse Entwicklung)	• Gesichter der Kirche / christliche Lebensbilder (in Anklang zu Gottes- und Christusbildern)	• Wege der Spiritualität (Beten / Singen / Bogenschiessen / Pilgern / Nachtwandern)	• Glaubenstypen: Interviews («Glaubenssache»)
	• Leben in Beziehungen und «Beziehungstod»		• Spuren der Spiritualität im Alltag entdecken	

(linke Randbeschriftung: Befreiung)

erfahrungen nachdenken, sondern die Möglichkeit erhalten, Glaubenserfahrungen selbst machen zu können.

Im Rahmen der Konfirmationsarbeit sollten Jugendliche ihre Identität als mehrfach und mehrdimensional bestimmt entdecken können und in gewissem Sinne als «geschaffen». Die Konstruktion von Identität ermöglicht die Schaffung von Lebenskohärenz und bildet damit eine wesentliche Grundlage für gelingende Lebensbewältigung. Identitätskonstruktion in diesem Sinne kann und muss unterstützt werden durch die Möglichkeit der Einbettung in Gemeinschaften und Lebenskontexte und durch das Aufbauen von stabilen Beziehungen. Räume und Beziehungsangebote zu schaffen, ist vor diesem Hintergrund eine wichtige Aufgabe im Rahmen der Konfirmationsarbeit. Dies wird mit dem Lehrmittel gezielt gefördert.

Existenziell theologischer Bezug: In und mit den einzelnen Sequenzen wird spürbar, dass der persönliche Glaube ein Schatz ist, der entdeckt werden darf. Der überlieferte und gelebte Glaube wird anhand konkreter Lebensbilder greifbar gemacht. Die Arbeit mit diesen Lebensbildern motiviert, sich auf eine Entdeckungsreise zu den Glaubensspuren im eigenen Leben zu begeben. Dabei wird deutlich, dass die Bibel eine Fülle von Möglichkeiten bietet, das Leben nicht nur als von Gott geschaffen, sondern auch als von Gott begleitet zu verstehen und zu interpretieren. Dabei werden die ethischen Dimensionen des Glaubens besondere Berücksichtigung finden.

Schriftbezug: Jede Sequenz des Lehrmittels stützt sich auf einen biblischen Referenztext. Damit soll der reformatorische Schriftbezug zum Tragen kommen und gleichzeitig herausgearbeitet werden, dass die Bibel spannende und aktuelle Bezüge zum Leben bietet.

Bei den Arbeitshilfen (I. Teil des Lehrmittels) stehen die religiösen Fragen der Jugendlichen im Vordergrund. Räume für eigene Fragen zu finden und selbst nach Antworten suchen zu dürfen, unterstützt die Jugendlichen bei der Suche nach der eigenen Identität.

Die Arbeitshilfen fokussieren weniger auf Wissensvermittlung als vielmehr auf die Möglichkeiten, dass die Jugendlichen aktiv werden, Erfahrungen machen und diese reflektieren können. Erfahrungslernen und Erlebnispädagogik verstehen sich dabei als ganzheitlicher Bildungsansatz, bei dem das Lernen mit Kopf, Herz und Hand eine wichtige Rolle spielt.

Besondere Sorgfalt gilt im neuen Lehrmittel dem Dialog mit anderen. Individuelles und soziales Lernen erhält in diesem Kontext ein besonderes Gewicht. Dialog kann sich allerdings nicht auf Diskussionen im Plenum beschränken, sondern muss vielfältige Gestalt gewinnen und die grosse Heterogenität der jeweiligen Gruppen muss berücksichtigt werden. Stumme Gespräche, Arbeitsformen im Stil des «World-Cafe», virtuelle Dialoge und Gespräche in Kleingruppen sind zu fördern.

Insgesamt sind die Arbeitshilfen so angelegt, dass die Lernaktivitäten der Jugendlichen vielgestaltig sind, damit der Wechsel zwischen ikonischer, enaktiver und symbolischer Ebene gewährleistet und damit die inneren Lernprozesse intensiviert werden.[118] Auch hierbei ist wichtig, dass den unterschiedlichen Begabungen und Fähigkeiten der Jugendlichen entsprochen werden kann. Die Arbeitshilfen ermöglichen und unterstützen individuelles Fördern bei integrativen Unterrichtsarrangements und heterogenen Reifheitsgraden (s. o. Teil 2). Ein Schwerpunkt liegt jeweils im «konkreten Tun». Kreativität, Engagement und Eigenaktivität der Jugendlichen werden in jeder Sequenz gefördert. Die Arbeitshilfen sind entsprechend dem Alter und der Schulphase der Jugendlichen auf die eigenständige und kritische Erarbeitung und Konstruktion religiöser Wirklichkeiten und Sinnzusammenhänge hin orientiert. Konfirmationsarbeit versteht sich in diesem Sinne auch als Raum zur Erprobung, Erkundung und Reflexion religiöser Sinn- und Lebensentwürfe im Jugendalter.

Kreatives Arbeiten, selbstständiges Denken und lebendiger Austausch bilden eine Ganzheit in den Arbeitshilfen. Die Jugendlichen sollen anhand der behandelten Themen grundlegende Kompetenzen erwerben und trainieren, die ihnen ermöglichen, sich kritisch mit Glauben und Kirche auseinanderzusetzen, die lebens- und alltagsweltlichen Ansprüche zu bewältigen und Glaubensspuren im eigenen sowie im Leben anderer zu entdecken.

Kompetenzorientierung lenkt das Augenmerk über die Lernziele der einzelnen Sequenzen hinaus auf die ganzheitliche Bildung. Die Zielorientierung im

---

118 P. Gasser, Lehrbuch Didaktik. Bern ²2003, 28f.

Prozess des Lehrens und Lernens wird dabei nicht aufgehoben. Kompetenzorientiertes und lernzielorientiertes Arbeiten ergänzen einander.

Kompetenzorientierung im neuen Lehrmittel heisst, dass in jedem Themenfeld grundlegende Fähigkeiten (Kernkompetenzen) trainiert werden: Im Themenfeld Identität ist es die Fähigkeit, grundlegende Glaubensüberzeugungen erkennen und deuten zu können und sich selbst in eine kritische Beziehung dazu zu bringen. Glaubensüberzeugungen sollen im Leben der Jugendlichen spürbar werden können.

Im Themenfeld Sozialität wird die Fähigkeit trainiert, mit Vertreterinnen und Vertretern anderer Glaubensstile, Konfessionen, Religionen und Kulturen in einen selbstbewussten Dialog zu treten, ohne im Pluralismus konturlos zu werden. Das Lehrmittel orientiert sich an der *Pluralität* gelebten Glaubens.

Im Themenfeld Kulturalität werden Ausdrucksformen des Glaubens wahrgenommen und gedeutet, damit letztlich ein Bewusstsein für reformierte Identität entstehen kann. Dabei liegt grosses Gewicht auf der Kontextualität. Religion ist immer an Lebens- und Erfahrungswelten gekoppelt. Diesen Rückbezug gilt es zu reflektieren.

Im Themenfeld Spiritualität geht es um das Wahrnehmen und Verstehen von religiösen Symbolen und zentralen liturgischen Elementen. Jugendliche sollen Gelegenheit erhalten, die religiöse Dimension des alltäglichen Lebens zu deuten und zu verstehen. Daneben sollen Möglichkeiten geschaffen werden, Gottesdienste und Rituale zu gestalten.

Im Themenfeld Globalität wird neben der Dialogfähigkeit auch die Bewegungsfreude in der innerchristlichen Ökumene trainiert, um die Stärken der Pluralität in die eigene Lebenswirklichkeit übersetzen zu können. Gleichwertigkeit ist dabei Grundsatz und Massstab zugleich. Sie setzt einen eigenen Standpunkt ebenso voraus wie die Bereitschaft, fremde religiöse Lebenswelten anzuerkennen und ihnen mit Respekt und Offenheit zu begegnen.

3.4 Konfi-Zeit auswerten – Anleitung zur eigenständigen Evaluation
(Wolfgang Ilg)

Dieser Beitrag leitet Sie durch das Verfahren für eine eigenständige Auswertung der Konfirmandenarbeit in Ihrer Gemeinde. Der von uns[119] entwickelte Fragebogen kann entweder direkt eingesetzt oder vorher mit eigenen Fragen ergänzt werden.

Damit das Auszählen der Antworten nicht mühsam von Hand erfolgen muss (was aber durchaus möglich ist), stellen wir in dieser Anleitung das kostenlose Statistikprogramm GrafStat vor, mit dem die Daten erfasst und ausgewertet werden können.

Für die Arbeit mit GrafStat benötigen Sie lediglich Grundkenntnisse im Umgang mit dem PC. Der Zeitumfang für die Einarbeitung beträgt ca. 2 Stunden, die Dateneingabe für eine Gruppe mit 20 Konfirmanden und Konfirmandinnen dauert ca. 1 Stunde.

Die Konfirmanden füllen den Fragebogen am Ende der Konfirmandenzeit, aber vor der Konfirmation aus, am besten im Rahmen einer Konfi-Stunde. Standardisierte Fragebögen für andere Befragungszeitpunkte oder für Mitarbeitende, Eltern usw. stehen (noch) nicht zur Verfügung. Bitte prüfen Sie immer wieder, ob unter www.konfirmandenarbeit.eu neue Versionen (des Fragebogens oder der Datenmaske) verfügbar sind.

Sie benötigen:

– den Fragebogen (Word-Dokument), den Sie ausdrucken und an die Konfirmanden verteilen,
– das Statistikprogramm GrafStat, das Sie kostenfrei aus dem Internet herunterladen können,
– die Datenmaske für GrafStat, die von unserem Projekt zur Verfügung gestellt wird.

Tipp zum Kennenlernen: Wenn Sie sich vor einer eigenen Evaluation erst mal einen Eindruck vom Programm GrafStat (vor allem von dessen Auswertungsoptionen) verschaffen wollen, können Sie dazu den Beispieldatensatz verwenden. Der Beispieldatensatz (mit Antworten von 20 Konfirmanden) spiegelt ungefähr die Verteilung der Ergebnisse der Bundesweiten Studie wider. Alle Materialien finden Sie kostenlos zum Download unter www.konfirmandenarbeit.eu.

---

119 Das Verfahren zur Selbst-Evaluation wurde im Auftrag der «Bundesweiten Studie zur Konfirmandenarbeit» von Wolfgang Ilg und Heike Peters bereit gestellt.

3.4.1 Vorbereitung der Fragebögen

Anpassen des Fragebogens

Der Konfirmanden-Fragebogen kann so, wie er ist, verwendet werden. Bei diesem Fragebogen handelt es sich um ein gesperrtes Word-Dokument. Dennoch sind einige Anpassungen möglich. Wie eigene Ergänzungen eingefügt werden können, wird auf am Schluss dieser Anleitung erklärt.

Fragebögen kopieren

Die optimale Gestaltung ergibt sich, wenn die vier Seiten des Fragebogens auf ein DIN A3-Papier doppelseitig gedruckt werden und dies zu einem «Heft» gefaltet wird. Bei manchen Druckgeräten lässt sich das im Drucker-Menü direkt einstellen, ansonsten hilft die Kopierskizze.

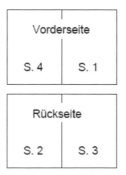

3.4.2 Durchführung der Befragung

Rahmenbedingungen

Um verlässliche Ergebnisse zu erhalten, sind geeignete Rahmenbedingungen unerlässlich. Machen Sie Ihr Interesse an der ehrlichen Meinung der Konfirmanden deutlich.

Folgende Hinweise sollten vor dem Ausfüllen gegeben werden:

Bitte füllt den Fragebogen allein aus.

Bitte gebt euren Namen nicht an, die Befragung ist anonym.

Entscheidet euch pro Frage für ein Kästchen und kreuzt dies eindeutig an.

Vielen Dank fürs Mitmachen!

Natürlich darf niemand gezwungen werden, den Bogen auszufüllen. Unsere Erfahrungen zeigen jedoch, dass die meisten Konfirmanden und Konfirmandinnen sehr gerne bereit sind, in einem Fragebogen ihre Meinung wiederzugeben.

3.4.3 Datenerfassung

Download der Statistik-Software GrafStat

Für dieses Evaluations-Verfahren wird das Programm GrafStat 4 benötigt. Das Programm kann unter dem Link http://www.grafstat.de/service/anmeldung.htm kostenfrei aus dem Internet heruntergeladen werden. Als Kirchengemeinde gelten Sie als Bildungsinstitution, die zum kostenlosen Download berechtigt ist. Installieren Sie das Programm gemäß der Anleitung auf der Homepage.

Wichtig: Damit GrafStat funktioniert, brauchen Sie für den entsprechenden PC Administratorrechte und es sollte ein Drucker installiert (nicht unbedingt angeschlossen) sein.

Erklärungen zu GrafStat

Wenn in GrafStat eine Befragungsdatei erstellt und/oder bearbeitet wird, legt das Programm automatisch ein Bündel verschiedener Dateien an, die alle zur selben Befragung gehören.

Um den Überblick nicht zu verlieren, empfiehlt es sich, den gezippten Ordner (Materialien_Evaluation_KA) für jeden Konfirmandenjahrgang einmal von www.konfirmandenarbeit.eu herunterzuladen und umzubenennen, z. B. 2009_auswertung.

In dem Ordner finden Sie einen Word-Fragebogen, die Mittelwert-Vergleichstabellen (s.u.), diese Anleitung sowie zwei Unterordner mit Befragungsdateien:

Zum einen handelt es sich dabei um den Unterordner _beispieldaten (damit Sie ohne eigene Dateneingabe mit GrafStat «spielen» können), zum anderen um den Unterordner _befragungsdateien, den Sie für Ihre Evaluation nutzen. Öffnen Sie eine Befragung immer über die gdf-Datei, für die eigene Befragung also die Datei standard-fb_ka.gdf im angelegten Ordner.

Vor der *Dateneingabe*

Für den Überblick bei der Dateneingabe (insbesondere, wenn diese nicht am Stück geschieht) ist es hilfreich, die ausgefüllten Papier-Fragebögen von 1 bis ... durchzunummerieren. So können Sie auch die Dateneingabe im Nachhinein kontrollieren und mögliche Fehler verbessern.

Noch ein Tipp: Vielleicht haben ja einige «Computer-Profis» aus der Konfirmandengruppe Lust, die Dateneingabe selbst zu übernehmen – dann können Sie diese Aufgabe einfach den Konfirmanden übertragen.

Daten erfassen per Listeneingabe

Wenn die für die eigene Evaluation kopierte Befragungsdatei geöffnet ist, erfolgt nun die Datenerfassung in GrafStat mithilfe der «Listeneingabe».

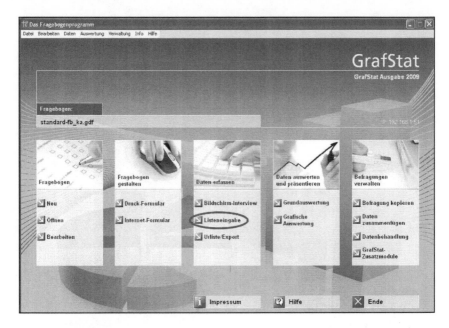

In der Listeneingabe erscheint eine Liste mit allen Items (=Fragen) des Fragebogens.

Da der Konfirmanden-Fragebogen eine eigene Nummerierung hat, aktivieren Sie zunächst das Kästchen «ohne Nummern», um die interne Frage-Nummerierung von GrafStat auszublenden.

Nun geben Sie die Antworten der Fragebögen (einen nach dem anderen) ein, beginnend mit Fragebogen Nr. 1.

- In die hellgelben Felder geben Sie jeweils die Antwort des Konfirmanden ein, mit der Pfeiltaste ↓ wechseln Sie zum nächsten Feld.
- Geben Sie für jede Antwort die entsprechende Ziffer ein; die Antwortkästchen von links bis rechts auf dem Fragebogen entsprechen den Zahlen 1 bis 7. (z. B. 1 = «trifft gar nicht zu»; 7 = «trifft voll zu»). Die Eingabemöglichkeiten sind für das jeweilige Item immer links eingeblendet.
- Bei Geschlecht und Schulart müssen dagegen die Buchstaben angegeben werden, die in den jeweiligen Kästchen stehen (z. B. «a» für Hauptschule; «b» für Realschule).
- Mit den schwarzen Pfeil-Buttons in der Menüleiste unten können Sie zwischen den eingegebenen Fragebögen hin- und herblättern (dies ist zu empfehlen, um die Korrektheit der Eingaben stichprobenartig zu überprüfen). Vergessen Sie nach Änderungen aber nicht, auf «Speichern» zu klicken, bevor Sie zu einem anderen Fragebogen blättern – sonst gehen die Daten des zuletzt eingegebenen Fragebogens verloren.

In folgenden Fällen bleiben Felder bei der Dateneingabe leer (bitte bei der Eingabe daran denken, dass diese Felder tatsächlich übersprungen werden):

- wenn ein Konfirmand eine Frage nicht beantwortet hat oder
- wenn die Antwort unklar ist oder nicht den Vorgaben entspricht (z. B. zwei verschiedene Kästchen bei derselben Frage angekreuzt),
- wenn die Felder für eigene Zusatzfragen (Fragen 12, 13 sowie 73 bis 77) nicht genutzt werden,
- wenn im ersten Fragenblock (Zufriedenheits-Abfrage) die Antwort «gab es bei uns nicht» angekreuzt wurde.

Unter «Sonstiges» am Ende können Sie die freien Texte der Konfirmanden eingeben. Falls Ihnen der Aufwand der Transkription zu groß ist, genügt evtl. auch schon das Durchlesen der Kommentare, ohne diese abzuschreiben.
Wenn Sie einen Fragebogen eingegeben haben,

- klicken Sie auf «Speichern» und danach auf das rote ± Zeichen.
- Automatisch wird nun zum nächsten Fragebogen weitergeblättert.
- Achten Sie darauf, dass die Fragebogennummer links unten im Bildschirm mit der von Ihnen zugeteilten Nummer des einzugebenden Papier-Fragebogens übereinstimmt. Eine rote Nummer (1) steht für einen noch nicht gespeicherten Fragebogen, eine blaue Nummer (1) bedeutet, dass die Daten des aktuellen Fragebogens gespeichert wurden.

Nach dem letzten eingegebenen Fragebogen wählen Sie «Eingabe beenden».
Wenn die Dateneingabe beendet ist, empfiehlt es sich, eine Sicherheitskopie der Dateien anzulegen. Dafür kopieren Sie am besten den ganzen Ordner des jeweiligen Jahrgangs an einen anderen Ort und fügen dem Ordnernamen *Backup* oder *Kopie* hinzu.

Ein Tipp zur schnellen Dateneingabe: Benutzen Sie das Nummernfeld Ihrer Tastatur (dies kann mit der Taste «Num» aktiviert werden). In der Ausgangsstellung haben Sie den Daumen der rechten Hand auf der «Pfeil nach unten»-Taste, den Zeige-, Mittel- und Ringfinger auf den Zahlen 1 bis 3. Auf diese Weise können Sie die Daten sehr schnell eingeben – mit etwas Übung schaffen Sie 20 bis 30 Fragebögen pro Stunde!

3.4.4 Datenauswertung und Interpretation

Daten auswerten in GrafStat

Wenn Sie die Dateneingabe abgeschlossen haben, geht es an die Auswertung der Daten. Für eine einfache Auszählung der Daten klicken Sie im GrafStat-Menü in der Rubrik «Daten auswerten und präsentieren» auf «Grundauswertung». Diese Auswertung wird in Form von rtf-Dateien im Befragungsordner gespeichert, die rtf-Dateien können bspw. mit dem Programm Word geöffnet werden.

Komfortabler sind jedoch die Möglichkeiten der Schaltfläche «*Grafische Auswertung*». Sie haben dort den hier abgebildeten Auswertungsbildschirm vor sich und können dann diverse statistische und grafische Auswertungen vornehmen.

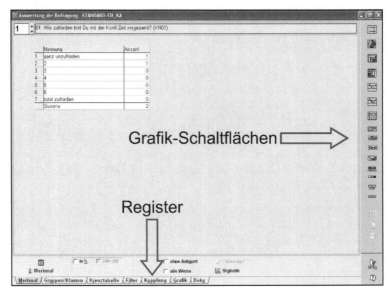

Die wichtigsten Auswertungen für die Evaluation der Konfirmandenarbeit sind bereits voreingestellt. Klicken Sie dazu zunächst auf das Register «Grafik».

Rechts oben auf dem Bildschirm erscheint folgendes Drop-down-Menü (siehe Bildausschnitt):

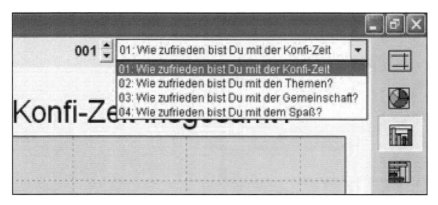

Mit diesem Drop-down-Menü können Sie die von uns voreingestellten Standardauswertungen abrufen. Mit den Pfeilen bei der Zahl «001» können Sie durch die Auswertung blättern oder über das Drop-down einzelne Auswertungen direkt anwählen. Alle Items des Fragebogens werden hier grafisch dargestellt.

Mittelwerte berechnen lassen und vergleichen

Wenn Sie im Drop-down die Auswertung 001 «Mittelwerte» auswählen, klicken Sie unten im Menü auf das Register «Kopplung». Dann werden die Mittelwerte aller Fragen berechnet.

Die Mittelwerte werden dabei für jeden Fragebereich mit einer Tabelle dargestellt. Kopplung A fasst z. B. alle Fragen des Blocks «Wie zufrieden bist du mit …?» zusammen (diese Kopplungen finden Sie auch in dem Dokument *Mittelwert-Vergleichstabellen.pdf*).

Damit die Mittelwerte angezeigt werden, wählen Sie die gewünschte Kopplung, indem Sie den entsprechenden Buchstaben anklicken (siehe Abbildung).

Mit den Mittelwert-Vergleichstabellen erhalten Sie einen kompakten Überblick über die Antworten in Ihrer Gemeinde. Wie das funktioniert, wird am Anfang des Dokuments *Mittelwert-Vergleichstabellen.pdf* kurz beschrieben.

Angelegte Kopplungen			
Nr	Bezeichnung	Kopplung	gruppieren
A	Wie zufrieden bist Du mit ...?	1;2;3;4;5;6;7;8	
B	Während der Konfi-Zeit ...	15;16;17;18;19	
C	Wenn Du an die Konfirmation denkst: Was ist [	22;23;24	
D	Was Konfirmanden glauben und denken	25;26;27;28;29	
E	Wie denkst Du über die Kirche?	38;39;40;41;42	
F	Deine Erfahrungen sind gefragt	50;51;52;53;54	
G	Deine Erfahrungen sind gefragt	58;59;60;61;62	
H	Inwiefern würdest Du diesen Aussagen zustimm	65;66;67;68;69	
I			
J			

A

Wie zufrieden bist Du mit ...?

Nr	Merkmal	ganz unzufrieden	2	3	4	5	6	total zufrie	Summe	Mittelwert
1	01: Wie zufrieden bist Du mit der Kor	0	1	1	4	5	6	3	20	5,15
2	02: Wie zufrieden bist Du mit den Th	1	1	3	5	6	3	1	20	4,35
3	03: Wie zufrieden bist Du mit der Ge	1	1	1	3	4	5	5	20	5,15
4	04: Wie zufrieden bist Du mit dem S	1	1	2	2	4	5	5	20	5,10
5	05: Wie zufrieden bist Du mit den Rä	1	1	1	5	5	4	3	20	4,80
6	06: Wie zufrieden bist Du mit dem/de	1	1	1	2	3	6	6	20	5,35
7	07: Wie zufrieden bist Du mit anderei	1	1	2	2	4	6	4	20	5,05
8	08: Wie zufrieden bist Du mit den Go	1	2	3	5	5	3	1	20	4,20
9	09: Wie zufrieden bist Du mit den An	1	2	2	7	4	3	1	20	4,20
10	10: Wie zufrieden bist Du mit Musik	2	1	2	5	4	3	3	20	4,45
11	11: Wie zufrieden bist Du mit Freizeit	1	1	1	2	3	5	7	20	5,40

Interpretation der Daten

Bei der Betrachtung der Zahlen muss immer bedacht werden, dass solche Daten erst aussagekräftig sind, wenn sie – möglichst im Team – interpretiert werden. Selbstverständlich sind auch Gespräche mit den Konfirmandinnen und Konfirmanden ein bedeutender Aspekt der Auswertung.

Der Vergleich Ihrer Daten mit Gesamtmittelwerten der Bundesweiten Studie 2007/2008 stellt lediglich eine Orientierung dar und gibt Hinweise auf «Stärken» und «Schwächen». Selbstverständlich sollen die Fragebögen nicht zu einer Normierung von Konfirmandenarbeit beitragen.

Das Team der Bundesweiten Studie zur Konfirmandenarbeit freut sich über Rückmeldungen und Verbesserungsvorschläge. Bitte nehmen Sie dazu per E-Mail unter info@konfirmandenarbeit.eu Kontakt mit uns auf.

3.4.5 Weitere Hinweise für Fortgeschrittene

Wenn Sie weitere Items in den Fragebogen einbauen wollen, dann müssen Sie sowohl das Word-Dokument als auch die GrafStat-Datenmaske verändern. Das geht wie folgt:

164

Anpassen des Fragebogens

Für das Anpassen des (Papier-)Fragebogens können in Microsoft Word die (am Bildschirm grau hinterlegten) Formularfelder genutzt werden.

Eigene Items können an folgenden Stellen eingefügt werden:

Items 12,13 im Fragenblock «Rückblick auf Deine Konfi-Zeit» unter der Fragestellung «*Wie zufrieden bist Du mit ...?*» Beispielsweise könnten Sie in Zeile 12 *Gemeindepraktikum* einfügen.

Items 73 bis 77 im Fragenblock «Deine Erfahrungen sind gefragt» unter der Fragestellung «*Inwiefern würdest Du diesen Aussagen zustimmen?*» Hier formulieren Sie kurze und leicht verständliche Aussagen. Vermeiden Sie Doppelfragen (wie «Das Material und die Inhalte haben mir gut gefallen»), Verneinungen («Es hat mir nicht gefallen») und Suggestivfragen.

Offene Fragen können unter «Sonstiges» eingefügt werden. Als Anregung können die Formulierungen aus der Bundesweiten Studie dienen: «Was ich sonst noch sagen wollte ...» oder «Wenn Du Pfarrer wärst, wie würdest Du die Konfi-Zeit gestalten?».

Anpassen der Daten-Maske in GrafStat

Falls Sie eigene Items zum Fragebogen hinzugefügt haben, müssen Sie anschließend die GrafStat-Datenmaske an die Papierversion des Fragebogens anpassen.

- Öffnen Sie dazu die Datei standard-fb_ka.gdf mit GrafStat.
- Klicken Sie links unten in der Rubrik Fragebogen auf «Bearbeiten».
- Klicken Sie sich rechts oben durch die Fragen, bis Sie zu 12, 13 und/oder 73 gelangen.
- Fügen Sie jeweils den Fragetext des neuen Items ein. Das Feld «Antwort» bleibt unverändert. Bestätigen Sie mit «Speichern» (falls eine Rückfrage zum Frageblock erscheint: «Ja» wählen).
- Wichtig: Ändern Sie außer dem «Fragetext» der eigenen Fragen nichts an der Datenmaske, sonst funktioniert die Standard-Auswertung (Drop-down-Menü) nicht mehr.
- Verfahren Sie entsprechend mit den weiteren Items.
- Wenn Sie damit fertig sind, wählen Sie «Eingabe beenden».

Tipp: Falls Sie mit dem von Ihnen geänderten Fragebogen auch im nächsten Jahr eine Auswertung machen wollen, sollten Sie jetzt, vor der Eingabe der ersten Daten, diese vorbereitete Datenmaske wiederum kopieren. Dafür kopieren Sie den gesamten Ordner (z. B. als *2010_auswertung*) als Vorlage an eine andere Stelle.

Weitere Möglichkeiten mit GrafStat

Zur Weiterverwendung Ihrer Auswertungen stehen Ihnen im Register «Grafik» mehrere Möglichkeiten zur Verfügung:

- Drucken: Wenn Sie eine Auswertung direkt ausdrucken wollen, wählen Sie das Druckersymbol 🖨 in der rechten Funktionsleiste.
- Das Diskettensymbol 💾 (ebenfalls in der rechten Funktionsleiste) führt Sie zu einem Auswahlmenü:
- Das mit «Speichern» verbundene Ändern des Drop-down-Menüs empfehlen wir nur für GrafStat-Profis.
- Über «Exportieren» können Sie die aktuelle Grafik als Bild oder als Tabelle speichern.
- Wenn Sie danach «Kopieren» wählen, haben Sie die Grafik in der Zwischenablage und können diese über «Bearbeiten ... Einfügen» direkt in Word, PowerPoint usw. verwenden.
- Indem Sie im neuen Fenster unten nochmals «Exportieren» wählen, speichern Sie eine Datei ab.

GrafStat kann grundsätzlich auch per *Bildschirm-Interview oder als Internetbefragung* durchgeführt werden. Die aktuelle Version der Bildschirmbefragung ist allerdings leider wenig benutzerfreundlich, so dass wir zur herkömmlichen Methode der Listeneingabe raten.

In GrafStat gibt es noch eine Fülle weiterer Möglichkeiten. Klicken Sie sich einfach durch die verschiedenen Schaltflächen oder nutzen Sie die zahlreichen Auswertungen, die mit der rechten Maustaste erreichbar sind. Die wesentlichen Möglichkeiten sind jedoch oben erläutert. Statistik-Profis können die Daten über die Funktion «Urliste/Export» auch in andere Programme exportieren.

Falls Sie allgemeine Fragen zu GrafStat haben oder mit Hilfe dieses Programms ganz eigene Befragungen vornehmen wollen, stehen Ihnen über die Hilfefunktion von GrafStat sowie unter www.forschenmitgrafstat.de/forum entsprechende Informationen zur Verfügung[120].

---

120 Die ausführlichen Hintergründe sowie Vergleichsdaten und Anregungen zur Interpretation enthält der Ergebnisband der Bundesweiten Studie zur Konfirmandenarbeit: W. Ilg/F. Schweitzer/V. Elsenbast, in Verbindung mit M. Otte Konfirmandenarbeit in Deutschland. Empirische Einblicke – Herausforderungen – Perspektiven. Gütersloh 2009; Weitere Materialien finden Sie unter www.konfirmandenarbeit.eu im Internet.

4. Anhang

4.1 Fragebogen

4.1.1 Hauptverantwortliche

| | Fragebogen für den/die Hauptverantwortliche/n | EBERHARD KARLS UNIVERSITÄT TÜBINGEN |  |

Der/die **Hauptverantwortliche** der Konfirmandenarbeit wird gebeten, diesen Fragebogen zu Strukturdaten **und** den einliegenden gelben Fragebogen zu bearbeiten.

Alle **weiteren Mitarbeitenden** füllen <u>nur</u> einen gelben Fragebogen aus.

Mit Ihren Angaben helfen Sie, wichtige Informationen über die Konfirmandenarbeit zu erheben. Danke, dass Sie sich die Zeit dafür nehmen!

AKTIVITÄTEN IN DER KONFI-ZEIT

Welche Aktivitäten durchläuft ein Konfirmand des aktuellen Jahrgangs, wenn er/sie sich „ganz normal" bei der Konfi-Zeit vom ersten Treffen bis zur Konfirmation 2008 beteiligt?

Trifft etwas nicht zu, tragen Sie bitte eine 0 ein.

bitte hier
Zahlen eintragen
(ggf. Schätzwerte)

51	Anzahl <u>aller</u> Treffen der Gesamtgruppe:	☐☐	Treffen (ohne „normale" Gottesdienste)
52	„Normale" Unterrichtsstunden (ohne Ausflüge, Aktionen usw.): insgesamt	☐☐	Stunden (à 60 Min.)
53	Anzahl von „Konfi-Tagen" mit mind. 3 Stunden Dauer (z.B. Konfi-Samstag; ohne Ausflüge und Freizeiten):	☐☐	Konfi-Tage
54	Anzahl der Ausflüge (mind. 3 Stunden Dauer):	☐☐	Ausflüge
55	Freizeiten, Camps und Lager: insgesamt	☐☐	Übernachtungen
56	Gemeindepraktikum: insgesamt	☐☐	Stunden pro Konfirmand/in
57	Gemeinsame Aktivitäten mit der kirchlichen Jugendarbeit am Ort (falls vorhanden)	☐☐	Treffen / Aktionen
58	Sonstiges, nämlich	☐☐	mal in der Konfi-Zeit
59	Sonstiges, nämlich	☐☐	mal in der Konfi-Zeit

Wo trifft sich die Konfi-Gruppe normalerweise? (mehrere Kreuze möglich)
☐ Kirche (nur ankreuzen, wenn diese auch außerhalb der Gottesdienste genutzt wird)
☐ Gemeindehaus
☐ Pfarrhaus
☐ Schule
☐ Sonstiges, nämlich _____

167

An welchen **Wochentagen** sind die regulären Gruppentreffen? (mehrere Kreuze möglich)
☐ *kein fester Tag in der Woche* (dann bitte weiter zur nächsten Frage)
☐ Montag ☐ Dienstag ☐ Mittwoch
☐ Donnerstag ☐ Freitag ☐ Samstag
☐ Sonntag (nur ankreuzen, falls sonntags Gruppentreffen außerhalb der Gottesdienste stattfinden)

In einigen Gemeinden werden für die Konfirmandenzeit **Vereinbarungen** zwischen Gemeinde und Konfirmand abgeschlossen. Gibt es das bei Ihnen auch?
☐ Ja, eine Art Vertrag, den der Konfirmand unterzeichnen muss.
☐ Es gibt lediglich Merkblätter o.ä., aber ohne „Vertrags-Charakter" und Unterschrift.
☐ Es gibt keine solchen schriftlichen Vereinbarungen.

Wann werden die **nicht-getauften Konfirmanden üblicherweise getauft?** (nur 1 Kreuz)
☐ Sie werden bei der Konfirmationsfeier getauft.
☐ Sie werden 1-4 Wochen vor der Konfirmationsfeier getauft.
☐ Sie werden mehr als 4 Wochen vor der Konfirmationsfeier getauft.
☐ Die Konfirmation ist auch ohne Taufe möglich.

Wie handhaben Sie das **Abendmahl** im Zusammenhang mit der Konfirmandenzeit? (nur 1 Kreuz)
☐ Die Konfirmanden nehmen von Anfang an beim Abendmahl teil.
☐ Die Konfirmanden feiern ihr erstes Abendmahl während der Konfirmandenzeit im Gemeindegottesdienst.
☐ Die Konfirmanden feiern ihr erstes Abendmahl während der Konfirmandenzeit in der Konfirmandengruppe (ohne die Gemeinde).
☐ Die Konfirmanden feiern ihr erstes Abendmahl im Umfeld der Konfirmationsfeier (auch Vorabend oder Folgewoche).

Wird Ihre Konfirmandenarbeit normalerweise **ausgewertet** (unabhängig von dieser Studie)? (mehrere Kreuze möglich)
☐ mit Fragebögen für die Eltern
☐ mit Fragebögen für die Konfirmanden
☐ durch mündliches Feedback der Konfirmanden
☐ nicht in formaler Weise
☐ anders, nämlich _____

Wie viele **verschiedene Schulen** besuchen die Konfirmanden der Befragungsgruppe? (gemeint sind nicht Schularten, sondern Schulen)

66   insgesamt [   ] verschiedene Schulen

Wie ist in den **Wohngebieten**, in denen sich die Gemeinde befindet, insgesamt die **soziale Zusammensetzung**, also wie stark sind hier die folgenden Bevölkerungsgruppen vertreten?

	Wie stark sind die hier vertreten?	praktisch gar nicht	eher wenig	mittel	eher stark	sehr stark	weiß nicht
67	Ältere Menschen im Rentenalter	☐	☐	☐	☐	☐	☐
68	Junge Leute	☐	☐	☐	☐	☐	☐
69	Familien mit Kindern	☐	☐	☐	☐	☐	☐
70	Leute mit geringem Einkommen, wie etwa einfache Arbeiter und Angestellte	☐	☐	☐	☐	☐	☐
71	Leute mit hohem Einkommen, wie etwa höhere Berufsgruppen und Akademiker	☐	☐	☐	☐	☐	☐
72	Ausländer und ausländische Familien	☐	☐	☐	☐	☐	☐

Wie oft wurden die folgenden
Methoden und Handlungsformen
bei diesem Konfirmandenjahrgang eingesetzt?

		nie	selten	hin und wieder	häufig
73	Vortrag (Leiter spricht / erzählt über ein Thema)	☐	☐	☐	☐
74	Diskussionen	☐	☐	☐	☐
75	Rollenspiel und Theater	☐	☐	☐	☐
76	Lernstraßen	☐	☐	☐	☐
77	Rätsel und Quizfragen	☐	☐	☐	☐
78	Spiele	☐	☐	☐	☐
79	Geschichten und Erzählungen	☐	☐	☐	☐
80	zeichnen, malen und kreatives Gestalten	☐	☐	☐	☐
81	Gebet	☐	☐	☐	☐
82	mit Bibeltexten arbeiten	☐	☐	☐	☐
83	mit anderen Texten arbeiten	☐	☐	☐	☐
84	gemeinsam singen	☐	☐	☐	☐
85	Musik machen	☐	☐	☐	☐
86	mit Internet oder SMS arbeiten	☐	☐	☐	☐
87	Gruppenarbeit	☐	☐	☐	☐
88	Gespräche mit Experten	☐	☐	☐	☐
89	auswendig gelernte Texte aufsagen	☐	☐	☐	☐
90	Erkundungsgänge und Exkursionen	☐	☐	☐	☐
91	Begegnungen mit Menschen aus der Gemeinde	☐	☐	☐	☐
92	Meditation / Stille-Übungen	☐	☐	☐	☐
93	Erlebnispädagogische Übungen	☐	☐	☐	☐
94	Sonstiges, nämlich	☐	☐	☐	☐

Wie oft arbeiten Sie bei den Konfirmanden mit dem
folgenden Material bzw. den folgenden Medien?

		nie	selten	hin und wieder	häufig
95	Bibel	☐	☐	☐	☐
96	Katechismus	☐	☐	☐	☐
97	Evangelisches Gesangbuch (EG)	☐	☐	☐	☐
98	Moderne christliche Lieder	☐	☐	☐	☐
99	Konfirmandenmappe/Kursbuch, nämlich	☐	☐	☐	☐
100	Arbeitsblätter	☐	☐	☐	☐
101	eigene Materialien	☐	☐	☐	☐
102	Filme	☐	☐	☐	☐
103	Tafel oder Flipchart	☐	☐	☐	☐
104	Computer und Datenprojektor	☐	☐	☐	☐
105	CD-ROMs oder andere Datenträger	☐	☐	☐	☐
106	Tageslichtprojektor	☐	☐	☐	☐
107	Musikinstrumente	☐	☐	☐	☐
108	Sonstiges, nämlich	☐	☐	☐	☐

169

Welchen **Stellenwert hat die Konfirmandenarbeit für Sie persönlich** im Vergleich zu anderen
Arbeitsfeldern der Gemeindearbeit (z.B. Seniorenarbeit, Diakonie, Schulunterricht o.ä.)?
Die Konfirmandenarbeit ist für mich persönlich ...

☐ eines der unwichtigsten Arbeitsfelder
☐ eher unwichtig
☐ so wichtig wie andere Arbeitsfelder auch
☐ eines der wichtigen Arbeitsfelder
☐ (fast) das allerwichtigste Arbeitsfeld

Gibt es bei Ihnen spezielle **Verknüpfungsbemühungen von der Konfirmandenzeit zur
Jugendarbeit**? Wenn ja, beschreiben Sie diese bitte hier:

....
....
....

Jugendliche verbringen mehr und mehr Zeit in der **Schule**. Haben Sie den Eindruck, dass dies die
Konfirmandenarbeit bei Ihnen in irgendeiner Weise beeinflusst? Wenn ja, inwiefern?

....
....
....
....

Wie viele Personen (haupt- und ehrenamtlich) sind
bei Ihnen insgesamt in der Konfirmandenarbeit engagiert?

Summe insgesamt	**davon entweder**	regelmäßig dabei	**oder**	zusätzlich nur bei Einzelaktionen (z.B. Ausflüge) dabei
☐☐	=	☐☐	+	☐☐

Ab hier nur auszufüllen, wenn es außer Ihnen weitere Konfi-Mitarbeitende gibt:

Bei uns arbeiten **zumindest punktuell** mit: hier Anzahl eintragen

115	Pfarrer / Pfarrerinnen	☐☐
116	Diakone / Diakoninnen	☐☐
117	Eltern der Konfirmanden	☐☐
118	Ehrenamtliche über 18 Jahren (Konfirmanden-Eltern hier nicht mitzählen)	☐☐
119	Ehrenamtliche unter 18 Jahren	☐☐
120	Sonstige, nämlich	☐☐

– Bitte noch den gelben Fragebogen ausfüllen und wieder einlegen. Vielen Dank! –

4.1.2 Konfirmandinnen und Konfirmanden t_1

Bundesweite Studie
zur Konfirmandenarbeit
www.konfirmandenarbeit.eu

Fragebogen für
Konfirmandinnen
und Konfirmanden

EBERHARD KARLS
UNIVERSITÄT
TÜBINGEN

Wenn du das farbige Info-Blatt gelesen hast, beginne bitte hier mit dem Ankreuzen:

DENKE EINMAL AN DEN BEGINN DEINER KONFI-ZEIT ZURÜCK ...

Setze in jeder Zeile ein Kreuz

Ich habe mich zur Konfi-Zeit angemeldet, ...	trifft gar nicht zu						trifft voll zu
01 weil sich Freunde von mir konfirmieren lassen.	□	□	□	□	□	□	□
02 weil ich persönlich eingeladen wurde (z.B. durch einen Brief).	□	□	□	□	□	□	□
03 weil es eine gute alte Tradition ist.	□	□	□	□	□	□	□
04 weil ich als Kind getauft worden bin.	□	□	□	□	□	□	□
05 weil ich mich zur Teilnahme gezwungen fühlte.	□	□	□	□	□	□	□
06 weil es meine Eltern wollten.	□	□	□	□	□	□	□
07 weil es meine Großeltern wollten.	□	□	□	□	□	□	□
08 weil ich gehört habe, dass die Konfi-Zeit Spaß macht.	□	□	□	□	□	□	□

Vielleicht hattest Du mit deiner Anmeldung zur Konfi-Zeit bestimmte Ziele:

Setze in jeder Zeile ein Kreuz

Ich habe mich zur Konfi-Zeit angemeldet, ...	trifft gar nicht zu						trifft voll zu
09 um mehr über Gott und Glauben zu erfahren.	□	□	□	□	□	□	□
10 um die Gemeinschaft in der Konfi-Gruppe zu erleben.	□	□	□	□	□	□	□
11 um selbst über meinen Glauben entscheiden zu können.	□	□	□	□	□	□	□
12 um einen wichtigen Schritt zum Erwachsenwerden zu tun.	□	□	□	□	□	□	□
13 um Taufpate werden zu können.	□	□	□	□	□	□	□
14 um Freunde zu treffen oder kennen zu lernen.	□	□	□	□	□	□	□
15 um darüber nachzudenken, was gut oder schlecht ist für mein Leben.	□	□	□	□	□	□	□
16 um im Glauben an Gott gestärkt zu werden.	□	□	□	□	□	□	□
17 um bei der Konfirmation ein großes Familienfest feiern zu können.	□	□	□	□	□	□	□
18 um am Ende Geld oder Geschenke zu bekommen.	□	□	□	□	□	□	□
19 um bei der Konfirmation den Segen zu empfangen.	□	□	□	□	□	□	□

Wer hat Deine Entscheidung, Dich anzumelden, **am meisten** beeinflusst?
(bitte nur eine Möglichkeit ankreuzen)

□ meine Familie   □ meine Freunde   □ ich selbst

□ Sonstige, nämlich: _____

Wie viele von Deinen Mitkonfirmanden **kanntest Du schon vor eurer Konfi-Zeit**?
(zumindest mit Namen)

□ (fast) niemanden   □ weniger als die Hälfte   □ etwa die Hälfte   □ mehr als die Hälfte   □ (fast) alle

49815

1

Setze in jeder Zeile ein Kreuz
Was meinst Du zu den folgenden Aussagen?

trifft gar nicht zu — trifft voll zu

22	Die Welt ist von Gott erschaffen.	☐	☐	☐	☐	☐	☐	☐
23	Es gibt ein Leben nach dem Tod.	☐	☐	☐	☐	☐	☐	☐
24	Gott liebt jeden Menschen und kümmert sich um uns.	☐	☐	☐	☐	☐	☐	☐
25	Jesus ist auferstanden.	☐	☐	☐	☐	☐	☐	☐
26	Ich bin mir unsicher, was ich glauben soll.	☐	☐	☐	☐	☐	☐	☐
27	Ich spreche mit anderen Menschen immer wieder über Gott.	☐	☐	☐	☐	☐	☐	☐
28	Bei manchen meiner Freunde ist es mir peinlich zu sagen, dass ich an der Konfi-Zeit teilnehme.	☐	☐	☐	☐	☐	☐	☐
29	In schwierigen Situationen hilft mir mein Glaube an Gott.	☐	☐	☐	☐	☐	☐	☐
30	Ich glaube an Gott.	☐	☐	☐	☐	☐	☐	☐
31	Ich weiß, was zum christlichen Glauben gehört.	☐	☐	☐	☐	☐	☐	☐
32	Ich versuche, nach den Zehn Geboten zu leben.	☐	☐	☐	☐	☐	☐	☐
33	Am Ende der Konfi-Zeit möchte ich auf jeden Fall konfirmiert werden.	☐	☐	☐	☐	☐	☐	☐

Wie würdest Du Deine jetzige **Einstellung zum christlichen Glauben** insgesamt beschreiben?

☐ sehr negativ   ☐ eher negativ   ☐ weder negativ noch positiv   ☐ eher positiv   ☐ sehr positiv

Setze in jeder Zeile ein Kreuz
Wie denkst Du über die Kirche?

trifft gar nicht zu — trifft voll zu

35	Es ist für mich wichtig, zur Kirche zu gehören.	☐	☐	☐	☐	☐	☐	☐
36	Auf die Fragen, die mich wirklich bewegen, hat die Kirche keine Antwort.	☐	☐	☐	☐	☐	☐	☐
37	Falls ich später einmal Kinder habe, will ich sie taufen lassen.	☐	☐	☐	☐	☐	☐	☐
38	Gottesdienste sind meistens langweilig.	☐	☐	☐	☐	☐	☐	☐
39	Die Kirche tut viel Gutes für die Menschen.	☐	☐	☐	☐	☐	☐	☐
40	Wenn ich persönliche Probleme habe, würde ich mich an einen Pfarrer oder eine Pfarrerin wenden.	☐	☐	☐	☐	☐	☐	☐
41	Unser Kirchengebäude bedeutet mir viel.	☐	☐	☐	☐	☐	☐	☐
42	Ich hätte Interesse daran, nach der Konfirmation in eine kirchliche Jugendgruppe zu gehen.	☐	☐	☐	☐	☐	☐	☐

Mal abgesehen von der Konfi-Zeit: **Wie häufig** tust Du die folgenden Dinge normalerweise?
(bitte kreuze in jeder Zeile die Antwort an, die am ehesten zutrifft)

		täglich	mehrmals pro Woche	einmal pro Woche	seltener	nie
43	Ich denke über Gott nach.	☐	☐	☐	☐	☐
44	Ich bete alleine.	☐	☐	☐	☐	☐
45	Ich bete gemeinsam mit anderen.	☐	☐	☐	☐	☐

Welche Bedeutung hat die Religion in deinem **Elternhaus**?
Ich komme aus einem ...

☐ sehr religiösen Elternhaus   ☐ ziemlich religiösen Elternhaus   ☐ weniger religiösen Elternhaus   ☐ überhaupt nicht religiösen Elternhaus

59001

2

172

Egal, ob Du gerade am Anfang Deiner Konfi-Zeit bist oder schon einiges dabei erlebt hast:
Sicherlich hast Du bestimmte Erwartungen. Was ist Dir wichtig?

Setze in jeder Zeile ein Kreuz

In der Konfi-Zeit ist es mir wichtig, ...	trifft gar nicht zu						trifft voll zu
47	einen eigenen Standpunkt zu wichtigen Lebensfragen zu finden.	□	□	□	□	□	□	□
48	Texte des christlichen Glaubens auswendig zu lernen (z.B. das Glaubensbekenntnis).	□	□	□	□	□	□	□
49	persönlichen Kontakt zu den Leitern und Mitarbeitern zu bekommen.	□	□	□	□	□	□	□
50	die Themen selbst mitzubestimmen.	□	□	□	□	□	□	□
51	viel „Action" zu machen.	□	□	□	□	□	□	□
52	Ausflüge zu machen und auf Freizeiten / Rüstzeiten / Lager zu fahren.	□	□	□	□	□	□	□
53	gemeinsam zu singen oder Musik zu machen.	□	□	□	□	□	□	□
54	an den Gruppenterminen regelmäßig teilzunehmen.	□	□	□	□	□	□	□
55	die Sonntagsgottesdienste regelmäßig zu besuchen.	□	□	□	□	□	□	□
56	ohne allzu großen Stress durch die Konfi-Zeit zu kommen.	□	□	□	□	□	□	□
57	dass meine Glaubensfragen vorkommen.	□	□	□	□	□	□	□

Setze in jeder Zeile ein Kreuz

Wie groß ist dein Interesse an folgenden Themen?	kein Interesse						großes Interesse
58	Taufe	□	□	□	□	□	□	□
59	Abendmahl	□	□	□	□	□	□	□
60	Ablauf und Sinn des Gottesdienstes	□	□	□	□	□	□	□
61	Unsere Kirchengemeinde	□	□	□	□	□	□	□
62	Jesus Christus	□	□	□	□	□	□	□
63	Bibel	□	□	□	□	□	□	□
64	Andere Religionen	□	□	□	□	□	□	□
65	Gerechtigkeit und Verantwortung für andere	□	□	□	□	□	□	□
66	Freundschaft	□	□	□	□	□	□	□
67	Gewalt und Kriminalität	□	□	□	□	□	□	□
68	Der Sinn des Lebens	□	□	□	□	□	□	□

Geschlecht: □ männlich   □ weiblich

Alter: □ 12   □ 13   □ 14   □ 15   □ 16   □ Sonstiges, nämlich: ☐☐

Wie viele **Geschwister** hast du?
□ 0   □ 1   □ 2   □ 3   □ 4 und mehr

Wie viele **Bücher** habt ihr zuhause?
Auf einen Meter Regalbrett passen ungefähr 40 Bücher. Zähle Zeitschriften bitte nicht mit.
□ keine   □ 1-10   □ 11-50
□ 51-100   □ 101-250   □ 251-500   □ mehr als 500 Bücher

Bist du **getauft**?
□ Ja.
□ Nein.
□ Ich weiß nicht.

59575

173

Staatsangehörigkeit:
☐ Schweiz ☐ Andere, nämlich: _____

Schulart:
☐ Sek A ☐ Sek B ☐ Sek C
☐ Mittelschule ☐ Privatschule ☐ Heilpädagogische Schule
☐ Sonstige, nämlich: _____

In welchem Land bist Du / sind Deine Eltern **geboren**?

	Schweiz	anderes Land, nämlich:	weiß nicht
Ich selbst	☐	_____	☐
Meine Mutter	☐	_____	☐
Mein Vater	☐	_____	☐

Hast Du (mehr als drei Mal) bei einer **christlichen Gruppe oder Veranstaltung der Kirche** teilgenommen (Kindergottesdienst, Jugendgottesdienste, Lager usw.) ...

... im Alter von 5-9 Jahren? ☐ Ja ☐ Nein ☐ weiß nicht
... im Alter von 10 Jahren bis heute? ☐ Ja ☐ Nein ☐ weiß nicht

Besuchst Du in diesem Schuljahr den **schulischen Religionsunterricht**?
☐ Ja.
☐ Nein
☐ Es gibt bei uns (in diesem Schuljahr) keinen schulischen Religionsunterricht.

Anonymer persönlicher Code
Wozu ist dieser Code wichtig? Einige Wochen vor der Konfirmation werdet ihr noch einmal einen Fragebogen bekommen, der uns bei der Gesamtauswertung helfen soll. Mit diesem Code können wir dann Deine beiden Bögen einander zuordnen, ohne dass wir wissen, welcher Fragebogen von wem stammt.
Beispiel: Rolfs Mutter heißt Gudrun; er hat am 12. Juni Geburtstag. → *Sein Code:* **L D 0 6**

Trage hier bitte deinen Code in GROSSBUCHSTABEN ein:

Dritter Buchstabe Dein Geburts**monat**
Deines Vornamens als Zahl (z.B. Februar = 02)

Dritter Buchstabe
des Vornamens
Deiner Mutter

Was ich sonst noch sagen wollte:

- Herzlichen Dank für das Ausfüllen des Fragebogens! -

4.1.3 Konfirmandinnen und Konfirmanden t₂

**Fragebogen für
Konfirmandinnen
und Konfirmanden
am Ende der Konfi-Zeit**

Wenn Du das farbige Info-Blatt gelesen hast, beginne bitte hier mit dem Ankreuzen:

RÜCKBLICK AUF DEINE KONFI-ZEIT

Setze in jeder Zeile ein Kreuz

	Wie zufrieden bist du mit ... ?	ganz unzufrieden						total zufrieden	gab es bei uns nicht
01	Konfi-Zeit insgesamt	☐	☐	☐	☐	☐	☐	☐	☐
02	Themen	☐	☐	☐	☐	☐	☐	☐	☐
03	Gemeinschaft	☐	☐	☐	☐	☐	☐	☐	☐
04	Spaß	☐	☐	☐	☐	☐	☐	☐	☐
05	Räume	☐	☐	☐	☐	☐	☐	☐	☐
06	Pfarrer(in) / Konfi-Hauptverantwortliche(r)	☐	☐	☐	☐	☐	☐	☐	☐
07	andere Mitarbeiterinnen und Mitarbeiter	☐	☐	☐	☐	☐	☐	☐	☐
08	Gottesdienste	☐	☐	☐	☐	☐	☐	☐	☐
09	Andachten	☐	☐	☐	☐	☐	☐	☐	☐
10	Musik / Lieder / Singen	☐	☐	☐	☐	☐	☐	☐	☐
11	Freizeit / Rüstzeit / Lager	☐	☐	☐	☐	☐	☐	☐	☐

Setze in jeder Zeile ein Kreuz

	Während der Konfi-Zeit ...	trifft gar nicht zu						trifft voll zu
12	habe ich mehr über Gott und Glauben erfahren.	☐	☐	☐	☐	☐	☐	☐
13	habe ich gute Gemeinschaft in der Konfi-Gruppe erlebt.	☐	☐	☐	☐	☐	☐	☐
14	habe ich wichtige Grundlagen bekommen, um über meinen Glauben entscheiden zu können.	☐	☐	☐	☐	☐	☐	☐
15	habe ich einen wichtigen Schritt zum Erwachsenwerden getan.	☐	☐	☐	☐	☐	☐	☐
16	wurde ich im Glauben an Gott gestärkt.	☐	☐	☐	☐	☐	☐	☐
17	habe ich etwas über das Leben nach dem Tod erfahren.	☐	☐	☐	☐	☐	☐	☐
18	habe ich mehr über andere Religionen erfahren.	☐	☐	☐	☐	☐	☐	☐
19	bin ich ins Nachdenken darüber gekommen, was gut oder schlecht ist für mein Leben.	☐	☐	☐	☐	☐	☐	☐

Wie viele von Deinen Mitkonfirmanden **kennst Du jetzt mit Namen?**

☐ (fast) niemanden   ☐ weniger als die Hälfte   ☐ etwa die Hälfte   ☐ mehr als die Hälfte   ☐ (fast) alle

Setze in jeder Zeile ein Kreuz

	Wenn du an die Konfirmation denkst: Was ist dir wichtig?	trifft gar nicht zu						trifft voll zu
21	Mir ist es wichtig, bei der Konfirmation ein großes Familienfest zu feiern.	☐	☐	☐	☐	☐	☐	☐
22	Mir ist es wichtig, bei der Konfirmation den Segen zu empfangen.	☐	☐	☐	☐	☐	☐	☐
23	Mir ist es wichtig, am Ende Geld oder Geschenke zu bekommen.	☐	☐	☐	☐	☐	☐	☐

56985

Konfirmanden-FB t₂ - v.2.0   1

Setze in jeder Zeile ein Kreuz
Was meinst Du zu den folgenden Aussagen?

		trifft gar nicht zu						trifft voll zu
24	Die Welt ist von Gott erschaffen.	☐	☐	☐	☐	☐	☐	☐
25	Es gibt ein Leben nach dem Tod.	☐	☐	☐	☐	☐	☐	☐
26	Gott liebt jeden Menschen und kümmert sich um uns.	☐	☐	☐	☐	☐	☐	☐
27	Jesus ist auferstanden.	☐	☐	☐	☐	☐	☐	☐
28	Ich bin mir unsicher, was ich glauben soll.	☐	☐	☐	☐	☐	☐	☐
29	Ich spreche mit anderen Menschen immer wieder über Gott.	☐	☐	☐	☐	☐	☐	☐
30	Bei manchen meiner Freunde ist es mir peinlich zu sagen, dass ich an der Konfi-Zeit teilnehme.	☐	☐	☐	☐	☐	☐	☐
31	In schwierigen Situationen hilft mir mein Glaube an Gott.	☐	☐	☐	☐	☐	☐	☐
32	Ich glaube an Gott.	☐	☐	☐	☐	☐	☐	☐
33	Ich weiß, was zum christlichen Glauben gehört.	☐	☐	☐	☐	☐	☐	☐
34	Ich versuche, nach den Zehn Geboten zu leben.	☐	☐	☐	☐	☐	☐	☐
35	Am Ende der Konfi-Zeit möchte ich auf jeden Fall konfirmiert werden.	☐	☐	☐	☐	☐	☐	☐

Wie würdest Du Deine jetzige **Einstellung zum christlichen Glauben** insgesamt beschreiben?

☐ sehr negativ   ☐ eher negativ   ☐ weder negativ noch positiv   ☐ eher positiv   ☐ sehr positiv

Setze in jeder Zeile ein Kreuz
Wie denkst Du über die Kirche?

		trifft gar nicht zu						trifft voll zu
37	Es ist für mich wichtig, zur Kirche zu gehören.	☐	☐	☐	☐	☐	☐	☐
38	Auf die Fragen, die mich wirklich bewegen, hat die Kirche keine Antwort.	☐	☐	☐	☐	☐	☐	☐
39	Falls ich später einmal Kinder habe, will ich sie taufen lassen.	☐	☐	☐	☐	☐	☐	☐
40	Gottesdienste sind meistens langweilig.	☐	☐	☐	☐	☐	☐	☐
41	Die Kirche tut viel Gutes für die Menschen.	☐	☐	☐	☐	☐	☐	☐
42	Wenn ich persönliche Probleme habe, würde ich mich an einen Pfarrer oder eine Pfarrerin wenden.	☐	☐	☐	☐	☐	☐	☐
43	Unser Kirchengebäude bedeutet mir viel.	☐	☐	☐	☐	☐	☐	☐
44	Ich hätte Interesse daran, nach der Konfirmation in eine kirchliche Jugendgruppe zu gehen.	☐	☐	☐	☐	☐	☐	☐

Wie würdest Du Deine jetzige **Einstellung zur Evangelischen Kirche** insgesamt beschreiben?

☐ sehr negativ   ☐ eher negativ   ☐ weder negativ noch positiv   ☐ eher positiv   ☐ sehr positiv

Mal abgesehen von der Konfi-Zeit: **Wie häufig** tust Du die folgenden Dinge normalerweise?
Bitte kreuze in jeder Zeile die Antwort an, die am ehesten zutrifft.

		täglich	mehrmals pro Woche	einmal pro Woche	seltener	nie
46	Ich denke über Gott nach.	☐	☐	☐	☐	☐
47	Ich bete alleine.	☐	☐	☐	☐	☐
48	Ich bete gemeinsam mit anderen.	☐	☐	☐	☐	☐

176

Setze in jeder Zeile ein Kreuz

In der Konfi-Zeit ...	trifft gar nicht zu						trifft voll zu
49	habe ich guten persönlichen Kontakt zu den Leitern und Mitarbeitern bekommen.	☐	☐	☐	☐	☐	☐	☐
50	konnten wir die Themen, die behandelt wurden, mitbestimmen.	☐	☐	☐	☐	☐	☐	☐
51	gab es viel „Action".	☐	☐	☐	☐	☐	☐	☐
52	habe ich die Aktivitäten insgesamt als stressig empfunden.	☐	☐	☐	☐	☐	☐	☐
53	kamen auch meine Glaubensfragen zur Sprache.	☐	☐	☐	☐	☐	☐	☐
54	habe ich mich manchmal als Außenseiter gefühlt.	☐	☐	☐	☐	☐	☐	☐
55	habe ich Lust bekommen, mich ehrenamtlich einzusetzen.	☐	☐	☐	☐	☐	☐	☐
56	habe ich jugendgemäße Gottesdienste erlebt.	☐	☐	☐	☐	☐	☐	☐
57	habe ich Gottesdienste mit vorbereitet.	☐	☐	☐	☐	☐	☐	☐
58	sind mir Menschen begegnet, die ihr Christsein überzeugend leben.	☐	☐	☐	☐	☐	☐	☐
59	konnte man an Beispielen erleben, wie Menschen mit verschiedenen Überzeugungen respektvoll miteinander umgehen.	☐	☐	☐	☐	☐	☐	☐
60	habe ich an den Gruppenterminen regelmäßig teilgenommen.	☐	☐	☐	☐	☐	☐	☐
61	habe ich die Sonntagsgottesdienste regelmäßig besucht.	☐	☐	☐	☐	☐	☐	☐
62	lernte ich unsere Gemeinde besser kennen.	☐	☐	☐	☐	☐	☐	☐
63	habe ich zeitweise in Angeboten der Gemeinde (z.B. bei einem Praktikum) mitgearbeitet.	☐	☐	☐	☐	☐	☐	☐

Setze in jeder Zeile ein Kreuz

Inwiefern würdest Du diesen Aussagen zustimmen?	trifft gar nicht zu						trifft voll zu
64	Was ich in der Konfi-Zeit gelernt habe, hat mit meinem Alltag wenig zu tun.	☐	☐	☐	☐	☐	☐	☐
65	Wenn wir in der Konfirmandengruppe beten, fühle ich mich dabei wohl.	☐	☐	☐	☐	☐	☐	☐
66	Was man in der Konfi-Zeit macht, ist interessanter als das, was in der Schule so läuft.	☐	☐	☐	☐	☐	☐	☐
67	Ich habe erfahren, dass mein Einsatz für andere Menschen wichtig ist.	☐	☐	☐	☐	☐	☐	☐
68	Ich habe erfahren, dass mein Einsatz für den Frieden wichtig ist.	☐	☐	☐	☐	☐	☐	☐
69	Mir wurde meine Verantwortung für die Umwelt (stärker) bewusst.	☐	☐	☐	☐	☐	☐	☐
70	Wenn es möglich wäre, würde ich mich am liebsten konfirmieren lassen ohne vorher die Konfi-Zeit mitzumachen.	☐	☐	☐	☐	☐	☐	☐
71	Ich habe den Eindruck, dass ich in unserer Kirchengemeinde willkommen und anerkannt bin.	☐	☐	☐	☐	☐	☐	☐

DAUER DER KONFI-ZEIT

Wenn Du auf die Gesamtdauer der Konfi-Zeit zurückblickst:
Fandest Du die Konfi-Zeit insgesamt ...

☐ zu kurz
☐ genau richtig
☐ zu lang

50059

177

Wie häufig wurden die folgenden Dinge in der Konfi-Zeit gemacht?

Bitte in jeder Zeile ein Kreuz setzen

	(fast) jedes Mal	manchmal	einmal in der ganzen Konfi-Zeit	nie
73 Bei Erzählungen / Geschichten zuhören	☐	☐	☐	☐
74 Arbeit in Kleingruppen	☐	☐	☐	☐
75 Spiele	☐	☐	☐	☐
76 gemeinsam beten	☐	☐	☐	☐
77 gemeinsam singen	☐	☐	☐	☐
78 auswendig gelernte Texte aufsagen	☐	☐	☐	☐

Kennst du die folgenden Texte auswendig?

Bitte in jeder Zeile ein Kreuz setzen

	kenne ich nicht auswendig	kenne ich nur ungefähr auswendig	kenne ich ziemlich genau auswendig
79 Das Vaterunser „Vater unser im Himmel ..."	☐	☐	☐
80 Das Glaubensbekenntnis „Ich glaube an Gott ..."	☐	☐	☐
81 Psalm 23 „Der Herr ist mein Hirte ..."	☐	☐	☐
82 Die Zehn Gebote „Ich bin der Herr, dein Gott. Du sollst ..."	☐	☐	☐

INFOS ZU DIR

Anonymer persönlicher Code
Mit diesem Code können wir die Bögen aus den verschiedenen Befragungen einander zuordnen, ohne dass wir wissen, welcher Fragebogen von wem stammt.
Beispiel: Rolfs Mutter heißt Gudrun; er hat am 12. Juni Geburtstag. → Sein Code: **L D 0 6**

Trage hier bitte Deinen Code mit GROSSBUCHSTABEN ein:

Dritter Buchstabe Deines Vornamens

Dein Geburtsmonat als Zahl (z.B. Februar = 02)

Dritter Buchstabe des Vornamens Deiner Mutter

Dein Geschlecht: ☐ männlich ☐ weiblich

Das Ausfüllen des Fragebogens...
☐ hat Spaß gemacht   ☐ finde ich okay   ☐ hat mich genervt

Hast du im Herbst den ersten Fragebogen dieser Studie auch ausgefüllt?
☐ Nein   ☐ Ja   ☐ weiß nicht

Wenn du Pfarrer wärst: Wie würdest du die Konfi-Zeit gestalten?

- Herzlichen Dank für das Ausfüllen des Fragebogens! -

178

4.1.4 Mitarbeitende t_1

Fragebogen für Mitarbeitende in der Konfirmandenarbeit

Bitte lesen Sie vor dem Ausfüllen des Fragebogens das farbige Informationsblatt.

WAS IST IHNEN FÜR DIE KONFIRMANDENARBEIT WICHTIG?

Im Folgenden finden Sie einige Themen, die in der Konfirmandenarbeit vorkommen können. Bitte geben Sie jeweils an, wie wichtig es Ihnen ist, dass die Konfirmanden hierzu etwas erfahren.

Setzen Sie bitte in jeder Zeile ein Kreuz

	Dieses Thema halte ich in der Konfirmandenarbeit für ...	nicht wichtig						sehr wichtig
01	Die Zehn Gebote	☐	☐	☐	☐	☐	☐	☐
02	Christliche Feste (z.B. Weihnachten, Ostern, Pfingsten)	☐	☐	☐	☐	☐	☐	☐
03	Taufe	☐	☐	☐	☐	☐	☐	☐
04	Abendmahl	☐	☐	☐	☐	☐	☐	☐
05	Ablauf und Sinn des Gottesdienstes	☐	☐	☐	☐	☐	☐	☐
06	Glaubensbekenntnis	☐	☐	☐	☐	☐	☐	☐
07	Jesus Christus	☐	☐	☐	☐	☐	☐	☐
08	Heiliger Geist	☐	☐	☐	☐	☐	☐	☐
09	Kirchenraum bzw. Kirche als Gebäude	☐	☐	☐	☐	☐	☐	☐
10	evangelisch – katholisch	☐	☐	☐	☐	☐	☐	☐
11	Andere Religionen	☐	☐	☐	☐	☐	☐	☐
12	Bewahrung der Schöpfung und Ökologie	☐	☐	☐	☐	☐	☐	☐
13	Diakonie bzw. diakonisches Handeln	☐	☐	☐	☐	☐	☐	☐
14	Sinn des Lebens	☐	☐	☐	☐	☐	☐	☐
15	Gerechtigkeit und Verantwortung für andere	☐	☐	☐	☐	☐	☐	☐
16	Freundschaft	☐	☐	☐	☐	☐	☐	☐
17	Körper und Sexualität	☐	☐	☐	☐	☐	☐	☐
18	Gewalt und Kriminalität	☐	☐	☐	☐	☐	☐	☐

Die folgenden Fragen befassen sich mit dem, was die Konfirmanden in ihrer Konfi-Zeit tun und erleben. Wie wichtig sind Ihnen die genannten Dinge?

Setzen Sie bitte in jeder Zeile ein Kreuz

	Die Konfirmandinnen und Konfirmanden sollen in der Konfirmandenarbeit ...	nicht wichtig						sehr wichtig
19	ins Nachdenken über Tod und Auferstehung kommen.	☐	☐	☐	☐	☐	☐	☐
20	zeitweise in Angeboten der Gemeinde mitarbeiten (z.B. Praktikum).	☐	☐	☐	☐	☐	☐	☐
21	an den Gruppenterminen verlässlich teilnehmen.	☐	☐	☐	☐	☐	☐	☐
22	jugendgemäße Formen des Gottesdienstes erleben (z.B. Jugendgottesdienste).	☐	☐	☐	☐	☐	☐	☐
23	die Sonntagsgottesdienste entsprechend der Regelungen in dieser Gemeinde besuchen.	☐	☐	☐	☐	☐	☐	☐
24	immer wieder selbst Gottesdienste mitgestalten.	☐	☐	☐	☐	☐	☐	☐
25	Ausflüge und Freizeiten / Rüstzeiten / Lager erleben.	☐	☐	☐	☐	☐	☐	☐
26	bestärkt werden, sich konfirmieren zu lassen, wenn sie unentschlossen sind.	☐	☐	☐	☐	☐	☐	☐
27	die Themen mitbestimmen können.	☐	☐	☐	☐	☐	☐	☐
28	Menschen kennen lernen, denen der Glaube wichtig ist.	☐	☐	☐	☐	☐	☐	☐
29	die Bibel (besser) kennen lernen.	☐	☐	☐	☐	☐	☐	☐

51318

1

bitte wenden!

Was soll die Konfirmandenarbeit bei den Konfirmandinnen und Konfirmanden **bewirken**?

Die Konfirmandinnen und Konfirmanden sollen ...	nicht wichtig						sehr wichtig
30 einen eigenen Standpunkt zu wichtigen Lebensfragen entwickeln.	☐	☐	☐	☐	☐	☐	☐
31 in ihrem Glauben gestärkt werden.	☐	☐	☐	☐	☐	☐	☐
32 zentrale Texte des christlichen Glaubens auswendig lernen (z.B. das Glaubensbekenntnis).	☐	☐	☐	☐	☐	☐	☐
33 in ihrer persönlichen und sozialen Entwicklung unterstützt werden.	☐	☐	☐	☐	☐	☐	☐
34 unsere Kirchengemeinde besser kennen lernen.	☐	☐	☐	☐	☐	☐	☐
35 Angebote der kirchlichen Jugendarbeit kennen lernen.	☐	☐	☐	☐	☐	☐	☐
36 für eine Mitarbeit in der Gemeinde gewonnen werden.	☐	☐	☐	☐	☐	☐	☐
37 in ihrer Kreativität gefördert werden.	☐	☐	☐	☐	☐	☐	☐
38 Spaß am Singen oder Musikmachen bekommen.	☐	☐	☐	☐	☐	☐	☐
39 Formen zur Gestaltung von Stille, Andacht oder Meditation erleben.	☐	☐	☐	☐	☐	☐	☐
40 lernen, ihren Alltag in der Beziehung zu Gott zu gestalten.	☐	☐	☐	☐	☐	☐	☐

Und für wie wichtig halten Sie die folgenden Ziele?	nicht wichtig						sehr wichtig
41 Der Konfirmationsgottesdienst soll gemeinsam mit den Konfirmandinnen und Konfirmanden inhaltlich vorbereitet werden.	☐	☐	☐	☐	☐	☐	☐
42 Die Konfirmandenarbeit soll als missionarische Chance genutzt werden, junge Menschen für den Glauben zu gewinnen.	☐	☐	☐	☐	☐	☐	☐
43 Die Jugendlichen sollen in ihrer Konfirmandengruppe Gemeinschaft erleben.	☐	☐	☐	☐	☐	☐	☐
44 Für Jungen und Mädchen sollen in der Konfirmandenarbeit zeitweise getrennte Angebote gemacht werden.	☐	☐	☐	☐	☐	☐	☐
45 Mit jedem Konfirmanden möchte ich mindestens einmal persönlich sprechen.	☐	☐	☐	☐	☐	☐	☐
46 Die Konfirmandenarbeit unserer Gemeinde soll mit der Schule kooperieren.	☐	☐	☐	☐	☐	☐	☐
47 In unserer Konfirmandenarbeit soll es viel „Action" geben.	☐	☐	☐	☐	☐	☐	☐
48 Die Konfirmandenarbeit soll dazu beitragen, dass gute Kontakte der Kirchengemeinde zu den Konfirmanden-Eltern entstehen.	☐	☐	☐	☐	☐	☐	☐
49 Der Kirchenvorstand / Kirchgemeinderat soll mit der Konfirmandenarbeit zufrieden sein.	☐	☐	☐	☐	☐	☐	☐

Hier noch einige Aussagen, bei denen wir um Ihre Einschätzung bitten:

Inwiefern trifft diese Aussage für Sie zu?	trifft gar nicht zu						trifft voll zu
50 Ich kenne die verbindlichen Vorgaben für die Konfirmandenarbeit (kirchliche Ordnungen).	☐	☐	☐	☐	☐	☐	☐
51 Ich richte mich nach diesen verbindlichen Vorgaben.	☐	☐	☐	☐	☐	☐	☐
52 Wir Mitarbeitenden haben alle ähnliche Ziele mit der Konfi-Zeit.	☐	☐	☐	☐	☐	☐	☐
53 Die Gemeinschaft mit den anderen Mitarbeitenden ist mir sehr wichtig.	☐	☐	☐	☐	☐	☐	☐
54 Das Zusammensein mit den Konfirmanden macht mir Spaß.	☐	☐	☐	☐	☐	☐	☐
55 Ich wäre froh, wenn ich die Konfirmandenarbeit nicht mehr machen müsste.	☐	☐	☐	☐	☐	☐	☐
56 Als Mitarbeiter/in möchte ich für Jüngere ein Vorbild sein.	☐	☐	☐	☐	☐	☐	☐
57 Mir persönlich ist der Glaube an Gott wichtig.	☐	☐	☐	☐	☐	☐	☐
58 Meine pädagogische Kompetenz für die Konfirmandenarbeit halte ich für gut.	☐	☐	☐	☐	☐	☐	☐
59 Meine theologische Kompetenz für die Konfirmandenarbeit halte ich für gut.	☐	☐	☐	☐	☐	☐	☐

43522

Geschlecht: ☐ männlich   ☐ weiblich

Ihr Alter: ☐☐ Jahre

Konfessionszugehörigkeit
☐ keine ☐ evangelisch ☐ katholisch ☐ Sonstige, nämlich: _____

Staatsangehörigkeit
☐ Schweiz   ☐ Andere, nämlich: _____

Wie viele von den Konfirmandinnen und Konfirmanden **kannten Sie schon vor deren Konfi-Zeit?**
(zumindest mit Namen)
☐ (fast) keine/n ☐ weniger als die Hälfte ☐ etwa die Hälfte ☐ mehr als die Hälfte ☐ (fast) alle

In welcher Funktion sind Sie in der Konfirmandenarbeit tätig?
☐ Pfarrer/in   ☐ Vikar/in
☐ Katechet/-in
☐ Sonstige haupt- oder nebenamtliche Kraft, nämlich: _____
☐ Freiwillige/r

Bitte kreuzen Sie an, wie lange / ob Sie schon in folgenden Gruppen **(mit)gearbeitet** haben:
Setzen Sie bitte in jeder Zeile ein Kreuz

		länger als 3 Jahre	1 bis 3 Jahre	weniger als 1 Jahr	nie
66	Kinderkirche / Kindergottesdienst	☐	☐	☐	☐
67	2.-4. Klass-Unterricht / JuKi / Domino / Kolibri	☐	☐	☐	☐
68	Andere kirchliche Gruppen, z.B. Kirchenchor, kirchliche Sportgruppe, Cevi, Pfadi	☐	☐	☐	☐
69	Kirchliche Gremien	☐	☐	☐	☐
70	Vereine oder Gruppen außerhalb der Kirche (z.B. Sport- oder Musikverein)	☐	☐	☐	☐
71	Religionsunterricht an der Schule	☐	☐	☐	☐

Bei wie vielen Konfirmandenjahrgängen vor dem jetzigen haben Sie **schon mitgearbeitet?**
☐ 0   ☐ 1   ☐ 2 bis 5   ☐ 6 bis 10   ☐ mehr als 10

Haben Sie irgendwann **an Ausbildungs- / Fortbildungs- / Schulungsmaßnahmen**
speziell für die Konfirmandenarbeit teilgenommen? *(mehrere Kreuze möglich)*

☐ Nein, keine besonderen Schulungen für die Konfirmandenarbeit.
☐ Ja, im Rahmen meiner haupt- bzw. nebenberuflichen Ausbildung.
☐ Ja, bei einer speziellen Ausbildung / Fortbildung zur Konfirmandenarbeit.
☐ Ich habe allgemeine Jugendleiterschulungen oder ähnliches besucht.

Anonymer persönlicher Code

Wozu ist dieser Code wichtig? Einige Wochen
vor der Konfirmation gibt es nochmals eine
Befragung. Mit diesem Code können wir Ihre
beiden Bögen einander zuordnen, ohne dass
wir wissen, welcher Fragebogen von wem
stammt.
Beispiel: Rolfs Mutter heißt Gudrun; er hat am
12. Juni Geburtstag.→ Sein Code: **L D 0 6**

Tragen Sie hier bitte Ihren Code in GROSSBUCHSTABEN ein:

Dritter Buchstabe   Ihr Geburtsmonat
Ihres Vornamens   als Zahl (z.B. Februar = 02)

Dritter Buchstabe
des Vornamens
Ihrer Mutter

13493

Die folgenden Fragen sollen nur **einmal pro befragter Konfirmandengruppe** durch den Leiter bzw. die Leiterin der Konfirmandenarbeit (z.B. Pfarrer/in) beantwortet werden.
Alle anderen Mitarbeitenden beenden das Ausfüllen des Bogens bitte an dieser Stelle.

Wie **werben** Sie für die Konfirmandenarbeit? *(mehrere Kreuze möglich)*
☐ über die Eltern
☐ in der Schule (z.B. Religionsunterricht)
☐ über die Zeitung
☐ im Gemeindebrief / Mitteilungsblatt der Kirchengemeinde
☐ durch einen Brief an die Jugendlichen und deren Eltern
☐ Sonstiges, nämlich:

Wie viele **Gottesdienste** müssen die Konfirmanden während ihrer Konfirmandenzeit mindestens besuchen?
☐ keine feste Zahl   ☐ 1 bis 5   ☐ 6 bis 15   ☐ 16 bis 25   ☐ 26 oder mehr

Die **Zahl der Gottesdienstbesuche** durch die Konfirmanden wird bei Ihnen ...
☐ durch „harte Anwesenheitskontrollen" überprüft (z.B. Unterschrift einholen).
☐ durch „weiche Anwesenheitskontrollen" überprüft (z.B. Gottesdienst-Kerze für jede/n Konfirmand/in)
☐ nicht überprüft.

Gibt es in Ihrer Gemeinde auch **Konfirmandenunterricht für Erwachsene**?
☐ Nein.
☐ Ja. *In diesem Fall bitten wir Sie unten bei „Anmerkungen" um eine kurze Beschreibung, wie das abläuft.*

Nur von den Gemeinden zu beantworten, bei denen i.d.R. mindestens 10 % einer Schulklasse an der Jugendweihe teilnehmen (zumeist in Ostdeutschland der Fall):

Gab oder gibt es bei Ihnen eine Form der „**kirchlichen Jugendfeier**" als Alternative zu Jugendweihe und Konfirmation oder Überlegungen dazu?
☐ Nein.
☐ Ja. *In diesem Fall bitten wir Sie unten bei „Anmerkungen" um eine Beschreibung.*

Anmerkungen:

_____

_____

_____

_____

_____

_____

_____

_____

_____

- Herzlichen Dank für das Ausfüllen des Fragebogens! -

[ ] [ ] [ ] [ ] [ ]

39925

MA-FB t₁ - v.2.0   4

4.1.5 Mitarbeitende t₂

Bundesweite Studie
zur Konfirmandenarbeit
www.konfirmandenarbeit.eu

**Fragebogen
für Mitarbeitende
am Ende der Konfi-Zeit**

EBERHARD KARLS
UNIVERSITÄT
TÜBINGEN

Wenn Sie auf die Konfi-Zeit zurück blicken:
Was haben die Konfirmanden dabei (Ihrer Wahrnehmung nach) erlebt, gelernt und gemacht?

Setzen Sie bitte in jeder Zeile *ein* Kreuz	trifft gar nicht zu						trifft voll zu
Die Konfirmanden ...							
01	lernten zentrale Texte des christlichen Glaubens auswendig (z.B. das Glaubensbekenntnis).	☐ ☐ ☐ ☐ ☐ ☐ ☐					
02	erfuhren Unterstützung in ihrer persönlichen und sozialen Entwicklung.	☐ ☐ ☐ ☐ ☐ ☐ ☐					
03	lernten unsere Kirchengemeinde besser kennen.	☐ ☐ ☐ ☐ ☐ ☐ ☐					
04	lernten Jugendarbeitsangebote der Kirche kennen.	☐ ☐ ☐ ☐ ☐ ☐ ☐					
05	wurden zu ehrenamtlicher Arbeit motiviert.	☐ ☐ ☐ ☐ ☐ ☐ ☐					
06	lernten Formen von Stille, Andacht oder Meditation kennen.	☐ ☐ ☐ ☐ ☐ ☐ ☐					
07	bekamen Grundlagen vermittelt, um eine Entscheidung über ihren Glauben treffen zu können.	☐ ☐ ☐ ☐ ☐ ☐ ☐					
08	haben in Angeboten der Gemeinde mitgearbeitet.	☐ ☐ ☐ ☐ ☐ ☐ ☐					
09	bekamen einen Überblick über christliche Traditionen – Symbole, Feste, Kunst usw.	☐ ☐ ☐ ☐ ☐ ☐ ☐					
10	haben die Themenauswahl in der Konfi-Zeit mitbestimmt.	☐ ☐ ☐ ☐ ☐ ☐ ☐					
11	konnten jugendgemäße Formen des Gottesdienstes (z.B. Jugendgottesdienste) erleben.	☐ ☐ ☐ ☐ ☐ ☐ ☐					
12	waren bei der Vorbereitung von Gottesdiensten beteiligt.	☐ ☐ ☐ ☐ ☐ ☐ ☐					
13	wurden mit ihren Glaubensfragen berücksichtigt.	☐ ☐ ☐ ☐ ☐ ☐ ☐					

Welche Themen und Aktivitäten in der Konfi-Zeit vorkommen, hängt von verschiedenen Faktoren ab:

Wie stark ist bei der Entscheidung darüber der Einfluss von ... ?	kein Einfluss	geringer Einfluss	starker Einfluss	sehr starker Einfluss
14	Pfarrer(in) bzw. Hauptverantwortliche(r)	☐	☐	☐	☐
15	Ehrenamtliche / Mitarbeiter-Team	☐	☐	☐	☐
16	Konfirmanden	☐	☐	☐	☐
17	Eltern der Konfirmanden	☐	☐	☐	☐
18	Kirchengemeinderat / Kirchenvorstand	☐	☐	☐	☐
19	Offizielle Regelungen / Rahmenordnung Konfirmandenarbeit	☐	☐	☐	☐
20	die örtliche Tradition, „wie es immer schon war"	☐	☐	☐	☐

Weitere Fragen:	überhaupt nicht						voll und ganz
21	Wie zufrieden sind Sie mit der Konfirmandenarbeit in Ihrer Gemeinde insgesamt?	☐ ☐ ☐ ☐ ☐ ☐ ☐					
22	Machen Sie die Konfirmandenarbeit gerne?	☐ ☐ ☐ ☐ ☐ ☐ ☐					
23	Wie angemessen finden Sie die finanzielle Ausstattung der Konfirmandenarbeit in Ihrer Gemeinde?	☐ ☐ ☐ ☐ ☐ ☐ ☐					
24	Empfinden Sie die Zusammenarbeit im Konfirmanden-Mitarbeiter-Team als gelungen? (nur zu beantworten, wenn es ein Team gibt)	☐ ☐ ☐ ☐ ☐ ☐ ☐					

Wie viele von den Konfirmandinnen und Konfirmanden **kennen Sie jetzt mit Namen?**

☐ (fast) keine/n   ☐ weniger als die Hälfte   ☐ etwa die Hälfte   ☐ mehr als die Hälfte   ☐ (fast) alle

183

Setzen Sie bitte in jeder Zeile *ein* Kreuz

Inwiefern stimmen Sie diesen Aussagen zu?

		trifft gar nicht zu						trifft voll zu
26	Ich habe mit jedem Konfirmand während der Konfi-Zeit mindestens einmal persönlich gesprochen.	□	□	□	□	□	□	□
27	Der Konfirmationsgottesdienst wurde/wird gemeinsam mit den Konfirmandinnen und Konfirmanden inhaltlich vorbereitet.	□	□	□	□	□	□	□
28	Unsere Konfirmandenarbeit hat zu gutem Kontakt zwischen Kirchengemeinde und Konfirmanden-Eltern beigetragen.	□	□	□	□	□	□	□
29	Bei diesem Jahrgang gab es in unserer Gemeinde Zusammenarbeit zwischen Konfirmandenarbeit und Schule (z.B. gemeinsame Projekte).	□	□	□	□	□	□	□
30	In unserer Gemeinde gibt es Jugendgruppen, die für Konfirmierte geeignet sind.	□	□	□	□	□	□	□
31	Wenn ein Konfirmand Interesse hat, ehrenamtlich in unserer Gemeinde mitzuarbeiten, gibt es hier Gelegenheiten dafür.	□	□	□	□	□	□	□
32	Wenn ich Probleme mit der Konfirmandenarbeit habe, gibt es jemanden, mit dem ich das besprechen kann.	□	□	□	□	□	□	□
33	Ich tausche mich häufig mit Mitarbeitenden/Kollegen aus anderen Gemeinden über die Konfirmandenarbeit aus.	□	□	□	□	□	□	□
34	Ich wäre froh, wenn ich die Konfirmandenarbeit nicht mehr machen müsste.	□	□	□	□	□	□	□

Wie häufig kamen die folgenden Dinge vor?

		nie	selten	hin und wieder	häufig
35	Die Zeit für die Vorbereitung der Treffen war mir zu knapp.	□	□	□	□
36	Ich war nach einer Konfirmandenstunde damit zufrieden, wie die Konfirmanden mitgemacht haben.	□	□	□	□
37	Ich war nach einer Konfirmandenstunde damit zufrieden, was die Konfirmanden gelernt oder erfahren haben.	□	□	□	□
38	Ich war nach der Durchführung einer Konfirmandenstunde damit zufrieden, wie ich es gemacht habe.	□	□	□	□
39	Es gab Disziplinprobleme in der Konfirmandengruppe.	□	□	□	□
40	Einzelne Konfirmanden hatten Probleme, die Zeit für die Konfi- Termine freizuhalten (z.B. durch Schultermine, Vereine ...).	□	□	□	□
41	Eltern von Konfirmanden suchten den Kontakt mit mir.	□	□	□	□
42	Es gab Konflikte zwischen mir/uns und Konfirmanden-Eltern.	□	□	□	□
43	Ein Team von Konfi-Mitarbeitenden traf sich, um eine Unterrichtsstunde bzw. eine Aktion vorzubereiten.	□	□	□	□
44	Es gab Konflikte im Team der Konfi-Mitarbeitenden.	□	□	□	□
45	Bei den Konfi-Treffen waren Ehrenamtliche mit dabei.	□	□	□	□

EINIGE ANGABEN ZU IHRER PERSON

Ihr Geschlecht: □ männlich   □ weiblich

Anonymer persönlicher Code

Dieser Code ermöglicht es uns, die Bögen der verschiedenen Befragungen anonym einander zuzuordnen.
Beispiel: Rolfs Mutter heißt Gudrun; er hat am 12. Juni Geburtstag. → *Sein Code:* **L D 0 6**

Dritter Buchstabe Ihres Vornamens

Ihr Geburtsmonat als Zahl (z.B. Februar = 02)

Dritter Buchstabe des Vornamens Ihrer Mutter

Welchen Schulabschluss haben Sie?
□ bin noch Schüler/-in
□ habe folgenden Schulabschluss (z.B. „Abitur"): _____

Vielen Dank für das Ausfüllen des Fragebogens!

Mitarbeitenden-FB t_2 - v.2.0   2   [ ] [ ] [ ] [ ] [ ]

64056

184

4.1.6 Eltern

Sehr geehrte Eltern der Konfirmandinnen und Konfirmanden,
wir möchten Sie um Ihre Unterstützung bitten: Im Zuge der „bundesweiten Studie zur Konfirmandenarbeit", bei der die Konfirmanden und Mitarbeitenden von über 700 Kirchengemeinden befragt werden, sind wir auch an der Meinung von Konfirmanden-Eltern interessiert. Bitte füllen Sie diesen Fragebogen aus und legen Sie ihn dann anonym in den Umschlag. Wenn von einem Konfirmand zwei Erziehungsberechtigte da sind, füllen Sie bitte jeweils einen eigenen Fragebogen aus.
Bitte setzen Sie bei jeder Frage genau ein Kreuz. ☒
Bei einigen Fragen bilden die Kästchen eine Skala. Dies ermöglicht Ihnen Abstufungen zwischen den Antwortmöglichkeiten ganz links und ganz rechts.
Vielen Dank für Ihre Unterstützung!

---

01 **Wie zufrieden sind Sie** mit der Konfirmandenarbeit hier insgesamt?
ganz unzufrieden ☐ ☐ ☐ ☐ ☐ ☐ ☐ total zufrieden

02 **Wie zufrieden ist Ihr Kind** mit der Konfirmandenarbeit hier insgesamt?
ganz unzufrieden ☐ ☐ ☐ ☐ ☐ ☐ ☐ total zufrieden

03 Wie viel hat Ihr Kind **zuhause über das berichtet**, was es in der Konfirmanden-Zeit erlebt hat?
sehr wenig ☐ ☐ ☐ ☐ ☐ ☐ ☐ sehr viel

04 Wurden Sie von der Gemeinde **ausreichend informiert** über das, was in der Konfirmanden-Zeit lief?
nicht ausreichend ☐ ☐ ☐ ☐ ☐ ☐ ☐ ausreichend

05 Hat sich **Ihre Haltung zur Kirchengemeinde** während der Konfirmanden-Zeit Ihres Kindes geändert?
negative Veränderung ☐ ☐ ☐ ☐ ☐ ☐ ☐ positive Veränderung

06 Wie wichtig ist es Ihnen persönlich, **dass sich Ihr Kind konfirmieren lässt**?
nicht wichtig ☐ ☐ ☐ ☐ ☐ ☐ ☐ sehr wichtig

07 Wie wichtig ist Ihnen persönlich der **Glaube an Gott**?
nicht wichtig ☐ ☐ ☐ ☐ ☐ ☐ ☐ sehr wichtig

08 Wie häufig haben Sie während der Konfirmanden-Zeit Ihres Kindes den **Sonntagsgottesdienst** besucht?
☐ weniger als sonst ☐ wie sonst auch ☐ häufiger als sonst

09 Hat sich aufgrund der Konfirmanden-Zeit Ihres Kindes **Ihr eigenes Interesse an religiösen Themen** verändert?
☐ Interesse wurde geringer ☐ gleich wie früher ☐ Interesse wurde stärker

10 Hat sich aufgrund der Konfirmanden-Zeit (nach Ihrer Einschätzung) das **Interesse Ihres Kindes an religiösen Themen** verändert?
☐ Interesse wurde geringer ☐ gleich wie früher ☐ Interesse wurde stärker

11 Wurden **Sie selbst als Jugendliche(r) konfirmiert**? ☐ Nein ☐ Ja

12 ➞ *falls „Ja"*: Wie haben Sie Ihre eigene Konfirmanden-Zeit in **Erinnerung**?
sehr unangenehm ☐ ☐ ☐ ☐ ☐ ☐ ☐ sehr angenehm

Eltern-FB t₂ - v.2.0   **1**   **bitte wenden!**   60946

13 Haben Sie bei einzelnen Aktionen während der Konfirmanden-Zeit Ihres Kindes **mitgewirkt**?

☐ Es wurde nicht danach gefragt

☐ Es wurde danach gefragt, aber ich habe mich nicht gemeldet

☐ Ja, ich habe bei Folgendem mitgewirkt: _____

14 Wie wird das **Konfirmationsfest in Ihrer Familie** gefeiert?

☐ gar nicht

☐ eher im kleinen Kreis

☐ als ein Fest wie andere Feste im Jahr auch (z.B. Geburtstage)

☐ als eines der wichtigsten Feste im Leben meines Kindes

15 **Geschlecht Ihres Kindes** (das jetzt Konfirmand/in ist):   ☐ männlich   ☐ weiblich

EINIGE ANGABEN ZU IHRER PERSON

16 **Ihr Geschlecht:**   ☐ männlich   ☐ weiblich

17 **Ihr Alter:** ☐☐ Jahre

18 **Ihr Familienstand:**

☐ ledig, ohne feste Partnerbeziehung

☐ ledig, in fester Partnerbeziehung

☐ verheiratet

☐ geschieden

☐ verwitwet

Sonstiges (z.B. „bin Großmutter des Konfirmanden"): _____

19 **Anonymer Code des Konfirmanden**

Dieser Code ermöglicht es uns, die Fragebögen von Eltern und Konfirmanden einander zuzuordnen, ohne dass die Anonymität aufgehoben wird.
Beispiel: Rolfs Mutter heißt Gudrun; er hat am 12. Juni Geburtstag.
→ *Code:* **L D 0 6**

Dritter Buchstabe des Vornamens des Konfirmanden

Der Geburts**monat** des Konfirmanden als Zahl (z.B. Februar = 02)

Dritter Buchstabe des Vornamens der Mutter des Konfirmanden

20 **Was ich sonst noch zur Konfirmandenarbeit sagen möchte:**

_____

_____

_____

_____

- Herzlichen Dank für das Ausfüllen des Fragebogens! -

Informationen zu dieser Befragung finden Sie im Internet unter www.konfirmandenarbeit.eu

Eltern-FB t₂ - v.2.0   2   [ ] [ ] [ ] [ ] [ ]

1302

186

4.2   Item-Listen

Mit *anders gefärbtem Hintergrund* sind in Teil B diejenigen Mittelwerte hervorgehoben, die sich vom EKD-Gesamtmittelwert um einen Differenzwert von mehr als 0,3 unterscheiden:

- Hellgrau: Der Wert der Zürcher Landeskirche liegt mehr als 0,3 höher als der EKD-Gesamtwert.
- Dunkelgrau: Der Wert der Zürcher Landeskirche liegt mehr als 0,3 niedriger als der EKD-Gesamtwert.

Die Hervorhebung gibt es nur bei Items mit einer 7-stufigen Antwortskala, also überall dort, wo Mittelwert und Standardabweichung in den Tabellen angegeben sind.

Bei den Daten der Mitarbeitenden sind *Mittelwerte sowohl für alle Mitarbeitenden als auch nur für die Pfarrer/-innen* abgedruckt Bei einigen Items sind unterschiedliche Antworten zwischen Pfarrer/-innen und Ehrenamtlichen erwartbar, beispielsweise bei der Frage, ob die kirchlichen Ordnungen zur Konfirmandenarbeit bekannt sind (WE01). In Landeskirchen mit wenigen Ehrenamtlichen wird der Gesamtmittelwert M, der die Antworten aller Mitarbeitenden zusammenfasst, hier naturgemäss höher sein als der Gesamtmittelwert in den EKD-Daten. Zu vergleichen ist also stets der Wert M_{Pfr} der Landeskirche mit M_{Pfr} auf EKD-Ebene.

Die Items aller Fragebögen tragen Namen, deren Anfangsbuchstaben oben eingetragen sind. Der zweite Buchstabe kennzeichnet den Frage-Abschnitt, gefolgt von einer zweistelligen Nummerierung. Korrespondierende Items zwischen t_1 und t_2 sind in Ziffer 2–4 jeweils identisch, beispielsweise entsprechen sich CE01 und KE01. Im Mitarbeitenden-Fragebogen gibt es zu beiden Zeitpunkten zusätzliche Fragestellungen, die nur vom Hauptverantwortlichen der Gruppe beantwortet wurden, auch sie beginnen mit den Kennbuchstaben W_ bzw. V_.

Die Reihenfolge der Item-Nummerierung entspricht nicht immer der Reihenfolge in den Fragebögen. Zwischen den aufsteigenden Nummern der Items eines Frage-Abschnitts fehlen z. T. einzelne Zahlen (z. B. zwischen KB11 und KB14). Hintergrund ist die Kompatibilität mit dem internationalen Forschungsprojekt, das dieselben Item-Benennungen verwendet und für manche Länder spezifische Zusatzfragen hat (hier beispielsweise KB12 und KB13 in Dänemark, Finnland und Norwegen).

Mit vereinzelten Ausnahmen (z. B. der Frage nach dem anonymen Code) werden die Ergebnisse *aller* Items der Bundesweiten Studie im vorliegenden Bericht abgedruckt.

Da sich bei der Mitarbeitenden-Befragung die Antworten der Pfarrer/-innen in einigen Bereichen deutlich von denen der anderen (zumeist ehrenamtlichen)

Mitarbeitenden unterscheiden, sind in der Ergebnisdarstellung auf Seite 19–24 zwei Mittelwerte abgedruckt: Der Gesamtmittelwert M (über alle Mitarbeitende) sowie links daneben in kursiver Schrift der *Pfarrer-Mittelwert* M_{Pfr}, der die Angaben aller Pfarrer/-innen zusammenfasst. Wo dieser Wert vom Gesamtmittelwert M um mehr als 0,3 (nach oben oder unten) abweicht, ist er mit Fettdruck hervorgehoben.

4.3   Ergebnisüberblick

4.3.1   Hauptverantwortliche

Angaben zur Struktur und Konzeption der Konfirmandenarbeit

Wie viele Gottesdienste müssen die Konfirmanden während ihrer Konfirmandenzeit mindestens besuchen?

keine feste Zahl:	8%
1 bis 5 Gottesdienste:	5%
6 bis 15 Gottesdienste:	86%
16 bis 25 Gottesdienste:	0%
26 oder mehr Gottesdienste:	0%

Die Zahl der Gottesdienstbesuche durch die Konfirmanden wird bei Ihnen ...

durch «harte Anwesenheitskontrollen» überprüft (z. B. Unterschrift einholen):	61%
durch «weiche Anwesenheitskontrollen» überprüft (z. B. Gottesdienst-Kerze für jeden Konfirmand):	37%
nicht überprüft:	3%

Gibt es in Ihrer Gemeinde auch Konfirmandenunterricht für Erwachsene?

Nein:	95%
Ja:	5%

Wie werben Sie für die Konfirmandenarbeit? (mehrere Antworten möglich)

über die Eltern:	29%
in der Schule (z. B. Religionsunterricht):	19%
über die Zeitung:	16%
im Gemeindebrief / Mitteilungsblatt der Kirchgemeinde:	61%
durch einen Brief an die Jugendlichen und deren Eltern:	97%
Sonstiges:	5%

Wo trifft sich die Konfi-Gruppe normalerweise?
(mehrere Antworten möglich)

Kirche:	17% (Gottesdienste zählen hier nicht als Gruppentreffen)
Gemeindehaus:	83%
Pfarrhaus:	14%
Schule:	0%
Sonstiges:	3%

An welchen Wochentagen sind die regulären Gruppentreffen?
(mehrere Antworten möglich)

kein fester Tag in der Woche:	0%	
Montag:	9%	
Dienstag:	57%	
Mittwoch:	11%	
Donnerstag:	46%	
Freitag:	3%	
Samstag:	20%	
Sonntag:	3%	(Gottesdienste zählen hier nicht als Gruppentreffen)

In einigen Gemeinden werden für die Konfirmandenzeit Vereinbarungen zwischen Gemeinde und Konfirmand abgeschlossen. Gibt es das bei Ihnen auch?

Ja, eine Art Vertrag, den der Konfirmand unterzeichnen muss:	37%
Es gibt lediglich Merkblätter o.ä., aber ohne «Vertrags-Charakter» und Unterschrift:	37%
Es gibt keine solchen schriftlichen Vereinbarungen:	26%

Wann werden die nicht-getauften Konfirmanden üblicherweise getauft?

Sie werden bei der Konfirmationsfeier getauft:	31%
Sie werden 1–4 Wochen vor der Konfirmationsfeier getauft:	7%
Sie werden mehr als 4 Wochen vor der Konfirmationsfeier getauft:	3%
Die Konfirmation ist auch ohne Taufe möglich:	59%

Wie handhaben Sie das Abendmahl im Zusammenhang mit der Konfirmandenzeit?

Die Konfirmanden nehmen von Anfang an beim Abendmahl teil:	88%
Die Konfirmanden feiern ihr erstes Abendmahl während der Konfirmandenzeit im Gemeindegottesdienst:	0%
Die Konfirmanden feiern ihr erstes Abendmahl während der Konfirmandenzeit in der Konfirmandengruppe (ohne die Gemeinde):	12%
Die Konfirmanden feiern ihr erstes Abendmahl im Umfeld der Konfirmationsfeier (auch Vorabend oder Folgewoche):	0%

Wird Ihre Konfirmandenarbeit normalerweise ausgewertet (unabhängig von dieser Studie)? (mehrere Antworten möglich)

mit Fragebögen für die Eltern:	3%
mit Fragebögen für die Konfirmanden:	23%
durch mündliches Feedback der Konfirmanden:	51%
nicht in formaler Weise:	40%
anders:	14%

Wie viele verschiedene Schulen besuchen die Konfirmanden der Befragungsgruppe? (gemeint sind nicht Schularten, sondern Schulen)

Durchschnittliche Angabe: 4,7 verschiedene Schulen

Welchen Stellenwert hat die Konfirmandenarbeit für Sie persönlich im Vergleich zu anderen Arbeitsfeldern der Gemeindearbeit (z. B. Seniorenarbeit, Diakonie, Schulunterricht o. ä.)?

Die Konfirmandenarbeit ist für mich persönlich ...	
eines der unwichtigsten Arbeitsfelder:	6%
eher unwichtig:	3%
so wichtig wie andere Arbeitsfelder auch:	29%
eines der wichtigen Arbeitsfelder:	59%
(fast) das allerwichtigste Arbeitsfeld:	3%

Dauer, Aktivitäten und Mitarbeitende (Hauptverantwortliche t_2)

Durchschnittliche Dauer der Konfirmandenzeit in Monaten
(vom ersten Treffen bis zur Konfirmation):   M= 9,2   SD = 1,1

Welche Aktivitäten durchläuft ein Konfirmand während der Konfi-Zeit, wenn er sich «ganz normal» bei der Konfi-Zeit beteiligt?	N	M	SD
VQ01: Anzahl aller Treffen der Gesamtgruppe: … Treffen (ohne ‹normale› Gottesdienste)	30	29,57	10,29
VQ02: Normale Unterrichtsstunden (ohne Ausflüge, Aktionen usw.): insgesamt … Stunden (à 60 Min.)	35	30,06	15,54
VQ03: Anzahl von ‹Konfi-Tagen› mit mind. 3 Stunden Dauer (z. B. Konfi-Samstag; ohne Ausflüge und Freizeiten): … Konfi-Tage	35	2,71	3,88
VQ04: Anzahl der Ausflüge (mind. 3 Stunden Dauer): … Ausflüge	35	1,49	1,60
VQ05: Freizeiten, Camps und Lager: insgesamt … Übernachtungen	35	2,71	2,08
VQ06: Gemeindepraktikum: … Stunden pro Konfirmand	35	1,74	3,09
VQ09: Gemeinsame Aktivitäten mit der kirchlichen Jugendarbeit am Ort (falls vorhanden): … Treffen / Aktionen	35	0,40	0,77

Anzahl der Personen, die in der Konfirmandenarbeit zumindest punktuell mitarbeiten (nur von den Gemeinden auszufüllen, bei denen es ausser der/dem Hauptverantwortlichen weitere Mitarbeitende gibt):

Personengruppe	N	M	SD
VU01: Pfarrer / Pfarrerinnen	17	1,29	0,69
VU02: Diakone / Diakoninnen	17	0,65	0,86
VU03: Eltern der Konfirmanden	17	0,35	1,06
VU04: Ehrenamtliche über 18 Jahren (ohne Konfi-Eltern)	17	1,35	2,47
VU05: Ehrenamtliche unter 18 Jahren	17	0,35	1,46
VU06: Sonstige, nämlich …	17	0,53	1,01

Methoden und Handlungsformen (Hauptverantwortliche t_2)

Wie oft wurden die folgenden Methoden und Handlungsformen bei diesem Konfirmandenjahrgang eingesetzt?	**N**	**nie**	**selten**	**hin und wieder**	**häufig**
VH01: Vortrag (Leiter spricht / erzählt über ein Thema)	35		11%	43%	46%
VH02: Diskussionen	35		3%	34%	63%
VH03: Rollenspiel und Theater	35	20%	37%	34%	9%
VH04: Lernstraßen	34	56%	35%	9%	
VH05: Rätsel und Quizfragen	35	17%	57%	26%	
VH06: Spiele	34	3%	50%	47%	
VH07: Geschichten und Erzählungen	35	3%	26%	54%	17%
VH08: zeichnen, malen und kreatives Gestalten	35	3%	51%	43%	3%
VH09: Gebet	35	14%	60%	17%	9%
VH10: mit Bibeltexten arbeiten	35	3%	29%	51%	17%
VH11: mit anderen Texten arbeiten	34	3%	29%	44%	24%
VH12: auswendig gelernte Texte aufsagen	35	80%	17%	3%	
VH13: gemeinsam singen	35	26%	34%	23%	17%
VH14: Mit Internet oder SMS arbeiten	35	51%	34%	9%	6%
VH15: Gruppenarbeit	35		6%	43%	51%
VH16: Erkundungsgänge und Exkursionen	35	11%	49%	31%	9%
VH17: Gespräche mit Experten	35	14%	40%	37%	9%
VH18: Begegnungen mit Menschen aus der Gemeinde	35	14%	49%	37%	
VH25: Musik machen	35	49%	31%	11%	9%
VH27: Meditation/Stille-Übungen	35	31%	40%	17%	11%
VH28: Erlebnispädagogische Übungen	34	15%	50%	29%	6%

Material und Medien (Hauptverantwortliche t₂)

Wie oft arbeiten Sie bei den Konfirmanden mit dem folgendem Material bzw. den folgenden Medien?	N	nie	selten	hin und wieder	häufig
VI01: Bibel	35		29%	54%	17%
VI02: Katechismus	34	85%	15%		
VI03: Evangelisches Gesangbuch (EG)	35	29%	57%	9%	6%
VI04: Moderne christliche Lieder	35	9%	46%	29%	17%
VI05: Konfirmandenmappe/Kursbuch, nämlich ...	32	72%	13%	6%	9%
VI06: eigene Materialien	34		9%	24%	68%
VI07: Filme	34	3%	12%	53%	32%
VI08: Tafel oder Flipchart	35		23%	46%	31%
VI09: Tageslichtprojektor	35	26%	14%	40%	20%
VI10: Computer und Datenprojektor	34	32%	26%	38%	3%
VI12: CD-ROMs oder andere Datenträger	35	40%	29%	26%	6%
VI14: Arbeitsblätter	35	6%	23%	29%	43%
VI15: Musikinstrumente	35	46%	34%	11%	9%

4.3.2 Konfirmandinnen und Konfirmanden

Soziodemografische und allgemeine Angaben

Altersverteilung der Konfirmandinnen und Konfirmanden (im Herbst vor der Konfirmation):

11 Jahre:	0%
12 Jahre:	0%
13 Jahre:	1%
14 Jahre:	39%
15 Jahre:	54%
16 Jahre:	6%

Geschlecht: männlich: 50%   weiblich: 50%

Wie viele Geschwister hast Du?

keine Geschwister: 9%
1 Bruder/Schwester: 53%
2 Geschwister: 27%
3 Geschwister: 9%
4 und mehr Geschwister: 2%

Bist Du getauft?

Ja: 95%   Nein: 3%   Ich weiß nicht: 1%
(Diese Frage wurde in t_1 beantwortet)

Anteil der Konfirmand/-innen mit Migrationshintergrund: 19%

Als «Konfirmand/-in mit Migrationshintergrund» werden hier alle Konfirmanden definiert, die eine ausländische Staatsangehörigkeit haben und/oder die selbst im Ausland geboren sind oder von denen ein Elternteil im Ausland geboren ist.

Besuchst Du in diesem Schuljahr den schulischen Religionsunterricht?

Ja: 22%
Nein: 27%
Es gibt bei uns (in diesem Schuljahr)
keinen evangelischen Religionsunterricht: 51%

Hast Du (mehr als drei Mal) bei einer **christlichen Gruppe oder Veranstaltung der Kirche** teilgenommen ...

... im Alter von 5–9 Jahren?   Ja: 49%   Nein: 19% weiß nicht: 32%
... im Alter von 10 Jahren bis heute? Ja: 71%   Nein: 13% weiß nicht: 16%
Insgesamt haben 81% der Konfirmanden bei mindestens einer der beiden Fragen «Ja» angekreuzt.

Gründe für die Anmeldung (Konfirmanden t₁)

Ich habe mich zur Konfi-Zeit angemeldet, ... (1=trifft gar nicht zu; 7=trifft voll zu)	N	M	SD	Nein (1,2,3)	Mitte (4)	Ja (5,6,7)
CA01: weil sich Freunde von mir konfirmieren lassen	592	3,44	1,99	50%	18%	31%
CA02: weil ich persönlich eingeladen wurde (z. B. durch einen Brief).	587	3,97	2,23	40%	15%	45%
CA03: weil es eine gute alte Tradition ist.	590	3,84	2,03	42%	17%	41%
CA04: weil ich als Kind getauft worden bin.	590	4,13	2,22	42%	11%	48%
CA05: weil ich mich zur Teilnahme gezwungen fühlte.	590	2,36	1,85	74%	10%	16%
CA06: weil es meine Eltern wollten.	592	3,44	2,19	53%	13%	34%
CA07: weil es meine Großeltern wollten.	590	2,05	1,76	81%	7%	12%
CA08: weil ich gehört habe, dass die Konfi-Zeit Spaß macht.	590	3,52	2,02	50%	16%	34%

Ziele in der Konfirmandenzeit (Konfirmanden t₁)

Vgl. dazu die Angaben über Erfahrungen mit der Konfirmandenzeit KB01 bis KB08 (S. 7).

Ich habe mich zur Konfi-Zeit angemeldet, ... (1=trifft gar nicht zu; 7=trifft voll zu)	N	M	SD	Nein (1,2,3)	Mitte -4	Ja (5,6,7)
CB01: um mehr über Gott und Glauben zu erfahren.	593	3,24	1,71	57%	18%	25%
CB02: um die Gemeinschaft in der Konfi-Gruppe zu erleben.	594	4,15	1,82	34%	19%	47%
CB03: um selbst über meinen Glauben entscheiden zu können.	592	3,91	1,92	41%	18%	42%
CB04: um einen wichtigen Schritt zum Erwachsenwerden zu tun.	594	3,79	1,97	42%	17%	41%

Ich habe mich zur Konfi-Zeit angemeldet, ... (1=trifft gar nicht zu; 7=trifft voll zu)	N	M	SD	Nein (1,2,3)	Mitte -4	Ja (5,6,7)
CB05: um Taufpate werden zu können.	591	3,58	2,18	50%	15%	36%
CB06: um Freunde zu treffen oder kennen zu lernen.	589	3,98	2,03	41%	15%	44%
CB07: um darüber nachzudenken, was gut oder schlecht ist für mein Leben.	592	3,09	1,80	58%	20%	22%
CB08: um im Glauben an Gott gestärkt zu werden.	588	2,97	1,77	62%	18%	20%
CB09: um bei der Konfirmation ein großes Familienfest feiern zu können.	591	4,76	1,97	26%	14%	60%
CB10: um am Ende Geld oder Geschenke zu bekommen.	594	5,07	1,98	24%	10%	66%
CB11: um bei der Konfirmation den Segen zu empfangen.	591	3,50	1,88	49%	19%	32%

Wünsche und Erwartungen für die Konfirmandenzeit (Konfirmanden t_1)

Vgl. dazu die Angaben über Erfahrungen mit der Konfirmandenzeit KK03 bis KK11 (S. 8).

In der Konfi-Zeit ist es mir wichtig, ... (1=trifft gar nicht zu; 7=trifft voll zu)	N	M	SD	Nein (1,2,3)	Mitte (4)	Ja (5,6,7)
CK01: einen eigenen Standpunkt zu wichtigen Lebensfragen zu finden.	582	3,96	1,68	35%	30%	35%
CK02: Texte des christlichen Glaubens auswendig zu lernen (z. B. das Glaubensbekenntnis).	587	1,79	1,31	87%	8%	5%
CK03: persönlichen Kontakt zu den Leitern und Mitarbeitern zu bekommen.	589	3,20	1,68	56%	22%	22%
CK04: die Themen selbst mitzubestimmen.	590	4,38	1,92	32%	18%	51%
CK05: viel «Action» zu machen.	588	4,89	1,93	23%	16%	61%
CK06: Ausflüge zu machen und auf Freizeiten / Rüstzeiten / Lager zu fahren.	590	5,09	1,91	21%	14%	65%

In der Konfi-Zeit ist es mir wichtig, ... (1=trifft gar nicht zu; 7=trifft voll zu)	N	M	SD	Nein (1,2,3)	Mitte (4)	Ja (5,6,7)
CK07: gemeinsam zu singen oder Musik zu machen.	586	3,27	1,97	57%	15%	29%
CK08: an den Gruppenterminen regelmäßig teilzunehmen.	590	4,12	1,85	35%	21%	44%
CK09: die Sonntagsgottesdienste regelmäßig zu besuchen.	592	2,75	1,59	68%	17%	15%
CK10: ohne allzu großen Stress durch die Konfi-Zeit zu kommen.	588	5,70	1,63	11%	10%	79%
CK11: dass meine Glaubensfragen vorkommen.	582	3,43	1,74	49%	25%	26%

Interesse an Themen (Konfirmanden t₁)

Vgl. die Angaben der Mitarbeitenden zur Wichtigkeit von Themen (S. 23).

Wie groß ist dein Interesse an folgenden Themen? (1=trifft gar nicht zu; 7=trifft voll zu)	N	M	SD	Nein (1,2,3)	Mitte (4)	Ja (5,6,7)
CL01: Taufe	591	4,65	1,72	24%	22%	54%
CL02: Abendmahl	585	3,22	1,69	54%	23%	23%
CL03: Ablauf und Sinn des Gottesdienstes	588	3,14	1,61	59%	20%	21%
CL04: Unsere Kirchgemeinde	588	3,12	1,58	56%	26%	18%
CL05: Jesus Christus	583	3,57	1,89	48%	20%	33%
CL06: Bibel	588	3,16	1,82	58%	18%	24%
CL07: Andere Religionen	587	4,25	2,04	35%	15%	50%
CL08: Gerechtigkeit und Verantwortung für andere	584	5,02	1,75	18%	18%	65%
CL09: Freundschaft	586	6,15	1,39	6%	7%	87%
CL10: Gewalt und Kriminalität	587	5,18	1,87	18%	13%	69%
CL11: Der Sinn des Lebens	592	5,40	1,69	11%	17%	72%

Die Formulierungen KB01 bis KB08 entsprechen inhaltlich den Zielen CB01 bis CB08 (vgl. S. 4).

Während der Konfi-Zeit ... (1=trifft gar nicht zu; 7=trifft voll zu)	N	M	SD	Nein (1,2,3)	Mitte (4)	Ja (5,6,7)
KB01: habe ich mehr über Gott und Glauben erfahren.	569	4,11	1,63	33%	22%	44%
KB02: habe ich gute Gemeinschaft in der Konfi-Gruppe erlebt.	567	5,44	1,47	12%	13%	75%
KB03: habe ich wichtige Grundlagen bekommen, um über meinen Glauben entscheiden zu können.	568	4,15	1,59	31%	26%	43%
KB04: habe ich einen wichtigen Schritt zum Erwachsenwerden getan.	569	3,80	1,80	40%	23%	37%
KB07: bin ich ins Nachdenken darüber gekommen, was gut oder schlecht ist für mein Leben.	566	3,96	1,81	39%	20%	41%
KB08: wurde ich im Glauben an Gott gestärkt.	566	3,43	1,72	49%	22%	29%
KB14: habe ich etwas über das Leben nach dem Tod erfahren.	569	3,62	1,94	46%	19%	35%
KB15: habe ich mehr über andere Religionen erfahren.	566	3,73	1,79	45%	18%	37%

In der Befragung t₂, kurz vor der Konfirmation, wurden die mit der Konfirmation verbundenen Bedeutungen nochmals erfragt (vgl. die entsprechenden Formulierungen CB09 bis CB11, S. 4):

Wenn Du an die Konfirmation denkst: Was ist Dir wichtig? (1=trifft gar nicht zu; 7=trifft voll zu)	N	M	SD	Nein (1,2,3)	Mitte (4)	Ja (5,6,7)
KB09: Mir ist es wichtig, bei der Konfirmation ein großes Familienfest feiern zu können.	564	5,55	1,52	9%	16%	75%
KB10: Mir ist es wichtig, am Ende Geld oder Geschenke zu bekommen.	567	5,23	1,72	16%	14%	71%

Wenn Du an die Konfirmation denkst: Was ist Dir wichtig? (1=trifft gar nicht zu; 7=trifft voll zu)	N	M	SD	Nein (1,2,3)	Mitte (4)	Ja (5,6,7)
KB11: Mir ist es wichtig, bei der Konfirmation den Segen zu empfangen.	564	4,15	1,86	35%	21%	44%

Weitere Erfahrungen mit der Konfirmandenzeit (Konfirmanden t₂)

Die Formulierungen KK03 bis KK11 entsprechen inhaltlich den Items CK03 bis CK11 (vgl. S. 5).

In der Konfi-Zeit … (1=trifft gar nicht zu; 7=trifft voll zu)	N	M		Nein (1,2,3)	Mitte (4)	Ja (5.6.7)
KK03: habe ich guten persönlichen Kontakt zu den Leitern und Mitarbeitern bekommen.	573	4,65	1,70	22%	22%	56%
KK04: konnten wir die Themen, die behandelt wurden, mitbestimmen.	572	4,59	1,88	27%	18%	55%
KK05: gab es viel «Action».	564	4,22	1,88	34%	20%	46%
KK08: habe ich an den Gruppenterminen regelmäßig teilgenommen.	566	5,60	1,56	11%	13%	76%
KK09: habe ich die Sonntagsgottesdienste regelmäßig besucht.	567	3,51	1,87	51%	16%	32%
KK10: habe ich die Aktivitäten insgesamt als stressig empfunden.	571	3,00	1,70	63%	19%	18%
KK11: kamen auch meine Glaubensfragen zur Sprache	566	3,66	1,70	42%	29%	29%
KK22: habe ich mich manchmal als Außenseiter gefühlt	568	2,13	1,67	79%	8%	12%
KK25: lernte ich unsere Gemeinde besser kennen.	565	3,15	1,73	56%	22%	22%
KK26: habe ich zeitweise in Angeboten der Gemeinde (z. B. bei einem Praktikum) mitgearbeitet.	564	2,14	1,77	79%	7%	13%
KK27: habe ich Lust bekommen, mich ehrenamtlich einzusetzen.	564	2,79	1,61	65%	21%	14%

In der Konfi-Zeit ... (1=trifft gar nicht zu; 7=trifft voll zu)	N	M		Nein (1,2,3)	Mitte (4)	Ja (5.6.7)
KK30: habe ich jugendgemäße Gottesdienste erlebt.	563	4,36	1,81	29%	24%	47%
KK31: habe ich Gottesdienste mit vorbereitet.	568	3,01	2,19	59%	12%	29%
KK32: sind mir Menschen begegnet, die ihr Christsein überzeugend leben.	563	4,38	1,99	33%	18%	50%
KK33: konnte man an Beispielen erleben, wie Menschen mit verschiedenen Überzeugungen respektvoll miteinander umgehen.	564	4,24	1,63	26%	32%	42%
KK35: Was ich in der Konfi-Zeit gelernt habe, hat mit meinem Alltag wenig zu tun.	565	4,73	1,75	25%	22%	53%
KK37: Ich habe den Eindruck, dass ich in unserer Kirchgemeinde willkommen und anerkannt bin.	559	4,89	1,58	16%	26%	58%
KK41: Wenn es möglich wäre, würde ich mich am liebsten konfirmieren lassen ohne vorher die Konfi-Zeit mitzumachen.	568	4,33	2,21	36%	17%	47%
KK44: Ich habe erfahren, dass mein Einsatz für andere Menschen wichtig ist.	563	4,09	1,65	31%	27%	42%
KK45: Mir wurde meine Verantwortung für die Umwelt (stärker) bewusst.	569	3,73	1,73	40%	27%	33%
KK46: Ich habe erfahren, dass mein Einsatz für den Frieden wichtig ist.	559	4,03	1,71	32%	27%	40%
KK49: Wenn wir in der Konfirmandengruppe beten, fühle ich mich dabei wohl. [Filter: nur Gruppen, in denen gebetet wurde].	297	3,38	1,50	49%	33%	18%
KK50: Was man in der Konfi-Zeit macht, ist interessanter als das, was in der Schule so läuft.	568	3,57	1,85	46%	26%	28%

Zufriedenheit mit einzelnen Aspekten (Konfirmanden t₂)

Wie zufrieden bist Du mit ...? (1=ganz unzufrieden 7=total zufrieden)	N	M	SD	Neg. (1,2,3)	Mitte (4)	Pos. (5,6,7)
KN01: Konfi-Zeit insgesamt	573	4,87	1,43	16%	18%	66%
KN02: Spaß	559	5,16	1,54	16%	14%	70%
KN03: Themen	571	4,53	1,33	19%	29%	52%
KN04: Gemeinschaft	568	5,30	1,47	12%	15%	73%
KN07: Pfarrer(in) / Konfi-Hauptverantwortliche(r)	566	5,35	1,56	13%	13%	74%
KN08: andere Mitarbeiterinnen und Mitarbeiter	508	4,98	1,47	15%	19%	66%
KN10: Gottesdienste	548	4,17	1,43	28%	29%	43%
KN11: Freizeit / Rüstzeit / Lager	472	5,49	1,64	12%	11%	76%
KN13: Andachten	385	4,10	1,38	28%	32%	40%
KN14: Musik / Lieder / Singen	440	4,15	1,60	33%	23%	44%
KN15: Räume	562	4,79	1,43	15%	27%	58%

Im Fragebogen war hier die Möglichkeit vorgegeben, bei einzelnen Items «gab es bei uns nicht» anzukreuzen, daraus resultieren geringere Fallzahlen für manche Fragen.

Methoden (Konfirmanden t₂)

Vgl. die Angaben zur Methodenwahl aus Sicht der Hauptverantwortlichen: VH01 bis VH28, S. 29.

Wie häufig wurden die folgenden Dinge in der Konfi-Zeit gemacht?	N	(fast) jedes Mal	manch-mal	einmal in d. ganzen Konfi-Zeit	nie
KT01: Bei Erzählungen / Geschichten zuhören	569	19%	62%	13%	6%

Wie häufig wurden die folgenden Dinge in der Konfi-Zeit gemacht?	N	(fast) jedes Mal	manch-mal	einmal in d. ganzen Konfi-Zeit	nie
KT02: Arbeit in Kleingruppen	564	23%	62%	9%	5%
KT05: Spiele	569	4%	40%	25%	31%
KT12: gemeinsam beten	564	8%	26%	18%	48%
KT17: gemeinsam singen	566	14%	26%	24%	36%
KT20: auswendig gelernte Texte aufsagen	569	2%	5%	12%	81%

Auswendig gelernte Texte (Konfirmanden t_2)

Kennst Du die folgenden Texte auswendig?	N	kenne ich nicht auswendig	kenne ich nur ungefähr auswendig	kenne ich ziemlich genau auswendig
KU01: Das Vaterunser («Vater unser im Himmel ...»)	572	11%	35%	54%
KU02: Das Glaubensbekenntnis («Ich glaube an Gott, ...»)	563	83%	12%	5%
KU03: Psalm 23 («Der Herr ist mein Hirte ...»)	561	82%	12%	5%
KU06: Die Zehn Gebote («Ich bin der Herr, Dein Gott. Du sollst ...»)	557	62%	30%	8%

Einstellungen zum Glauben (Konfirmanden t_1 und t_2)

t_1:

Was meinst Du zu den folgenden Aussagen? (1=trifft gar nicht zu; 7=trifft voll zu)	N	M	SD	Nein (1,2,3)	Mitte (4)	Ja (5.6.7)
CE01: Die Welt ist von Gott erschaffen.	585	3,48	2,07	49%	20%	30%
CE02: Es gibt ein Leben nach dem Tod.	584	4,65	1,89	23%	23%	53%

Was meinst Du zu den folgenden Aussagen? (1=trifft gar nicht zu; 7=trifft voll zu)	N	M	SD	Nein (1,2,3)	Mitte (4)	Ja (5.6.7)
CE03: Gott liebt jeden Menschen und kümmert sich um uns.	581	4,26	1,95	33%	22%	45%
CE04: Jesus ist auferstanden.	581	3,53	2,01	51%	19%	30%
CE05: Ich bin mir unsicher, was ich glauben soll.	584	3,87	2,12	42%	18%	40%
CE06: Ich spreche mit anderen Menschen immer wieder über Gott.	584	2,43	1,62	78%	10%	12%
CE07: Bei manchen meiner Freunde ist es mir peinlich zu sagen, dass ich an der Konfi-Zeit teilnehme.	587	1,44	1,28	92%	2%	5%
CE08: In schwierigen Situationen hilft mir mein Glaube an Gott.	585	3,04	1,91	62%	15%	23%
CE09: Ich glaube an Gott.	586	4,21	2,03	36%	19%	45%
CE10: Ich weiß, was zum christlichen Glauben gehört.	585	4,17	1,70	32%	22%	46%
CE11: Ich versuche, nach den Zehn Geboten zu leben.	588	2,41	1,75	74%	11%	14%
CE12: Am Ende der Konfi-Zeit möchte ich auf jeden Fall konfirmiert werden.	590	6,53	1,16	4%	3%	93%

t_2:

Was meinst Du zu den folgenden Aussagen? (1=trifft gar nicht zu; 7=trifft voll zu)	N	M	SD	Nein (1,2,3)	Mitte (4)	Ja (5.6.7)
KE01: Die Welt ist von Gott erschaffen.	568	3,46	2,03	51%	19%	30%
KE02: Es gibt ein Leben nach dem Tod.	563	4,57	1,84	24%	26%	50%
KE03: Gott liebt jeden Menschen und kümmert sich um uns.	561	4,30	1,87	32%	22%	46%
KE04: Jesus ist auferstanden.	563	3,72	1,96	43%	23%	34%

Was meinst Du zu den folgenden Aussagen? (1=trifft gar nicht zu; 7=trifft voll zu)	N	M	SD	Nein (1,2,3)	Mitte (4)	Ja (5.6.7)
KE05: Ich bin mir unsicher, was ich glauben soll.	567	3,86	2,11	44%	17%	39%
KE06: Ich spreche mit anderen Menschen immer wieder über Gott.	563	2,62	1,74	74%	8%	18%
KE07: Bei manchen meiner Freunde ist es mir peinlich zu sagen, dass ich an der Konfi-Zeit teilnehme.	568	1,63	1,44	89%	4%	7%
KE08: In schwierigen Situationen hilft mir mein Glaube an Gott.	565	3,21	1,92	59%	15%	25%
KE09: Ich glaube an Gott.	559	4,24	2,01	35%	21%	45%
KE10: Ich weiß, was zum christlichen Glauben gehört.	562	4,60	1,60	23%	22%	55%
KE11: Ich versuche, nach den Zehn Geboten zu leben.	565	2,59	1,79	69%	14%	17%
KE12: Am Ende der Konfi-Zeit möchte ich auf jeden Fall konfirmiert werden.	566	6,54	1,14	4%	4%	93%

Einstellungen zur Kirche (Konfirmanden t_1 und t_2)

t_1:

Wie denkst Du über die Kirche? (1=trifft gar nicht zu; 7=trifft voll zu)	N	M	SD	Nein (1,2,3)	Mitte (4)	Ja (5.6.7)
CG01: Es ist für mich wichtig, zur Kirche zu gehören.	589	3,28	1,62	52%	27%	21%
CG02: Auf die Fragen, die mich wirklich bewegen, hat die Kirche keine Antwort.	574	4,13	1,91	37%	24%	40%
CG03: Falls ich später einmal Kinder habe, will ich sie taufen lassen.	582	6,03	1,44	7%	9%	84%
CG04: Gottesdienste sind meistens langweilig.	582	4,77	1,72	23%	21%	56%
CG05: Die Kirche tut viel Gutes für die Menschen.	584	5,03	1,60	15%	20%	65%

Wie denkst Du über die Kirche? (1=trifft gar nicht zu; 7=trifft voll zu)	N	M	SD	Nein (1,2,3)	Mitte (4)	Ja (5.6.7)
CG06: Wenn ich persönliche Probleme habe, würde ich mich an einen Pfarrer oder eine Pfarrerin wenden.	582	1,90	1,41	87%	6%	7%
CG07: Unser Kirchengebäude bedeutet mir viel.	586	2,82	1,59	68%	17%	15%
CG08: Ich hätte Interesse daran, nach der Konfirmation in eine kirchliche Jugendgruppe zu gehen.	583	1,92	1,38	86%	8%	6%

t_2:

Wie denkst Du über die Kirche? (1=trifft gar nicht zu; 7=trifft voll zu)	N	M	SD	Nein (1,2,3)	Mitte (4)	Ja (5.6.7)
KG01: Es ist für mich wichtig, zur Kirche zu gehören.	567	3,64	1,73	43%	26%	30%
KG02: Auf die Fragen, die mich wirklich bewegen, hat die Kirche keine Antwort.	555	4,37	1,77	28%	29%	43%
KG03: Falls ich später einmal Kinder habe, will ich sie taufen lassen.	558	6,08	1,39	6%	10%	84%
KG04: Gottesdienste sind meistens langweilig.	562	4,94	1,66	19%	20%	61%
KG05: Die Kirche tut viel Gutes für die Menschen.	562	5,25	1,44	11%	18%	71%
KG06: Wenn ich persönliche Probleme habe, würde ich mich an einen Pfarrer oder eine Pfarrerin wenden.	565	2,18	1,59	81%	8%	10%
KG07: Unser Kirchengebäude bedeutet mir viel.	566	3,06	1,65	59%	21%	19%
KG08: Ich hätte Interesse daran, nach der Konfirmation in eine kirchliche Jugendgruppe zu gehen.	562	2,04	1,55	84%	7%	9%

Mal abgesehen von der Konfi-Zeit: Wie häufig tust Du die folgenden Dinge normalerweise?	N	täg- lich	mehr- mals pro Wo- che	Ein- mal pro Wo- che	sel- tener	nie
t_1:						
CH01: Ich denke über Gott nach.	583	7%	12%	18%	52%	11%
CH02: Ich bete alleine.	585	6%	7%	10%	37%	40%
CH03: Ich bete gemeinsam mit anderen.	581	3%	1%	6%	29%	62%
t_2:						
KH01: Ich denke über Gott nach.	570	5%	14%	19%	52%	11%
KH02: Ich bete alleine.	563	6%	8%	7%	39%	40%
KH03: Ich bete gemeinsam mit anderen.	553	1%	2%	4%	33%	59%

Einstellung zu Glaube und Kirche insgesamt	N	sehr nega- tiv	eher nega- tiv	weder nega- tiv noch posi- tiv	eher posi- tiv	sehr posi- tiv
t_1: CF01: Wie würdest Du Deine jetzige Einstellung zum christlichen Glauben insgesamt beschreiben?	550	2%	9%	45%	36%	7%
t_2: KF01: Wie würdest Du Deine jetzige Einstellung zum christlichen Glauben insgesamt beschreiben?	509	2%	6%	44%	38%	9%
t_2: KF02: Wie würdest Du Deine jetzige Einstellung zur Evangeli- schen Kirche insgesamt beschreiben?	540	3%	6%	50%	36%	6%

Welche Bedeutung hat die Religion in Deinem Elternhaus? (E. = Elternhaus)	N	sehr religiösen E.	ziemlich religiösen E.	weniger religiösen E.	Überhaupt nicht religiösen E.
t_1: CJ01: Ich komme aus einem ...	525	2%	12%	63%	22%

Diverse Themen (Konfirmanden t_1 und t_2)

CC01: Wer hat Deine Entscheidung, Dich anzumelden, am meisten beeinflusst?

meine Familie: 45%
meine Freunde: 6%
ich selbst: 49%
Sonstige: 1%

Kenntnis von Mit-Konfirmanden	N	(fast) niemanden	weniger als die Hälfte	etwa die Hälfte	mehr als die Hälfte	(fast) alle
t_1: CD01: Wie viele von Deinen Mitkonfirmanden kanntest Du schon vor Eurer Konfi-Zeit? (zumindest mit Namen)	574	5%	7%	11%	10%	68%
t_2: KD01: Wie viele von Deinen Mitkonfirmanden kennst Du jetzt mit Namen?	528	1%	1%	2%	6%	91%

KW01: Wenn Du auf die **Gesamtdauer der Konfi-Zeit** zurückblickst:

Fandest Du die Konfi-Zeit insgesamt ...
zu kurz: 5%
genau richtig: 60%
zu lang: 35%

KV01: **Das Ausfüllen des Fragebogens ...**

hat Spaß gemacht: 11%
finde ich okay: 61%
hat mich genervt: 28%

4.3.2 Mitarbeitende

Anzumerken ist hier, dass das Vorkommen «anderer Mitarbeiterinnen und Mitarbeiter» (KN08) in den befragten Gemeinden sehr klein ist. Die Daten zu Mitarbeitenden, abgesehen von Pfarrpersonen, sind also kaum belastbar,

Soziodemografische und allgemeine Angaben

Unter den befragten Mitarbeitenden sind:

47 Pfarrer/-innen
2   Vikar/-innen
0   Diakon/-innen – Gemeindepädagog/-innen – Jugendreferent/-innen
3   Sonstige haupt- oder nebenamtliche Kräfte
7   Ehrenamtliche
Hinweis: Insgesamt füllten in t_1 64 Mitarbeitende und in t_2 59 Mitarbeitende einen Fragebogen aus. Die o.g. Angabe zur Funktion fehlt in manchen Fällen.

Für die beiden großen Gruppen Pfarrer/-innen und Ehrenamtliche ist folgender Vergleich interessant:

Pfarrer/-innen: Durchschnittsalter: 47 Jahre   Frauenanteil: 23%
Ehrenamtliche: Durchschnittsalter: 26 Jahre   Frauenanteil: 83%
Hinweis: Die Daten aller Mitarbeitenden werden in diesem Bericht prinzipiell zusammengefasst. Um einige Differenzierungen zu ermöglichen, sind auf der nächsten Seite einige Ergebnisse nur für die Gruppe der Ehrenamtlichen zusammengestellt. Bei den Daten auf S. 19 bis S. 24 ist zudem der Mittelwert für die Pfarrer gesondert als M_{Pfr} abgedruckt (vgl. dazu die Hinweise in Teil A).

Konfessionszugehörigkeit der Mitarbeitenden:

keine: 0%
evangelisch: 100%
katholisch: 0%
Sonstige: 0%

Staatsangehörigkeit der Mitarbeitenden:

Schweiz: 85%
Andere: 15%

Kenntnis von Konfirmanden	N	(fast) kei-ne/n	Weni-ger als die Hälfte	etwa die Hälfte	mehr als die Hälfte	(fast) alle
t_1: WF05: Wie viele von den Konfir-mandinnen und Konfirmanden kannten Sie schon vor deren Konfi-Zeit? (zumindest mit Namen)	62	21%	21%	19%	11%	27%
t_2: VF05: Wie viele von den Konfir-mandinnen und Konfirmanden kennen Sie jetzt mit Namen?	52	2%		4%	4%	90%

Schulungen und Mitarbeitserfahrungen der Ehrenamtlichen (Mitarbeiter t_1)

Hinweis: Alle Daten auf dieser Seite beziehen sich nur auf die 7 Ehrenamtlichen in der Studie!

Nach **Teilnahme an Ausbildungs-/Fortbildungs-/Schulungsmaßnahmen** für die Konfirmandenarbeit (KA) bzw. für die Jugendarbeit gefragt, geben die Ehrenamtlichen an:

- 100% haben weder spezielle Schulungen für die KA noch für die Jugendar-beit besucht
- 0% haben keine speziellen Schulungen für die KA, aber Jugendleiterschu-lungen besucht
- 0% haben spezielle Schulungen für die KA besucht (mit/ohne Jugendleiter-schulungen)

Bei wie vielen Konfirmandenjahrgängen vor dem jetzigen haben Sie schon mitgearbeitet?

0 Jahrgänge:	71%
1 Jahrgang:	0%
2 bis 5 Jahrgänge:	29%
6 bis 10 Jahrgänge:	0%
mehr als 10 Jahrgänge:	0%

Aussagen zur eigenen Mitarbeit (Mitarbeiter t_1)

Inwiefern trifft diese Aussage für Sie zu? (1=trifft gar nicht zu; 7=trifft voll zu)	N	M_{Pfr}	M	SD	Nein	Mit-te	Ja
WE01: Ich kenne die verbindlichen Vorgaben für die Konfirmandenarbeit (kirchliche Ordnungen).	64	**6,40**	5,86	1,69	11%	6%	83%
WE02: Ich richte mich nach diesen verbindlichen Vorgaben.	62	**5,53**	5,19	1,64	15%	8%	77%
WE03: Wir Mitarbeitenden haben alle ähnliche Ziele mit der Konfi-Zeit.	56	*5,28*	5,25	1,27	13%	16%	71%
WE04: Die Gemeinschaft mit den anderen Mitarbeitenden ist mir sehr wichtig.	56	*5,28*	5,46	1,32	5%	14%	80%
WE05: Das Zusammensein mit den Konfirmanden macht mir Spaß.	63	*5,89*	6,05	0,96	0%	8%	92%
WE06: Ich wäre froh, wenn ich die Konfirmandenarbeit nicht mehr machen müsste.	63	*1,83*	1,70	1,12	92%	3%	5%
WE07: Als Mitarbeiter/-in möchte ich für Jüngere ein Vorbild sein.	63	*5,26*	5,38	1,28	8%	13%	79%
WE08: Mir persönlich ist der Glaube an Gott wichtig.	63	*6,48*	6,38	1,02	3%	5%	92%
WE09: Meine pädagogische Kompetenz für die Konfirmandenarbeit halte ich für gut.	64	*5,57*	5,53	1,23	3%	11%	86%
WE10: Meine theologische Kompetenz für die Konfirmandenarbeit halte ich für gut.	62	**6,26**	5,90	1,17	6%	3%	90%
t_2:VE06: Ich wäre froh, wenn ich die Konfirmandenarbeit nicht mehr machen müsste.	55	*2,03*	1,96	1,33	82%	15%	4%

Ziele und die Wahrnehmung deren Erreichung (Mitarbeiter t_1 und t_2)

Ziele (t_1):

Die Konfirmandinnen und Konfirmanden sollen in der Konfirmandenarbeit ... (1=nicht wichtig; 7=sehr wichtig)	N	M_{Pfr}	M	SD	Nein (1,2,3)	Mitte (4)	Ja (5,6,7)
WB01: ins Nachdenken über Tod und Auferstehung kommen.	63	*5,70*	5,38	1,50	10%	14%	76%
WB02: zeitweise in Angeboten der Gemeinde mitarbeiten (z. B. Praktikum).	64	*5,21*	5,30	1,45	13%	11%	77%
WB03: an den Gruppenterminen verlässlich teilnehmen.	64	*6,26*	6,33	1,01	3%	2%	95%
WB04: jugendgemäße Formen des Gottesdienstes erleben (z. B. Jugendgottesdienste).	64	*5,34*	5,45	1,47	8%	11%	81%
WB05: die Sonntagsgottesdienste entsprechend der Regelungen in dieser Gemeinde besuchen.	64	*5,70*	5,56	1,05	2%	17%	81%
WB06: immer wieder selbst Gottesdienste mitgestalten.	64	*4,96*	5,11	1,39	16%	9%	75%
WB07: Ausflüge und Freizeiten / Rüstzeiten / Lager erleben.	63	*5,98*	6,05	1,08	3%	5%	92%
WB08: bestärkt werden, sich konfirmieren zu lassen, wenn sie unentschlossen sind.	63	*4,66*	5,03	1,60	16%	19%	65%
WB09: die Themen mitbestimmen können.	63	*4,83*	5,06	1,40	13%	25%	62%
WB10: Menschen kennen lernen, denen der Glaube wichtig ist.	64	*5,40*	5,41	1,02	5%	14%	81%
WB11: die Bibel (besser) kennen lernen.	63	*5,17*	5,14	1,12	6%	22%	71%

Wahrnehmung der Mitarbeitenden zur Erreichung dieser Ziele (t₂):

Wenn Sie auf die Konfi-Zeit zurück blicken: Was haben die Konfirmanden dabei (Ihrer Wahrnehmung nach) erlebt, gelernt und gemacht? Die Konfirmanden ... (1=trifft gar nicht zu; 7=trifft voll zu)	N	M_{Pfr}	M	SD	Nein (1,2,3)	Mit-te (4)	Ja (5,6,7)
VB02: haben in Angeboten der Gemeinde mitgearbeitet	53	*4,59*	4,94	1,92	21%	13%	66%
VB04: konnten jugendgemäße Formen des Gottesdienstes (z. B. Jugendgottesdienste) erleben.	54	*5,47*	5,57	1,52	13%	9%	78%
VB06: waren bei der Vorbereitung von Gottesdiensten beteiligt.	52	*4,65*	5,08	1,68	21%	10%	69%
VB09: haben die Themenauswahl in der Konfi-Zeit mitbestimmt.	52	*4,23*	4,56	1,85	31%	8%	62%
VB16: bekamen einen Überblick über christliche Traditionen – Symbole, Feste, Kunst usw.	52	*4,74*	4,85	1,50	19%	17%	63%
VB18: wurden mit ihren Glaubensfragen berücksichtigt.	52	*5,06*	5,29	1,39	10%	17%	73%

Ziele (t₁):

Die Konfirmandinnen und Konfirmanden sollen ... (1=nicht wichtig; 7=sehr wichtig)	N	M_{Pfr}	M	SD	Nein (1,2,3)	Mit-te (4)	Ja (5,6,7)
WC01: einen eigenen Standpunkt zu wichtigen Lebensfragen entwickeln.	63	*6,43*	6,44	0,69	0%		100 %
WC02: in ihrem Glauben gestärkt werden.	64	*6,04*	6,02	1,00	2%	6%	92%
WC03: zentrale Texte des christlichen Glaubens auswendig lernen (z. B. das Glaubensbekenntnis).	63	*3,13*	2,94	1,47	59%	29%	13%

Die Konfirmandinnen und Konfirmanden sollen … (1=nicht wichtig; 7=sehr wichtig)	N	M_{Pfr}	M	SD	Nein (1,2,3)	Mit-te (4)	Ja (5,6,7)
WC04: in ihrer persönlichen und sozialen Entwicklung unterstützt werden.	63	5,87	5,92	1,08	3%	3%	94%
WC05: unsere Kirchgemeinde besser kennen lernen.	64	5,47	5,39	1,24	8%	13%	80%
WC06: Angebote der kirchlichen Jugendarbeit kennen lernen.	64	5,26	5,25	1,32	9%	9%	81%
WC07: für eine Mitarbeit in der Gemeinde gewonnen werden.	64	4,47	4,56	1,37	14%	33%	53%
WC08: in ihrer Kreativität gefördert werden.	63	5,24	5,17	1,62	16%	8%	76%
WC09: Spaß am Singen oder Musikmachen bekommen.	64	4,47	4,55	1,39	19%	27%	55%
WC10: Formen zur Gestaltung von Stille, Andacht oder Meditation erleben.	64	5,11	5,14	1,49	16%	13%	72%
WC11: lernen, ihren Alltag in der Beziehung zu Gott zu gestalten.	63	5,60	5,41	1,27	5%	21%	75%

Wahrnehmung der Mitarbeitenden zur Erreichung dieser Ziele (t₂):

Die Konfirmanden … (1=trifft gar nicht zu; 7=trifft voll zu)	N	M_{Pfr}	M	SD	Nein (1,2,3)	Mit-te (4)	Ja (5,6,7)
VC03: lernten zentrale Texte des christlichen Glaubens auswendig (z. B. das Glaubensbekenntnis).	51	1,97	2,08	1,34	88%	4%	8%
VC04: erfuhren Unterstützung in ihrer persönlichen und sozialen Entwicklung.	51	5,03	5,02	1,17	12%	22%	67%
VC05: lernten unsere Kirchgemeinde besser kennen.	52	4,94	5,12	1,23	10%	17%	73%
VC06: lernten Jugendarbeitsangebote der Kirche kennen.	51	4,50	4,76	1,39	16%	20%	65%

Die Konfirmanden ... (1=trifft gar nicht zu; 7=trifft voll zu)	N	M_{Pfr}	M	SD	Nein (1,2,3)	Mitte (4)	Ja (5,6,7)
VC07: wurden zu ehrenamtlicher Arbeit motiviert.	51	3,53	3,73	1,65	45%	16%	39%
VC10: lernten Formen von Stille, Andacht oder Meditation kennen.	52	4,23	4,37	1,96	40%	12%	48%
VC12: bekamen Grundlagen vermittelt, um eine Entscheidung über ihren Glauben treffen zu können.	52	5,35	5,31	1,18	10%	10%	81%

Ziele (t_1):

Und für wie wichtig halten Sie die folgenden Ziele? (1=nicht wichtig; 7=sehr wichtig)	N	M_{Pfr}	M	SD	Nein (1,2,3)	Mitte (4)	Ja (5,6,7)
WD01: Der Konfirmationsgottesdienst soll gemeinsam mit den Konfirmandinnen und Konfirmanden inhaltlich vorbereitet werden.	64	6,51	6,45	1,07	3%	6%	91%
WD02: Die Konfirmandenarbeit soll als missionarische Chance genutzt werden, junge Menschen für den Glauben zu gewinnen.	64	3,79	3,83	1,80	38%	16%	47%
WD03: Die Jugendlichen sollen in ihrer Konfirmandengruppe Gemeinschaft erleben.	64	5,85	6,06	1,05	2%	8%	91%
WD04: Für Jungen und Mädchen sollen in der Konfirmandenarbeit zeitweise getrennte Angebote gemacht werden.	64	3,85	3,92	1,83	42%	19%	39%
WD05: Mit jedem Konfirmanden möchte ich mindestens einmal persönlich sprechen.	64	5,91	5,73	1,55	11%	8%	81%
WD06: Die Konfirmandenarbeit unserer Gemeinde soll mit der Schule kooperieren.	64	3,36	3,36	1,79	52%	19%	30%

Und für wie wichtig halten Sie die folgenden Ziele? (1=nicht wichtig; 7=sehr wichtig)	N	M_{Pfr}	M	SD	Nein (1,2,3)	Mitte (4)	Ja (5,6,7)
WD07: In unserer Konfirmandenarbeit soll es viel «Action» geben.	64	*2,85*	3,31	1,71	61%	16%	23%
WD08: Die Konfirmandenarbeit soll dazu beitragen, dass gute Kontakte der Kirchgemeinde zu den Konfirmanden-Eltern entstehen.	64	*5,11*	5,05	1,36	17%	13%	70%
WD09: Der Kirchenvorstand / Kirchgemeinderat soll mit der Konfirmandenarbeit zufrieden sein.	63	*4,64*	4,48	1,62	22%	24%	54%

Wahrnehmung der Mitarbeitenden zur Erreichung dieser Ziele (t₂):

Inwiefern stimmen Sie den folgenden Aussagen zu? (1=trifft gar nicht zu; 7=trifft voll zu)	N	M_{Pfr}	M	SD	Nein (1,2,3)	Mitte (4)	Ja (5,6,7)
VD01: Der Konfirmationsgottesdienst wurde/wird gemeinsam mit den Konfirmandinnen und Konfirmanden inhaltlich vorbereitet.	55	*6,66*	6,60	0,85	2%		98%
VD05: Ich habe mit jedem Konfirmand während der Konfi-Zeit mindestens einmal persönlich gesprochen.	55	*5,94*	5,53	1,96	20%	5%	75%
VD06: Bei diesem Jahrgang gab es in unserer Gemeinde Zusammenarbeit zwischen Konfirmandenarbeit und Schule (z. B. gemeinsame Projekte).	53	*1,52*	1,70	1,42	89%	2%	9%
VD08: Unsere Konfirmandenarbeit hat zu gutem Kontakt zwischen Kirchgemeinde und Konfirmanden-Eltern beigetragen.	54	*4,91*	4,72	1,32	15%	30%	56%

Themen in der Konfirmandenzeit (Mitarbeiter t₁)

Vgl. dazu die entsprechende Frage bei den Konfirmanden auf S. 6.

Dieses Thema halte ich in der Konfirmandenarbeit für ... (1=nicht wichtig; 7=sehr wichtig)	N	M_{Pfr}	M	SD	Nein (1,2,3)	Mit-te (4)	Ja (5,6,7)
WA01: Die Zehn Gebote	64	*4,83*	4,73	1,60	22%	25%	53%
WA02: Christliche Feste (z. B. Weihnachten, Ostern, Pfingsten)	63	*5,15*	5,29	1,53	10%	19%	71%
WA03: Taufe	64	*5,17*	5,33	1,45	9%	22%	69%
WA04: Abendmahl	64	*5,34*	5,20	1,48	11%	20%	69%
WA05: Ablauf und Sinn des Gottesdienstes	64	*5,38*	5,31	1,47	16%	8%	77%
WA06: Glaubensbekenntnis	64	*4,00*	4,16	1,66	34%	20%	45%
WA07: Jesus Christus	64	*6,17*	6,22	1,06	3%	3%	94%
WA08: Heiliger Geist	63	*5,11*	5,17	1,44	14%	13%	73%
WA09: Kirchenraum bzw. Kirche als Gebäude	62	*4,45*	4,53	1,61	26%	24%	50%
WA10: evangelisch – katholisch	64	*4,17*	4,20	1,68	42%	13%	45%
WA11: Andere Religionen	64	*3,62*	3,67	1,98	48%	16%	36%
WA12: Bewahrung der Schöpfung und Ökologie	64	*4,98*	4,98	1,57	19%	17%	64%
WA13: Diakonie bzw. diakonisches Handeln	63	*5,34*	5,24	1,46	13%	17%	70%
WA14: Sinn des Lebens	62	*6,46*	6,44	0,82	2%	2%	97%
WA15: Gerechtigkeit und Ver-antwortung für andere	64	*6,09*	6,22	0,90	2%	3%	95%
WA16: Freundschaft	63	*5,11*	5,43	1,30	10%	14%	76%
WA17: Körper und Sexualität	64	*4,43*	4,70	1,63	23%	17%	59%
WA18: Gewalt und Kriminalität	64	*4,34*	4,42	1,52	27%	25%	48%

Allgemeine Fragen (Mitarbeiter t₂)

Inwiefern stimmen Sie den folgenden Aussagen zu? (1=trifft gar nicht zu; 7=trifft voll zu)	N	M_{Pfr}	M	SD	Nein (1,2,3)	Mitte (4)	Ja (5,6,7)
VL01: In unserer Gemeinde gibt es Jugendgruppen, die für Konfirmierte geeignet sind.	55	3,47	3,65	2,23	53%	9%	38%
VL02: Wenn ein Konfirmand Interesse hat, ehrenamtlich in unserer Gemeinde mitzuarbeiten, gibt es hier Gelegenheiten dafür.	53	5,10	5,38	1,35	6%	23%	72%
VL03: Wenn ich Probleme mit der Konfirmandenarbeit habe, gibt es jemanden, mit dem ich das besprechen kann.	54	5,94	6,17	1,16	4%	7%	89%
VL04: Ich tausche mich häufig mit Mitarbeitenden/Kollegen aus anderen Gemeinden über die Konfirmandenarbeit aus.	55	3,91	3,62	1,90	42%	22%	36%

Zufriedenheit mit der Konfirmandenarbeit (1=überhaupt nicht; 7=voll und ganz)	N	M_{Pfr}	M	SD	Nein (1,2,3)	Mitte (4)	Ja (5,6,7)
VM01: Wie zufrieden sind Sie mit der Konfirmandenarbeit in Ihrer Gemeinde insgesamt?	55	5,09	5,24	1,12	7%	15%	78%
VM02: Machen Sie die Konfirmandenarbeit gerne?	54	5,91	6,07	0,97	4%	2%	94%
VM04: Empfinden Sie die Zusammenarbeit im Konfirmanden-Mitarbeiter-Team als gelungen? [nur, wo im Team gearbeitet wird]	40	6,19	6,18	0,75	0%	3%	98%
VM05: Wie angemessen finden Sie die finanzielle Ausstattung der Konfirmandenarbeit in Ihrer Gemeinde?	53	6,06	5,81	1,23	8%	6%	87%

Häufigkeit von Ereignissen in der Konfirmandenzeit (Mitarbeiter t₂)

Wie häufig kamen die folgenden Dinge vor?	N	nie	selten	hin und wieder	häufig
VN01: Die Zeit für die Vorbereitung der Treffen war mir zu knapp.	54	28%	37%	31%	4%
VN02: Ich war nach einer Konfirmandenstunde damit zufrieden, wie die Konfirmanden mitgemacht haben.	54		17%	31%	52%
VN03: Ich war nach einer Konfirmandenstunde damit zufrieden, was die Konfirmanden gelernt oder erfahren haben.	55		4%	47%	49%
VN04: Ich war nach der Durchführung einer Konfirmandenstunde damit zufrieden, wie ich es gemacht habe.	53		2%	51%	47%
VN05: Es gab Disziplinprobleme in der Konfirmandengruppe.	55	13%	31%	40%	16%
VN06: Einzelne Konfirmanden hatten Probleme, die Zeit für die Konfi-Termine freizuhalten (z. B. durch Schultermine, Vereine …).	54	4%	35%	37%	24%
VN07: Eltern von Konfirmanden suchten den Kontakt mit mir.	54	20%	48%	30%	2%
VN08: Es gab Konflikte zwischen mir/uns und Konfirmanden-Eltern.	54	67%	30%	4%	
VN09: Ein Team von Konfi-Mitarbeitenden traf sich, um eine Unterrichtsstunde bzw. eine Aktion vorzubereiten.	52	29%	17%	38%	15%
VN10: Es gab Konflikte im Team der Konfi-Mitarbeitenden. [Filter: nur, wo im Team gearbeitet wird]	47	81%	19%		
VN11: Bei den Konfi-Treffen waren Ehrenamtliche mit dabei.	51	43%	33%	14%	10%

Welche Themen und Aktivitäten in der Konfi-Zeit vorkommen, hängt von verschiedenen Faktoren ab. Wie stark ist bei der Entscheidung darüber der Einfluss von ...? (E. = Einfluss)	N	kein E.	gerin-ger E.	starker E.	sehr starker E.
VJ01: Pfarrer(in) bzw. Hauptverantwortliche(r)	53			38%	62%
VJ02: Ehrenamtliche / Mitarbeiter-Team [Filter: nur, wo im Team gearbeitet wird]	47	19%	47%	32%	2%
VJ03: Konfirmanden	51		49%	39%	12%
VJ04: Eltern der Konfirmanden	50	46%	52%	2%	
VJ05: Kirchengemeinderat / Kirchenvorstand	49	59%	39%	2%	
VJ06: Offizielle Regelungen / Rahmenordnung Konfirmandenarbeit	50	14%	56%	24%	6%
VJ09: die örtliche Tradition, «wie es immer schon war»	52	25%	56%	17%	2%

4.3.4 Eltern

Geschlecht der befragten Eltern:

männlich: 21%   weiblich: 79%
(ohne die Fälle, bei denen Elternpaare gemeinsam bzw. jeweils einen Fragebogen ausfüllten)

Durchschnittsalter: M= 46,4 Jahre

Familienstand:

ledig, ohne feste Partnerbeziehung: 0%
ledig, in fester Partnerbeziehung: 2%
verheiratet: 80%
geschieden: 17%
verwitwet: 1%
Sonstiges: 0%

PB01: **Wie häufig haben Sie während der Konfirmanden-Zeit Ihres Kindes den Sonntagsgottesdienst besucht?**

weniger als sonst: 3%   wie sonst auch: 77%   häufiger als sonst: 20%

PB02: **Hat sich aufgrund der Konfirmanden-Zeit Ihres Kindes Ihr eigenes Interesse an religiösen Themen verändert?**

Interesse wurde geringer: 0%   gleich wie früher: 92%
Interesse wurde stärker: 7%

PB03: **Hat sich aufgrund der Konfirmanden-Zeit (nach Ihrer Einschätzung) das Interesse Ihres Kindes an religiösen Themen verändert?**

Interesse wurde geringer: 2%   gleich wie früher: 77%
Interesse wurde stärker: 21%

PB04: **Haben Sie bei einzelnen Aktionen während der Konfirmanden-Zeit Ihres Kindes mitgewirkt?**

Es wurde nicht danach gefragt: 82%
Es wurde danach gefragt, aber ich habe mich nicht gemeldet: 11%
Ja, ich habe bei Folgendem mitgeholfen: 7%
(hier wurden freie Eintragungen ergänzt, zumeist Kuchenbacken, Fahrdienste usw.)

PB05: **Wie wird das Konfirmationsfest in Ihrer Familie gefeiert?**

gar nicht: 0%
eher im kleinen Kreis: 18%
als ein Fest wie andere Feste im Jahr auch (z. B. Geburtstage): 27%
als eines der wichtigsten Feste im Leben meines Kindes: 55%

PB08: **Wurden Sie selbst als Jugendliche(r) konfirmiert?**

Nein: 9%   Ja: 91%
(falls hier «Ja» geantwortet wurde, sollte Frage PA08 beantwortet werden; vgl. nächste Seite)

Fragen mit 7-stufiger Skala im Eltern-Fragebogen	N	M	SD	neg. (1,2,3)	Mitte (4)	pos. (5,6,7)
PA01: Wie zufrieden sind Sie mit der Konfirmandenarbeit hier insgesamt? (1 «ganz unzufrieden» 7 «total zufrieden»)	228	5,46	1,18	6%	14%	79%
PA02: Wie zufrieden ist Ihr Kind mit der Konfirmandenarbeit hier insgesamt? (1 «ganz unzufrieden» bis 7 «total zufrieden»)	230	5,00	1,28	11%	18%	71%
PA03: Wurden Sie von der Gemeinde ausreichend informiert über das, was in der Konfirmanden-Zeit lief? (1 «nicht ausreichend» bis 7 «ausreichend»)	234	5,20	1,68	16%	14%	70%
PA04: Hat sich Ihre Haltung zur Kirchgemeinde während der Konfirmanden-Zeit Ihres Kindes geändert? (1 «negative Veränderung» bis 7 «positive Veränderung»)	235	4,42	0,95	5%	64%	31%
PA05: Wie viel hat Ihr Kind zuhause über das berichtet, was es in der Konfirmanden-Zeit erlebt hat? (1 «sehr wenig» bis 7 «sehr viel»)	231	3,86	1,71	41%	22%	37%
PA06: Wie wichtig ist es Ihnen persönlich, dass sich Ihr Kind konfirmieren lässt? (1 «nicht wichtig» bis 7 «sehr wichtig»)	234	5,41	1,47	8%	18%	74%
PA07: Wie wichtig ist Ihnen persönlich der Glaube an Gott? (1 «nicht wichtig» 7 «sehr wichtig»)	234	5,26	1,56	10%	18%	71%
PA08: Wie haben Sie Ihre eigene Konfirmanden-Zeit in Erinnerung? (1 «sehr unangenehm» bis 7 «sehr angenehm») [Filter: selbst konfirmiert worden, vgl. PB08]	209	4,93	1,56	17%	20%	63%

4.4 Indices

Die folgende Liste zeigt die in der Auswertung verwendeten Indices. Mit Cronbachs Alpha wird die interne Konsistenz, die durch das Zusammenführen der ebenfalls aufgelisteten Einzelitems zustande kommt, bezeichnet.

Konfirmandinnen und Konfirmanden

ICB1: Erwartungsbereich Glaubensstärkung: $\alpha = 0.78$

Ich habe mich zur Konfirmandenzeit angemeldet ...

CB01	um mehr über Gott und Glauben zu erfahren.
CB03	um selbst über meinen Glauben entscheiden zu können.
CB08	um im Glauben an Gott gestärkt zu werden.

iKB1: Erfahrungsbereich Glaubensstärkung: $\alpha = 0.80$

KB01	Ich habe mehr über Gott und Glauben erfahren.
KB03	Ich habe wichtige Grundlagen bekommen, um über meinen Glauben entscheiden zu können.
KB08	Ich wurde im Glauben an Gott gestärkt.

iCE1: Christliche Religiosität (t_1): $\alpha = 0.89$

CE01	Die Welt ist von Gott erschaffen
CE03	Gott liebt alle Menschen und kümmert sich um uns.
CE04	Jesus ist auferstanden.
CE08	In schwierigen Situationen hilft mir mein Glaube an Gott.
CE09	Ich glaube an Gott.

iKE1: Christliche Religiosität (t_2): $\alpha = 0.89$

KE01	Die Welt ist von Gott erschaffen
KE03	Gott liebt alle Menschen und kümmert sich um uns.
KE04	Jesus ist auferstanden.
KE08	In schwierigen Situationen hilft mir mein Glaube an Gott.
KE09	Ich glaube an Gott.

iCG1: Kirchliche Bindung (t$_1$): α = 0.71

CG01	Es ist für mich wichtig, zur Kirche zu gehören.
CG06	Wenn ich persönliche Probleme habe, würde ich mich an eine Pfarrperson wenden.
CG07	Unser Kirchengebäude bedeutet mir viel.
CG08	Ich hätte Interesse daran, nach der Konfirmation in eine kirchliche Jugendgruppe zu gehen.

iKG1: Kirchliche Bindung (t$_2$): α = 0.75

KG01	Es ist für mich wichtig, zur Kirche zu gehören.
KG06	Wenn ich persönliche Probleme habe, würde ich mich an eine Pfarrperson wenden.
KG07	Unser Kirchengebäude bedeutet mir viel.
KG08	Ich hätte Interesse daran, nach der Konfirmation in eine kirchliche Jugendgruppe zu gehen.

iKN1: Zufriedenheitsbereich Spass in der Gruppe α = 0.74

KN02	Spass
KN04	Gemeinschaft
KN11	Lager

iKN2: Zufriedenheitsbereich Gottesdienstliches Leben: α = 0.79

KN10	Gottesdienste
KN13	Andachten
KN14	Musik, Lieder, Singen

iKK1: Ethisches Lernen: α = 0.84

KK44	Ich habe erfahren, dass mein Einsatz für andere Menschen wichtig ist.
KK45	Mir wurde meine Verantwortung für die Umwelt (stärker) bewusst.
KK46	Ich habe erfahren, dass mein Einsatz für den Frieden wichtig ist.

iWA2: Lebensthemen Jugendlicher: $\alpha = 0.75$

WA12	Bewahrung der Schöpfung und Ökologie
WA14	Sinn des Lebens
WA15	Gerechtigkeit und Verantwortung für andere.
WA16	Freundschaft
WA17	Körper und Sexualität
WA18	Gewalt und Kriminalität

iVM1: Zufriedenheit der Mitarbeitenden: $\alpha = 0.72$

VE06	Ich wäre froh, wenn ich die Konfirmandenarbeit nicht mehr machen müsste. → Dieses Item ist für die Berechnung des Index umgepolt worden.
VM01	Wie zufrieden sind sie mit der Konfirmandenarbeit in ihrer Gemeinde insgesamt.
VM02	Machen sie die Konfirmandenarbeit gerne?

4.5   Themen-Synopse

Diese Liste nennt für ausgewählte Themen einige relevante Items.

Freundschaft, Gruppe, Gemeinschaft

CA01; CB02; CB06; CC01; CD01; CE07; CL09; KB02; KD01; KE07; KN04; WA16; WD03; WD04; VU03

Zufriedenheit

CA08; KK35; KK41; KN01–KN15; KW01; PA01; PA02; PA08; PB05; WE03–WE06; VE06; VM01; VM02; VM04; VM05; VN02; VN03; VN04

Effekte und Auswirkungen

CB01; CB03; CB04; CB07; CB08; CK01; CK02; CK11; KB01; KB03; KB04; KB07; KB08; KK11; KK25; KK27; KK44; KK45; KK46; PA05; PA07; PA08; PB01; PB02; PB03; VC07

Gesellschaftliche Relevanz

CL07; CL08; KK26; KK27; KK35; KK44; KK45; KK46; PA06; PB02; PB04; PB05; WA11; WA12; WA15; WC07; VC07; VL02

Eltern und Familie

CA05; CA06; CA07; CC01; CJ01; CM03; KB09; gesamter Eltern-Fragebogen (PA; PB; PC; PD); WD08; WG07; VD08; VJ04; VN07; VN08

Jugendarbeit

CG08; CK04; CK05; CK06; CK11; CM11; CM12; KG08; KK04; KK05; KK11; KK27; KK35; KN11; KT02; KT05; WC06; WB07; WB09; WD07; WF18–21; VB09; VC06; VJ03; VL01; VL02; VQ09

Bezug zu Mitarbeitenden

CG06; CK03; KG06; KK03; KK32; KN07; KN08; WB11; WD05; WE04; WE05; WE07; WF05; VD05; VF05; VJ02; VN11; VU04; VU05

Schule, Konfirmandenarbeit und andere Arbeitsfelder, Zeitbudget usw.

CK10; CM13; KK10; KK50; KW01; WD06; WF12; VD06; VN06; VR03; VR05; VR09

Gottesdienst

CB11; CG04; CK09; CL03; KB11; KG04; KK09; KK30; KK31; KN10; KN13; KU02; PB01;WA05; WB04; WB05; WB06; WC10; WD01; WG02; WG03; VB04; VB06; VC10; VD01; VR21

Taufe und Abendmahl

CA04; CB05; CG03; CL01; CL02; CM05; KG03; WA03; WA04; VR10; VR21

Konfirmationsfeier

CB09–CB11; CE12; KB09–KB11; KE12; KK41; PA06; PA08; PB05; PB08; WB08; WD01; VD01

Kirchgemeinde

CG01; CG07; CL04; KG01; KG07; KK25; KK37; PA03; PA04; WA09; WB02; WC05; WC07; WD09; VB02; VC05; VC07; VJ05; VL02; VM05; VQ06

Angaben zur Autorin und zu den Autoren

Ilg, Wolfgang, Jg. 1973, Theologe und Diplompsychologe, Wissenschaftlicher Mitarbeiter an der Evangelisch-theologischen Fakultät der Universität Tübingen, seit 2009 Landesschülerpfarrer im Evangelischen Jugendwerk in Württemberg.

Neuberth, Rudi, Jg. 1963, Theologe, Mitarbeiter bei der Abteilung Pädagogik und Animation der Evangelisch-reformierten Landeskirche des Kantons Zürich, seit 2010 Pfarrer in der Reformierten Landeskirche Aargau.

Schlag, Thomas, Jg. 1965, Theologe und Politikwissenschaftler, Professor für Praktische Theologie mit den Schwerpunkten Religionspädagogik und Kybernetik an der Theologischen Fakultät der Universität Zürich.

Voirol-Sturzenegger, Rahel, Jg. 1975, Theologin, Wissenschaftliche Mitarbeiterin an der Theologischen Fakultät der Universität Zürich und bei der Abteilung Pädagogik und Animation der Evangelisch-reformierten Landeskirche des Kantons Zürich.

Wäckerlig, Oliver, Jg. 1976, ist Masterstudent an der Universität Zürich. Er hat Soziologie und Religionswissenschaft an der Universität Zürich studiert.